Administração de Sistemas de Informação e a Gestão do Conhecimento

Dados Internacionais de Catalogação na Publicação (CIP)
(Câmara Brasileira do Livro, SP, Brasil)

Rosini, Alessandro Marco
 Administração de sistemas de informação e a gestão do conhecimento / Alessandro Marco Rosini, Angelo Palmisano. - 2. ed. - São Paulo: Cengage Learning, 2024.

4. reimpr. da 2. ed. de 2012.
Bibliografia
ISBN 978-85-221-1130-5

1. Administração de empresas - Processamento de dados 2. Conhecimento 3. Informação - Sistemas de armazenagem e recuperação 4. Sistemas de informação gerencial I. Palmisano, Angelo. II. Título

11-02591   CDD-658.4038011

Índice para catálogo sistemático:
1. Informação: Sistemas: Administração de empresas 658.4038011
2. Sistemas de informação: Administração de empresas 658.4038011

Administração de Sistemas de Informação e a Gestão do Conhecimento

2ª edição revista e ampliada

ALESSANDRO MARCO ROSINI

ANGELO PALMISANO

Austrália • Brasil • Canadá • México • Cingapura • Reino Unido • Estados Unidos

Adminstração de sistemas de informação e a gestão do conhecimento

2ª edição revista e ampliada

Alessandro Marco Rosini e Angelo Palmisano

Gerente Editorial: Patricia La Rosa

Editora de Desenvolvimento: Gisela Carnicelli

Supervisora de Produção Editorial: Fabiana Alencar Albuquerque

Revisão: Alberto Bononi e Renata Alves

Diagramação: Cia. Editorial

Capa: Heber Alvares

© 2012 Cengage Learning, Inc.

Todos os direitos reservados. Nenhuma parte deste livro poderá ser reproduzida, sejam quais forem os meios empregados, sem a permissão, por escrito, da Editora. Aos infratores aplicam-se as sanções previstas nos artigos 102, 104, 106 e 107 da Lei nº 9.610, de 19 de fevereiro de 1998.

Esta editora empenhou-se em contatar os responsáveis pelos direitos autorais de todas as imagens e de outros materiais utilizados neste livro. Se porventura for constatada a omissão involuntária na identificação de algum deles, dispomo-nos a efetuar, futuramente, os possíveis acertos.

A editora não se responsabiliza pelo funcionamento dos links contidos neste livro que possam estar suspensos.

Para informações sobre nossos produtos, entre em contato pelo telefone **+55 11 3665-9900.**

Para permissão de uso de material desta obra, envie seu pedido para **direitosautorais@cengage.com.**

ISBN-13: 978-85-221-1130-5
ISBN-10: 85-221-1130-8

Cengage
WeWork
Rua Cerro Corá, 2175 – Alto da Lapa
São Paulo – SP – CEP 05061-450
Tel.: +55 11 3665-9900

Para suas soluções de curso e aprendizado, visite **www.cengage.com.br**.

Impresso no Brasil
Printed in Brazil
4. reimpr. – 2024

Sumário

Prefácio IX

Prefácio à 2ª edição XI

Introdução XIII

Capítulo 1 — Abordagens Sistêmicas 1

1.1. Teoria Geral dos Sistemas 2
1.2. A evolução dos sistemas de informação 5
1.3. A empresa como sistema 6
1.4. A tecnologia 10
1.5. Classificação dos sistemas de informação 13
    1.5.1. Sisitemas de Informações Transacionais
        (Operacionais) — SIT 15
    1.5.2. Sistemas de Informações Especialistas,
        Sistemas de Automação — SE, SA 16
    1.5.3. Sistemas de Informações Gerenciais — SIG 17
    1.5.4. Sistemas de Apoio à Decisão — SAD 18
        1.5.4.1. Estruturas alternativas dos SAD 23
        1.5.4.2. Exemplos de método para o desenvolvimento
            dos SAD 24
        1.5.4.3. Uma arquitetura para os SAD 26
1.6. Inteligência artificial e sistemas especialistas 30
1.7. O conceito de *Data Warehouse* 34
    1.7.1. O que se espera encontrar em um *Data Warehouse* 36

1.7.2. Roteiro para construção de um *Data Warehouse* 37
1.7.3. Abordagens para desenvolvimento de um *Data Warehouse* 39
1.7.4. Questões críticas na implantação de um *Data Warehouse* 40
1.7.5. Erros na implantação de um *Data Warehouse* 42
1.8. Tecnologias de ponta associadas ao *Data Warehouse* 47
    1.8.1. *Data Mining* 47
    1.8.2. Processo Analítico *On-line* — OLAP
        (*On-line Analytical Processing*) 48
    1.8.3. Bancos de Dados Multidimensionais — MDD 49
    1.8.4. Processo de Transações *On-Line* — OLTP
        (*On-line Transaction Processing*) 49
    1.8.5. *Data Mart* 49
    1.8.6. Repositório de Dados Operacionais — ODS
        (*Operational Data Store*) 50
1.9. Recursos envolvidos nos sistemas de informação 50
    1.9.1. *Hardware* 50
    1.9.2. *Software* 53
1.10. *Business Intelligence* (BI) 56

Capítulo 2 — A Visão do Futuro 61

2.1. Envolvimento dos profissionais e o *Decision Making* 62
2.2. O novo perfil do administrador 65
2.3. Mudanças no trabalho 66
2.4. A transformação do trabalho 67
2.5. A tecnologia e o gerente do futuro 68
2.6. A estrutura da nova organização 68
2.7. A era da informação 69

Capítulo 3 — Métodos e Processos 73

3.1. Metodologia 74
    3.1.1. Enfoques históricos 74
    3.1.2. Ferramentas 76
    3.1.3. Metodologia de desenvolvimento e implementação
        de projetos 78
3.2. Qualidade 79
3.3. Treinamento 81

3.4. Projeto 82
    3.4.1. O planejamento nas empresas 84
    3.4.2. O planejamento tecnológico 88
3.5. Plano diretor 89
    3.5.1. Equipes 91
3.6. Mudança organizacional 94
    3.6.1. Transformação organizacional 96
    3.6.2. O papel do indivíduo na mudança 98
    3.6.3. Os processos 98
    3.6.4. Os novos paradigmas da organização 99

Capítulo 4 — O Foco no Conhecimento 103

4.1. O conhecimento e a verdade 104
    4.1.1. Classificações do conhecimento 105
    4.1.2. Tipos de conhecimento 106
4.2. Gestão do conhecimento 107
    4.2.1. Momento atual 109
    4.2.2. Mudanças 112
    4.2.3. Pessoas 114
4.3. A cultura e o clima organizacional 114
    4.3.1. A cultura organizacional *versus* ativos materiais 118
    4.3.2. Análise dos processos de mudança 119
    4.3.3. Estágios de desenvolvimento da empresa 121
4.4. Tecnologia da informação 130
4.5. Conhecimento 136

Capítulo 5 — Resgate dos Padrões Éticos 145

5.1. A ética 146
    5.1.1. A ética grega antiga 147
        5.1.1.1. O idealismo platônico. Platão (427-347 a.C.) 148
        5.1.1.2. O realismo aristotélico. Aristóteles (384-322 a.C.) 148
        5.1.1.3. A ética estoica 149
        5.1.1.4. A ética epicurista. Epicuro (341-279 a.C.) 149
        5.1.1.5. A ética kantiana. Kant (1724-1804 d.C.) 149
        5.1.1.6. O utilitarismo de John Stuart Mill (1806-1873 d.C.) 150

5.2. Ética e impactos sociais 150
5.3. Impactos sociais da tecnologia da informação 151
5.4. A ética na área de tecnologia e sistemas 155
    5.4.1. Composição do código de ética em computação 157

Capítulo 6 — ERP (*Enterprise Resource Planning*) e os Portais de Informação 165

6.1. ERP – *Enterprise Resource Planning* 166
    6.1.1. Definições 166
    6.1.2. Benefícios de sistemas ERP 168
    6.1.3. CRM – *Customer Relationship Management* 170
    6.1.4. BPM – *Business Performance Management* 171
6.2. Os Portais na Internet (EIP) 171
    6.2.1. Portal de Informação 173
    6.2.2. Considerações sobre a finalidade de uso 177
6.3. Governança Corporativa e Tecnologia da Informação 178
    6.3.1 Princípios de TI 179

Glossário de Termos Técnicos 181

Relação de Tabelas 203

Relação de Figuras 205

Referências bibliográficas 207

Prefácio

O presente livro lançado pela Cengage representa mais uma importante e atualizada contribuição desta editora para o ensino superior. Trata-se de um trabalho realmente enciclopédico, desenvolvido por especialistas que têm se dedicado exaustivamente e por longos anos tanto na área educacional quanto na área técnica relacionada a Sistemas de Informação Gerencial. Estamos na Era da Informação e da Comunicação e os acelerados avanços na ciência e tecnologia nessas áreas precisam ser rápida e eficientemente incorporados às organizações.

O extenso material é apresentado pelos autores de forma muito didática, e seu conteúdo é essencial para todos aqueles que se preparam para entrar no mercado de trabalho ou que procuram atualizar-se em relação aos mais variados temas sobre metodologias de desenvolvimento e implantação, abordando desde os clássicos Sistemas de Informação Gerencial (SIG) e Sistemas de Apoio à Decisão (SAD) até os modernos *Data Warehouse*, ERP e *Business Intelligence*.

Aproveitando sua própria experiência e visões na área, os autores decidiram incluir temas colaterais como Ética e Cultura Organizacional, que sabemos serem vitais em todo processo de mudança organizacional, e em particular naqueles processos induzidos por uma nova Gestão da Informação e do Conhecimento Organizacional. Trata-se, realmente, de uma obra atualizada, original e completa, altamente recomendada para professores e alunos, iniciantes e especialistas.

Arnoldo José de Hoyos Guevara
Doutor em Estatística pela Universidade da Califórnia, Berkeley, EUA
Professor da UNICAMP e PUC/São Paulo

Prefácio à 2ª edição

Esta edição, revista e ampliada, apresenta novos tópicos ao capítulo destinado à gestão do conhecimento. Além disso, foi adicionado um novo capítulo para tratar dos sistemas ERP, dos portais na internet e da governança corporativa apoiada pela tecnologia de informação. Adicionalmente, esta edição apresenta um suplemento com leis de informática para ser utilizado por professores e alunos em sala de aula, disponibilizado na página do livro no site da Editora Cengage.

Introdução

A introdução revela a importância junto às empresas de um profissional da área de processamento de informações devidamente qualificado, bem como a atividade como um todo. E sob que circunstâncias a informação passa a ter valor adequado para uma organização, seja ela privada, governamental ou filantrópica, analisando e buscando seus benefícios. Há, ainda, a questão do tratamento das informações para a sua utilização e aproveitamento.

O processamento de informações é uma das atividades mais difundidas e fundamentais. No mundo dos negócios, orientadas para a obtenção de lucros, as empresas privadas só devem se decidir a incorrer nos custos de processamento de informações se isso puder aumentar seus lucros ou beneficiá-las de alguma forma. As organizações governamentais e outras sem fins lucrativos devem se interessar por informações que reduzam seus custos e/ou aumentem sua eficiência. Sob que circunstâncias a informação passa a ter valor adequado para uma organização? Pensemos primeiro como a informação é útil para uma organização.

Muitas empresas tendem a coletar informações que não são úteis nem para as operações correntes nem para a tomada de decisão administrativa. São informações para referência futura ou uma eventual necessidade. Mas se a informação não for usada para decisões operacionais ou de administração, passa a não ter valor. É conveniente também que façamos a distinção entre informações e dados. Dados são as representações originais e detalhadas de eventos no mundo físico. Para que os dados se tornem úteis na tomada de decisão eles precisam ser tratados, isto é, transformados em informações. Informações são, portanto, dados trabalhados de modo que sejam úteis. O administrador, o gerente, o empresário usam informações, e não dados.

De modo geral, pode-se dizer que quanto mais alto estiver o ponto de decisão na hierarquia de uma empresa menos detalhados serão os planos efetuados, mais globais serão as dotações de recursos, menos pormenorizados serão os relatórios recebidos e menos programadas serão as decisões a serem tomadas. Portanto, a síntese do conceito da organização como uma rede de pontos de decisão, com o conceito hierárquico, oferece uma estrutura dentro da qual os tipos de decisão, as informações que fazem parte integrante da decisão e as transformações sofridas pela utilização das informações tornam-se todas explícitas, bem como os relacionamentos entre elas.

Um dos principais problemas na concepção de um sistema de informação é o fato de que as informações tendem a ignorar a estrutura vertical e fluem através das fronteiras das unidades funcionais. Uma vez que é possível ocorrerem essas interações em qualquer nível da pirâmide, algum dado que se movimente através da organização seguirá provavelmente um curso horizontal por diversas áreas funcionais.

O projeto de um sistema de informações, por conseguinte, exige a coordenação de todas as áreas funcionais que forneçam e que se utilizem dessas informações. O projetista do sistema não apenas precisa ser um perito em sistemas de informação, mas também deve entender as necessidades e os problemas das diversas áreas e funções com que está em contato. Já que é impossível uma única pessoa conhecer a organização inteira, em toda sua miríade de detalhes, o perito em informações deverá aquilatar quando vai precisar incorporar pessoas das áreas funcionais no trabalho de projeto do sistema.

Apesar de tudo isso, até agora os sistemas de informação foram tratados de forma genérica, sem tentar determinar o que é que torna um sistema qualquer em um sistema de informações gerenciais em particular.

Para Laudon e Laudon (1996), sistemas de informação são componentes relacionados entre si atuando conjuntamente para coletar, processar e prover informações aos sistemas e/ou processos de decisão, coordenando, controlando, analisando e visualizando processos internos às organizações.

Outros autores têm as seguintes definições:

- Um sistema de informação pode ser definido como os procedimentos, os métodos, a organização, os elementos de *software* e *hardware* necessários para inserir e recuperar dados selecionados conforme sejam exigidos para a operação e a gestão de uma empresa.

- Um sistema de informação é um sistema integrado de homem e máquina para fornecer informações em apoio às funções de operação, administração e tomada de decisões da organização. O sistema utiliza *hardware* e *software* de computação, procedimentos manuais, modelos de decisão administrativa e uma base de dados.

- Um sistema de informação consiste em pelo menos uma pessoa de um certo tipo psicológico enfrentando um problema dentro de algum contexto empre-

sarial para o qual ela necessita de provas, que lhe são fornecidas através de alguma modalidade de apresentação, a fim de chegar à solução (isto é, para escolher um determinado curso de ação).
- Sistema de informação é uma descrição para atividades de processamento de informações em apoio à administração.
- O sistema de informação é uma função interna de apoio. Sua função primária é dar apoio às outras unidades da organização para que trabalhem de forma mais eficiente e efetiva. A não ser que a área de sistema de informações também venda serviços de computação para usuários externos, ela não produz um produto final ou um produto com valor externo final. Assim sendo, é de vital importância que a gerência de informações entenda e conheça perfeitamente as necessidades de seus clientes internos e da empresa como um todo.
- O sistema de informações gerenciais é um sistema para coleta, armazenamento, recuperação e processamento de informações que é usado, ou desejado, por um ou mais administradores no desempenho de suas funções.
- Alvin Tofller, em *O choque do futuro* (1974), considera que na nova sociedade que deverá existir, num futuro não muito distante, as empresas, para acompanhar o ambiente turbulento e descontínuo, precisarão ser flexíveis, criativas e inovadoras, portanto não é concebido "administrar, gerenciar, funcionar, decidir" sem o uso de sistemas de informação. Nesse contexto o computador surge para que o processo de consecução de um sistema de informação possa ter a agilidade e a confiabilidade necessárias para dele se extrair todo o potencial que sistemas desse tipo podem oferecer.
- O propósito dos sistemas de informação é atuar como atividade "meio", servindo a decisores, e não como atividade "fim"; seu principal objetivo é que decisores possam extrair e obter o máximo das informações. Aliás, os sistemas de informação estão voltados ao desempenho das atividades nas organizações, suportados pelas tecnologias de informação, as quais objetivam melhorar o desempenho dos decisores fornecendo a "informação certa, na hora certa" (Sprague, 1991).
- Ein-Dor (1985) define: "Um sistema de informação pode ser definido como os procedimentos, os elementos de *software* e de *hardware* necessários para inserir e recuperar dados selecionados conforme forem sendo exigidos para a operação e a gestão de uma companhia".

Abordagens Sistêmicas

TÓPICOS

1.1. Teoria Geral dos Sistemas
1.2. A evolução dos sistemas de informação
1.3. A empresa como sistema
1.4. A tecnologia
1.5. Classificação dos sistemas de informação
    1.5.1. Sistemas de Informações Transacionais (Operacionais) — SIT
    1.5.2. Sistemas de Informações Especialistas, Sistemas de Automação — SE, SA
    1.5.3. Sistemas de Informações Gerenciais — SIG
    1.5.4. Sistemas de Apoio à Decisão — SAD
        1.5.4.1. Estruturas alternativas dos SAD
        1.5.4.2. Exemplos de método para o desenvolvimento dos SAD
        1.5.4.3. Uma arquitetura para os SAD
1.6. Inteligência artificial e sistemas especialistas
1.7. O conceito de *Data Warehouse*
    1.7.1. O que se espera encontrar em um *Data Warehouse*
    1.7.2. Roteiro para construção de um *Data Warehouse*
    1.7.3. Abordagens para desenvolvimento de um *Data Warehouse*
    1.7.4. Questões críticas na implantação de um *Data Warehouse*
    1.7.5. Erros na implantação de um *Data Warehouse*
1.8. Tecnologias de ponta associadas ao *Data Warehouse*
    1.8.1. *Data Mining*
    1.8.2. Processo Analítico *On-line* — OLAP (*On-line Analytical Processing*)
    1.8.3. Bancos de Dados Multidimensionais — MDD
    1.8.4. Processo de Transações *On-line* — OLTP (*On-line Transaction Processing*)

1.8.5. *Data Mart*
1.8.6. Repositório de Dados Operacionais — ODS (*Operational Data Store*)
1.9. Recursos envolvidos nos sistemas de informação
1.9.1. *Hardware*
1.9.2. *Software*
1.10. *Business Intelligence* (BI)

SÍNTESE

Este capítulo tem por finalidade habilitar o leitor a compreender a origem da Teoria Geral dos Sistemas, bem como explicitar sua evolução, classificação e relacionar a empresa como um verdadeiro sistema de informações.

São apresentados ainda conceitos como *Data Warehouse*, sua construção, importância e implantação, ressaltando tecnologias de ponta associadas a ele.

OBJETIVOS DE APRENDIZAGEM

O estudo deste capítulo torna o leitor capacitado a:
- interpretar e explicar os conceitos básicos de sistemas e a base filosófica que os norteia;
- entender e interpretar a análise dos processos de mudança nas empresas, os diversos estágios de desenvolvimento, o papel da comunicação e das características comuns a sistemas sociais, e que irão influenciar nas ações que serão tomadas por parte de seus integrantes;
- entender os níveis de decisão que dizem respeito à empresa, fazendo a relação necessária para o detalhamento da informação que é veiculada;
- compreender a conceituação e a formação de um *Data Warehouse*;
- interpretar e entender a extração dos melhores dados para formação (construção) das informações necessárias para a empresa: *Data Mining*;
- definir os recursos envolvidos nos Sistemas de Informação;
- avaliar a importância e a necessidade de ferramentas como *Business Intelligence*.

1.1 Teoria Geral dos Sistemas

Para se entender adequadamente o escopo da Administração em sistemas de informação devemos, primeiramente, compreender os conceitos básicos de sistemas e a base filosófica que os norteia.

Atualmente, a palavra "sistema" é mal empregada, usada de forma indiscriminada e sem qualquer critério, originando, em especial nos meios empresariais, a confusão de usá-la como definição. Ou, ainda, é usada para expressar determinadas situações dentro de um *software*.

Quando se fala de sistemas, um nome deve ser, obrigatoriamente, citado: Ludwing Von Bertalanffy, um dos mais importantes cientistas do século XX, que elaborou a teoria geral dos sistemas há mais de quarenta anos e que nada perdeu em importância. Nasceu em 1901 e morreu em junho de 1972. Deixou mais de trezentos trabalhos publicados. Seus principais legados são o "conceito organísmico", a "concepção do organismo como um sistema aberto" e a construção da "Teoria Geral dos Sistemas".

O conceito básico de sistema de informações estabelece que todo sistema é um conjunto de elementos interdependentes em interação, visando atingir um objetivo comum. Teoricamente, há dois tipos de sistemas: aberto e fechado. O sistema aberto é o que sofre influências do meio e que, com suas ações, influencia o meio; o sistema fechado não sofre influências do meio nem o altera com suas ações internas.

No entanto, todo sistema pode ser decomposto em partes menores denominadas subsistemas. Os subsistemas são conjuntos de elementos interdependentes que interagem para atingir um objetivo comum, que ajudará o sistema a atingir o seu objetivo maior. Todo sistema apresenta as entradas de dados (*input*), processamento e saída das informações (*output*) e *feedback*. Comparado a um ser vivo, entendemos que o sistema também possui um processo de evolução composto de criação, evolução e decadência. Esquematizando, um sistema pode ser escrito em forma de diagrama, conforme mostra a figura a seguir:

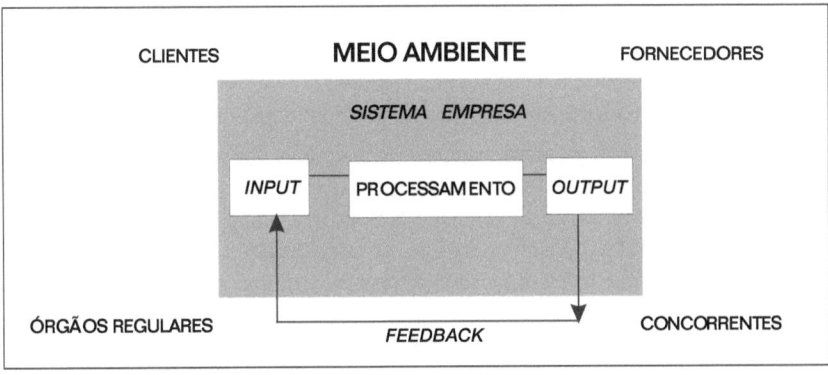

Figura 1.1. Esquema teórico de qualquer sistema

Vejamos agora algumas definições abordadas por Laudon e Laudon (1996), conforme a tabela a seguir:

Tabela 1.1: Conceitos básicos em sistemas de informação (Laudon e Laudon, 1996)

CONCEITO	DEFINIÇÃO BÁSICA
DADO	Elemento que representa eventos ocorridos na empresa ou circunstâncias físicas, antes que tenham sido organizados ou arranjados de maneira que as pessoas possam entendê-los e usá-los.
INFORMAÇÃO	Dado configurado de forma adequada ao entendimento e à utilização pelo ser humano.
INPUT	Ato e efeito de captura ou coleta de dados, sejam internos ou externos à organização, para processamento no sistema.
PROCESSAMENTO	Conversão, manipulação ou tratamento da matéria-prima que, entrando sob uma forma, assume outra diferente para ser compreensível pelo ser humano.
OUTPUT	Saída e distribuição da informação processada às pessoas, órgãos ou atividades, onde serão usadas para a tomada de decisão.
FEEDBACK	Saídas que retornam para apropriação pelos membros da organização para auxílio na avaliação ou correção de *input*.

Já com relação ao ciclo de vida dos sistemas de informação, podemos demonstrar suas fases conforme a tabela a seguir:

Tabela 1.2: Ciclo de vida dos sistemas de informação (Laudon e Laudon, 1996)

CONCEITO	DEFINIÇÃO BÁSICA
CRIAÇÃO	É a fase em que o sistema é desenvolvido. As funções e os objetivos propostos são estudados e levantam-se os elementos que irão compor o sistema. Os subsistemas são desenvolvidos, testados e, desde que atendam aos objetivos preestabelecidos, o sistema será implantado.
EVOLUÇÃO	O sistema sofre manutenção para que consiga acompanhar as necessidades do meio ambiente que o cerca. Empregam-se novas técnicas, novos módulos, tentando prolongar a vida do sistema.
DECADÊNCIA	Em determinado momento, as necessidades do meio ambiente evoluíram tanto e requerem cada vez mais do sistema, que este já não suporta mais as alterações necessárias. É nesse momento que se depara com a fase de decadência. Os responsáveis pelo sistema devem retardar a chegada a esse ponto e ao mesmo tempo estar atentos para a necessidade de criação de um novo sistema para substituição.

Graficamente teríamos a seguinte configuração:

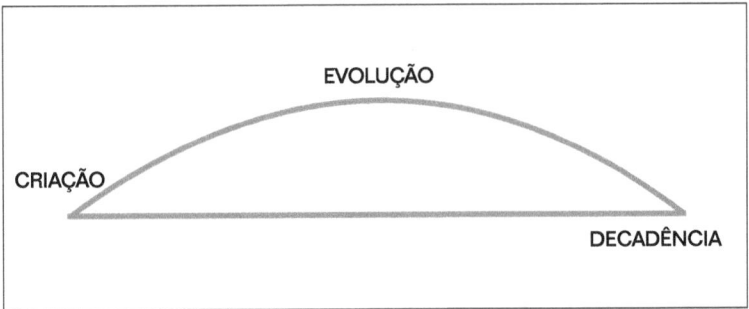

Figura 1.2. Ciclo de vida dos sistemas de informação (Laudon e Laudon, 1996)

1.2 A evolução dos sistemas de informação

Um dos modelos mais utilizados para se demonstrar a evolução dos sistemas de informação é o de Nolan (1973), que classifica em seis fases os processos de absorção da tecnologia de informação. São elas:

- 1ª — *Iniciação*: Nesta fase ocorre a introdução dos computadores na organização. Inicia-se o processo de aprendizado da tecnologia com o crescimento de forma lenta. O foco está voltado para a assimilação e o conhecimento da tecnologia que acaba de chegar à empresa.
- 2ª — *Contágio*: Aqui ocorreu a assimilação da nova tecnologia por parte da empresa e inicia-se um processo de expansão rápida, mas de forma não muito controlada por parte da administração.
- 3ª — *Controle*: Há certo amadurecimento da organização na utilização de sistemas de informação, inicia-se um processo de controle por parte da administração. O planejamento se faz presente, como forma de gestão de recursos de informática.
- 4ª — *Integração*: Os sistemas concebidos de forma isolada começam a ser integrados, e certa padronização ocorre para permitir que a integração seja possível.
- 5ª — *Administração de dados*: Nesta fase já ocorreu um amadurecimento na utilização dos sistemas de informação. As preocupações estão voltadas ao tratamento que deve ser dispensado ao "dado". Este passa a ser considerado como um recurso da empresa e começa a ser administrado com o fim

de permitir sua obtenção e condições de integrabilidade face às necessidades de informação para a empresa.

- 6ª — *Maturidade*: A organização, aqui, está informatizada de acordo com suas necessidades, ocorrendo a implantação de sistemas necessários ao seu bom desempenho.

Cabe notar que essas seis fases apresentadas nem sempre ocorrem de forma sequencial em todas as empresas. As constantes inovações tecnológicas pelas quais passa a área de tecnologia da informação, seja no campo do *hardware* ou do *software*, obrigam muitas vezes a empresa a um retorno às fases iniciais, até que essa nova tecnologia possa ser absorvida.

1.3 A empresa como sistema

Pelo exposto, a empresa, decididamente, deve ser tomada como um sistema, isto é, ela é composta de diversos elementos — dados, tecnologia, mão de obra (pessoas), equipamentos, máquinas, clientes, funcionários — que, interagindo, procuram atingir objetivos comuns (como lucro financeiro, bem-estar social, liderança no mercado, qualidade dos produtos). De uma forma ou de outra, existe uma interação das partes, de acordo com as diretrizes gerais da empresa, para alcançar os objetivos propostos.

A empresa vista como um sistema pode ser decomposta em partes menores, denominadas subsistema, cada um com objetivos claros e eventualmente particulares, que contribuem para o objetivo maior.

Segundo Laudon e Laudon (1996), considerando-se o nível de detalhamento das informações, o local na estrutura em que a decisão é tomada e o nível de aglutinação dos dados manipulados, podem-se estabelecer os seguintes subsistemas:

Tabela 1.3: Subsistemas de informação (Laudon e Laudon, 1996)

DENOMINAÇÃO	CARACTERÍSTICAS BÁSICAS
Sistemas de Transações e Processos	Refletem o desenvolvimento e os resultados das transações, operações e processos diários que são necessários para conduzir os negócios da empresa; servem ao nível operacional da organização; apresentam intensidade de detalhes; são definidos nos níveis superiores da estrutura de acordo com critérios preestabelecidos para controle e decisão.

(continua)

Tabela 1.3: Subsistemas de informação (Laudon e Laudon, 1996) (*continuação*)

DENOMINAÇÃO	CARACTERÍSTICAS BÁSICAS
Sistemas Especialistas Sistemas de Automação	Os sistemas especialistas são os usados por profissionais especializados em determinadas áreas da empresa – sua missão básica, além da criação de novas tecnologias, é a integração desse novo conhecimento dentro da organização; geralmente lançam mão do processamento eletrônico de dados em qualquer uma de suas aplicações.
Sistema de Informações Gerenciais	Trabalha e existe em função do nível tático da organização e das decisões que devem ali ser tomadas, via de regra atende às funções de planejamento, controle e tomada de decisão para estabelecer o sumário da rotina diária e as eventuais exceções passíveis de ocorrência; seu nível de detalhamento é mais consolidado do que o operacional.
Sistema de Apoio à Decisão	Está destinado aos altos escalões empresariais, visa combinar dados a sofisticados modelos de análise para apoiar decisões de todos os tipos; combina ainda avançadas técnicas gráficas e de comunicação.

Apesar da separação e da divisão colocadas anteriormente, é interessante ressaltar que os sistemas descritos não são fechados ou estanques, mesmo porque essa premissa invalidaria a abordagem sistêmica proposta no início.

Todos os sistemas de informação atuam entre si e devem interagir, um influenciando e complementando o outro. Dessa forma, enxergaremos sempre a empresa como um grande processo.

Laudon e Laudon (1996) definem bem alguns conceitos relacionados com a informação, conforme tabela a seguir:

Tabela 1.4: A informação (Laudon e Laudon, 1996)

CONCEITO	DEFINIÇÃO
RUÍDO	Para que não haja ruídos ou perda das informações na transmissão, ela deve ser adequada ao nível hierárquico ao qual se destina. Assim, informações mais analíticas para níveis hierárquicos mais baixos (operacionais e transacionais) e as mais sintéticas para níveis hierárquicos mais altos (gerencial, tático, estratégico).

(*continua*)

Tabela 1.4: A informação (Laudon e Laudon, 1996) *(continuação)*

CONCEITO	DEFINIÇÃO
PRECISA X CORRETA	Depende da utilização da informação. Há casos em que é suficiente que a informação seja apenas correta. Há outros em que ela deve ser exata, precisa, isto é, que os seus dados sejam expostos no maior nível de detalhe possível. Todas as vezes que se procura produzir somente informação precisa e que também atenda à oportunidade, tempo e lugar, se estará aumentando o seu custo de produção e não seu valor intrínseco, isto é, estamos buscando a integridade dos dados.
PADRONIZAÇÃO	As informações repetitivas devem ser padronizadas para racionalizar seus custos de emissão, bem como a compreensão pelo receptor.
COMPARAÇÃO	Fazer referências a algum padrão ou a algum objetivo predeterminado.
PREVISÃO	Algumas vezes, na tomada de decisão, há necessidade de se projetar o comportamento atual no futuro, pois só a comparação com o anterior não é suficiente.
EXCEÇÃO	Devem-se dar informes dos fatos anômalos, isto é, dos desvios dos planos; se tudo corre de acordo, não haverá necessidade de correções.
RELEVÂNCIA	É o grau de significância de uma informação. Deve ser apenas necessária e suficiente para a tomada de decisão.
CONFIABILIDADE	É o grau de confiança que o tomador de decisões outorga à informação. Num sentido estatístico, a confiabilidade de uma informação é a porcentagem de vezes que ela se apresenta dentro dos limites considerados precisos pelo sistema.

  Como se pode concluir, este enfoque da informação é decorrente da própria abordagem sistêmica utilizada até este momento, por isso se fala em sistema de informações.

  Estamos falando sobre computadores e tecnologia. Vejamos, portanto, algumas definições sobre tecnologia.

  Para Drucker (1991), o computador é uma máquina lógica e tudo que consegue fazer é somar e subtrair, porém, executando esse processo numa velocidade assombrosa. Como todas as operações matemáticas e lógicas são extensões da soma e da subtração, o computador consegue realizá-las simplesmente somando ou subtraindo inúmeras vezes de maneira extremamente rápida. Por ser inanimado, não se cansa, não esquece nem recebe horas extras. O computador pode trabalhar 24 horas por dia, armazenar as informações passíveis de serem manipuladas por soma e subtração em quantidade que é, ao menos teoricamente, ilimitada.

Ainda segundo Drucker, o computador apresenta basicamente cinco habilidades:

1ª Pode ser comparado a um escriturário mecânico ao manipular grande quantidade de papéis e documentos simples e repetitivos.

2ª Coleta, processa, armazena, analisa e apresenta informações a velocidades estonteantes.

3ª Auxilia nas estruturações físicas de projetos nas áreas de construção civil, ciências da engenharia, da química e da física, entre outras.

4ª Tem a capacidade de direcionar processos a condições preestabelecidas, como análises funcionais por meio de dados em operações empresariais.

5ª Desempenha importante papel no processo decisório estratégico das empresas, podendo inclusive indicar qual curso de ação deve ser seguido.

Hoje em dia, inegavelmente, a tecnologia está presente na vida das pessoas. Os avanços da informática, dos computadores e de outras formas de tecnologia têm exercido efeito significativo também na vida das organizações. É difícil encontrar qualquer forma de organização ou de processo organizacional que não tenha sido alterado por novas tecnologias. Com a massificação do uso da tecnologia, particularmente da tecnologia de informação proveniente dos bancos de dados gerados por computadores, há a necessidade de que as pessoas que atuam nas organizações, e delas fazem parte, evoluam na sua forma de agir e de pensar. Essas pessoas devem acompanhar esse ritmo de progresso, muitas vezes sem retorno, o que pode gerar conflitos entre patrões e empregados no trabalho, levando em alguns casos a um alto grau de desmotivação.

Para Silva (1989), esses indivíduos sofrem vários impactos referentes à utilização de tecnologias, que podem causar, entre outros fatores, falta de motivação, medo, resistência às mudanças, deslealdade para com os demais, entre outros sintomas.

O mundo vivencia uma grande revolução, causada principalmente pela utilização de novas tecnologias. Desde a Revolução Industrial, com o surgimento das primeiras máquinas, o indivíduo já sofria com conflitos internos (pessoais) e externos (sociais) em relação ao surgimento de efeitos provocados pela tecnologia. Atualmente, com o processo de evolução tecnológica impulsionado pela necessidade de crescimento, competitividade e evolução das empresas, ocorrem também mudanças e conflitos na forma de atuação no trabalho pelo indivíduo, causados pelo impacto da alta tecnologia empregada.

Esses conflitos serão maiores quanto mais o trabalhador tender a se adaptar a novas tecnologias, em oposição àquelas que foram implementadas para se adaptar a ele, que contribuem para minimizar os impactos negativos no homem.

A cultura organizacional das empresas é que acaba sendo fator determinante para a implementação de processos de aquisição de conhecimento, além de influenciar na escolha do tipo de tecnologia a ser utilizada.

Fazem parte desse cenário a análise dos processos de mudança nas empresas, os diversos estágios de desenvolvimento em que cada uma se encontra e o papel da comunicação e das características comuns a sistemas sociais, que acabam tendo importância fundamental no aspecto da cultura das empresas e irão influenciar nas ações que serão tomadas por parte de seus integrantes.

1.4 A tecnologia

A vida atual é dominada por avanços tecnológicos tanto na sociedade quanto nas organizações. A tecnologia encontra-se em toda a parte: nos eletrodomésticos em geral, na comunicação (pela Internet, via satélite), nos aparelhos eletrônicos (fax, vídeo, telefones e microcomputadores), entre outros.

Ademais, esse processo de desenvolvimento não paira no ambiente doméstico, afinal ele é muito mais evidente nas organizações, que buscam na tecnologia mudanças constantes, até mesmo em questões básicas como organização de arquivos ou ativo imobiliário.

Goodman et al. (1990) definem tecnologia como o conhecimento de relações causa–efeito contido (embutido) nas máquinas e equipamentos utilizados para realizar um serviço ou fabricar um produto. Para seus usuários, tecnologia refere-se ao conjunto particular de dispositivos, máquinas e outros aparelhos empregados na empresa para a produção de seu resultado.

Fleury (1990), em diferente abordagem, percebe a tecnologia como um pacote de informações organizadas, de diversos tipos, proveniente de várias fontes, obtida através de diversos métodos, utilizado na produção de bens.

Gonçalves (1994), por sua vez, já vê a tecnologia como muito mais que apenas equipamentos e máquinas. Para ele, a organização funciona a partir da operação de dois sistemas que dependem um do outro de maneira variada. Existe um sistema técnico, formado pelas ferramentas e técnicas utilizadas para realizar cada tarefa. Existe também um sistema social, com suas necessidades, expectativas a serem satisfeitas e sentimentos sobre o trabalho. Os dois sistemas são otimizados de forma simultânea quando os requisitos da tecnologia e as necessidades das pessoas são atendidos conjuntamente. Dessa forma, é possível distinguir tecnologia (conhecimento) de sistema técnico (combinação específica de máquinas e métodos empregados para se obter um resultado desejado). Nesse caso, a tecnologia seria representada por um conjunto de características específicas do sistema técnico.

Para Browne (1985), as mudanças nos processos de produção e nos modelos dos produtos que sejam a base do progresso tecnológico constituem inovações. Uma distinção importante é aquela que se faz entre invenção e inovação: invenção é a descoberta das relações científicas ou técnicas que tornam possível o novo modo de fazer coisas, e inovação é sua aplicação comercial.

Segundo Gonçalves (1994), para que seja possível compreender os impactos da tecnologia nas organizações, é necessário também discutir o que é nova tecnologia. A nova tecnologia não é necessariamente aquela que se baseia em computadores, nem aquela completamente inédita, mas sempre é a tecnologia nova para a empresa em questão, mesmo que ela não seja nova para o mercado. Novas tecnologias vão sempre provocar mudanças no ambiente social da organização e é difícil imaginar alguma inovação tecnológica que possa ser introduzida na empresa sem provocar qualquer efeito. Pode-se afirmar ainda que se uma inovação não trouxer resultado algum, teria sido melhor não ter investido nela, já que ela não deu retorno positivo.

Goodman et al. (1990) comentam que as operações de manufatura nos anos 90 deverão ser substancialmente diferentes das operações dos anos 80. Novas tecnologias empregadas em diagnóstico a atendimento médico modificaram substancialmente a forma pela qual são organizados e prestados os serviços médicos. Sistemas de informação e processos avançados de transação estão levando ao desenvolvimento de novos mercados e de novas organizações financeiras. Para onde quer que se olhe, a tecnologia está presente, em qualquer forma de organização.

Segundo Rodrigues e Ornellas (1987), na sociedade industrializada, o processo técnico apresenta pelo menos três metas básicas: redução do esforço de trabalho, aumento da produtividade e melhoria da qualidade do produto.

Gonçalves e Gomes (1993) analisam a relação entre tecnologia e realização do trabalho. Essa tem sido também a preocupação, nos últimos anos, de autores que atuam em diversas áreas: sociólogos, economistas, administradores, além de especialistas em outras áreas científicas.

Seguindo essa linha de raciocínio, o comportamento do indivíduo tem influência direta na realização do trabalho, pois quem rege e efetiva o trabalho é o próprio indivíduo, seja por um processo individual, seja por um processo grupal.

Para Vico (1994), a pressão de novas tecnologias sobre o indivíduo no seu local de trabalho não é de maneira alguma um fato novo. A história comprova que os avanços técnicos sempre forçaram mudanças no funcionamento das organizações e da sociedade. A partir da Revolução Industrial, e com a necessidade de organização do trabalho nas fábricas, as organizações (instituições comerciais) constituíram o foco das mudanças sociais. É no contexto institucional que as novas tecnologias se impingem sobre a natureza das tarefas, trazendo descompasso entre trabalho e habilidades, mudando as condições de salário e emprego. Embora se colocasse no passado, antecipou-se uma face conspiratória da tecnologia sobre o ser humano a partir da década de 1950, com o advento dos computadores. Findo o período de pleno emprego do pós-guerra, a tecnologia passou a ser encarada como ameaça não só para a qualidade do trabalho, mas principalmente na sua função como fonte de sobrevivência.

Tragtenberg (apud Vico, 1993) afirma, com relação à Revolução Industrial, que "a máquina impõe como absolutamente necessário o caráter cooperativo no trabalho, a necessidade de regulação social. O uso das máquinas pela sociedade capitalista, porém, leva à direção autoritária, à regulamentação administrativa sobre o operário, tendo em vista a exploração da mais-valia pelos membros do quadro administrativo: executivos, diretores, supervisores e capatazes. Os patrões conseguem fazer passar por simples regulamentação social o que na realidade é o seu código autoritário. Direção autoritária é o objetivo capitalista que, pela chamada racionalização do trabalho e controle do comportamento do operário, define as garantias da cooperação". Para obter cooperação na indústria, as funções diretivas transformam-se de normas de controle em normas de repressão.

Os administradores sabem da necessidade de prever a mudança tecnológica e seu impacto sobre as suas atividades. Inovações radicais de tecnologia produzem transformações profundas na organização social, no trabalho e na própria vida cotidiana. Atingindo toda a sociedade, tais processos introduzem mudanças relevantes nos conhecimentos, na cultura e nas relações de poder exigindo, portanto, a criação de instrumentos de controle e de intervenção totalmente novos. Isso porque o desafio tecnológico recoloca em discussão alguns equilíbrios fundamentais da sociedade, tais como: níveis de ocupação, profissões e conhecimentos adquiridos, locais e formas de construção das experiências sociais e da identidade das pessoas, dos grupos, das classes.

Para Vico (1993), a indústria é a parte da sociedade mais invadida por essa transformação. A fábrica já mudou e continua mudando. Hoje, com a automação da gestão empresarial e dos escritórios, com os novos instrumentos para elaborar projetos, com a automação flexível computadorizada da produção, está definitivamente superada a racionalidade da fábrica eletromecânica. Esses impactos já estão servindo como experiência para a mudança nos serviços e em outras áreas de produção e de lazer. Vico afirma também que ninguém, além de nós mesmos, pode determinar o que devemos reorganizar, reestruturar, rever ou mudar. Essas transformações são realmente possíveis quando moldamos soluções às nossas necessidades e objetivos organizacionais.

1.5 Classificação dos sistemas de informação

A informação é o elemento básico dos sistemas; portanto, os conceitos básicos necessários dizem respeito às características da informação que se está trabalhando. Vale ressaltar que apenas se trabalha com informação e não com dados, pois o dado em si é a menor decomposição de um determinado elemento para a informação que interessa ao tomador de decisões. Veja, na tabela a seguir, como Laudon e Laudon (1996) resumem os principais conceitos relacionados à informação:

Tabela 1.5: Conceitos relacionados à informação (Laudon e Laudon, 1996)

CONCEITO	DEFINIÇÃO
FREQUÊNCIA	Diz respeito a quantas vezes uma informação é oferecida dentro de um determinado período de tempo.
INTENSIDADE	Está relacionada ao número de caracteres que somos capazes de receber, compreender e retransmitir dentro de um determinado período de tempo. Ela é calculada pelo tempo necessário para se compreender uma determinada situação.
REDUNDÂNCIA/ EFICIÊNCIA	É o excesso de informação que se tem por unidade de elemento de dado. É uma segurança contra erros no processo de comunicação. Para se verificar uma redundância basta suspender drasticamente a informação e verificar o que acontece.
CUSTO/ BENEFÍCIO	A informação só deve ser produzida se proporcionar um resultado, pelo menos, equivalente ao custo de sua produção. É a relação entre o custo de produção da informação e o benefício que ela oferece ao tomador de decisões, é agregar valor a um determinado processo.
DISPONIBILIDADE	É o local e o momento em que a informação deve estar disponível.
TRANSMISSÃO	Deve-se fazer que os dados sejam transmitidos de forma eficiente passando por um mínimo de pontos de transmissão, para que a informação chegue a seu destino sem distorções, omissões ou excessos e no tempo oportuno.

Existem ainda dois conceitos básicos que dizem respeito à empresa; são eles:
1. Componentes da empresa: dizem respeito às diversas áreas de trabalho, ou atividades, que são necessárias para o funcionamento adequado da empresa como um todo.
2. Níveis de decisão: dizem respeito à hierarquia existente dentro da empresa. Em outras palavras, são a associação entre a posição ocupada na estrutura e a abrangência da informação que é veiculada.

Normalmente, a visualização gráfica é a triangular. Porém, seguindo os princípios de Bertalanffy através da Teoria Geral dos Sistemas, é mais adequada a visão piramidal com abrangência e profundidade em cada um dos diversos segmentos. Vejamos na figura a seguir:

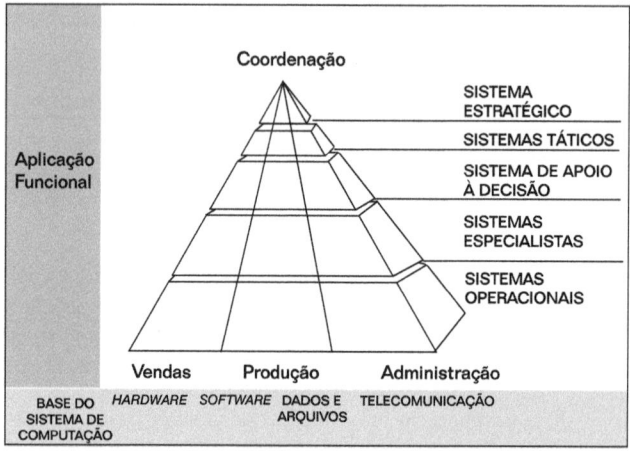

Figura 1.3. Os sistemas de informações (Laudon e Laudon, 1996)

Além de tudo isso, até há bem pouco tempo os sistemas de informação se baseavam apenas, e davam grande ênfase, na base matemática normativa, tomando como base os modelos de pesquisa operacional para elaborar seus cenários; era a visão técnica que imperava e orientava a aplicação de recursos.

Atualmente sabe-se que uma grande parte dos problemas enfrentados pelas organizações diz respeito ao comportamento humano. Mais ainda, muitos problemas comportamentais que são usados, implementam e estruturam sistemas não podem ser expressos através de normas rígidas dentro de uma visão estritamente técnica.

Assim, o enfoque atual dos sistemas de informação é sociotécnico, considerando com igual importância tanto a parte técnica e matemática quanto a comportamental.

Para Burke e Sashkin (apud Bowditch e Buono, 1990), durante a década de 1980 a abordagem dos sistemas sociotécnicos foi progressivamente mais enfatizada nos Estados Unidos, devido a esforços para "otimizar conjuntamente" as estruturas técnicas e sociais das organizações. Os valores tradicionais do desenvolvimento organizacional centrado na importância das pessoas e de seus papéis na organização, embora ainda bastante influentes, começam a ceder lugar à constatação de que a chave para as melhorias organizacionais seria enfatizar tanto os fatores humanos quanto os de desempenho. Para esses autores, um número crescente de acadêmicos estudiosos do desenvolvimento organizacional começou a argumentar que as questões de desempenho deveriam ser o centro das atenções e a preocupação com as pessoas, parte de uma visão estratégica de longo prazo, mas não explicitamente parte do componente operacional nos esforços de desenvolvimento organizacional. Esse enfoque trouxe maior apoio à abordagem dos sistemas sociotécnicos devido à sua integração incorporada das variáveis de tarefa e processo.

Partindo dos princípios já contemplados, abordaremos a seguir cada um dos sistemas de informações, detalhadamente.

1.5.1 Sistemas de Informações Transacionais (Operacionais) — SIT

É o mais baixo nível de sistemas de informações, atendendo às necessidades do nível operacional da organização. É utilizado pelos profissionais da empresa em todos os níveis de execução. Esse sistema tem como função executar e cumprir os planos elaborados por todos os outros sistemas, pois serve como base na entrada de dados (*inputs*).

O sistema de informação transacional normalmente é computadorizado e estabelece o desempenho e os resultados diários de todas as rotinas necessárias para a elaboração dos negócios da empresa. Exemplos disso são: entrada de ordens de venda, reserva de hotel, ordem de pagamentos, níveis de manutenção, ordens de embarque, entrada de títulos no contas a pagar e a receber.

No nível operacional, as tarefas, os recursos e os objetivos são predefinidos e altamente estruturados. A decisão que concede crédito aos clientes, via de regra, é feita em nível legal com supervisão de acordo com critérios claramente predefinidos. Aliás, tudo que diz respeito a processos deve ser definido por critérios claros e previamente estabelecidos.

A maior parte das empresas possui cinco tipos de sistemas transacionais, a saber: vendas e marketing; produção; finanças; contabilidade; recursos humanos. As principais características do sistema de informação transacional são:

a) identificação do evento (transação);

b) têm como finalidade intercalar, listar, ordenar, atualizar;

c) possibilidade de criar relatórios detalhados, lista e sumário;

d) pode ser utilizado em todos os níveis de execução da empresa por atender às necessidades do nível operacional da organização.

Tabela 1.6: Características do sistema de informação transacional

INPUTS	PROCESSAMENTO	OUTPUTS	USUÁRIOS
Evento, transação	Intercalar, listar, ordenar, atualizar	Relatório detalhado, lista, sumário	Operário, nível básico da estrutura, seus supervisores

Para melhor compreensão, neste caso, basta um exemplo: recordemos o que é necessário para se elaborar a folha de pagamento da empresa para qual você trabalha. Pois bem, cada uma das linhas que compõem a folha é uma transação ou uma operação.

1.5.2 Sistemas de Informações Especialistas, Sistemas de Automação — SE, SA

Esse sistema atende às necessidades de informação do grupo de especialistas da organização em qualquer nível. Sistemas de trabalho especialistas exigem trabalhadores também especialistas, visto que os sistemas de automação de escritório inicialmente auxiliaram os trabalhadores mais simples, inclusive hoje podendo ser considerados especialistas.

Via de regra, os especialistas são pessoas com formação superior, sendo participantes de grupos de trabalhos muito específicos, como engenheiros, médicos, advogados e cientistas. Incluem-se também secretárias, contadores, assistentes em geral e algumas gerências com essas características.

Suas tarefas mantêm um baixo nível de estruturação e consistem, basicamente, na criação de novas informações e novos conhecimentos. Assim, o sistema de informação especialista tem como preocupação final assegurar que o novo conhecimento (informação) seja tecnicamente exato e adequado quando de sua integração na empresa.

As principais características do sistema de informação especialista podem ser vistas na tabela a seguir:

Tabela 1.7: Características do sistema de informação especialista (Laudon e Laudon, 1996)

INPUTS	PROCESSAMENTO	OUTPUTS	USUÁRIOS
Estruturas específicas; base no conhecimento, documentos, programas, previsões	Modelagem, simulação, comunicação, planos, programas, documentos gerenciais	Modelos, gráficos, planos, projetos, correspondência, documentos em geral	Técnicos, profissionais especializados, auxiliares, assistentes, pessoal de apoio em geral

Os sistemas de informações especialistas são formados pelos elementos responsáveis pelo encaminhamento de todas as informações no âmbito empresarial. São os responsáveis pelos meios que fazem que os resultados do que foi operado ou produzido sejam levados aos demais subsistemas com a finalidade de controle e elaboração de novos planos.

1.5.3 Sistemas de Informações Gerenciais — SIG

Atendem às necessidades dos diversos níveis gerenciais de alto escalão das organizações, provendo relatórios gerenciais e, em alguns casos, com acesso imediato (*on-line*) às ocorrências de desempenho e a dados históricos. Tipicamente, está orientado quase que exclusivamente para os eventos internos, não se preocupando muito com o meio ambiente ou com as variáveis externas.

Sistemas de informações gerenciais por definição servem como base para as funções de planejamento, controle e tomada de decisão em nível gerencial. Geralmente, são dependentes diretos dos sistemas de informações especialistas que servem como base de dados para seus relatórios.

Cabe aos sistemas de informações gerenciais sumarizar os dados e emitir relatórios consolidados sobre as operações da empresa. Assim, os longos relatórios gerados pelos sistemas de informações especialistas se transformam, via sistemas de informações gerenciais, em relatórios objetivos, condensados e sintéticos que, principalmente nos dias de hoje, são apresentados em forma de gráficos de alta resolução.

Normalmente os sistemas de informações gerenciais atendem às necessidades semanais, mensais e anuais, em termos de resultados; porém, não contemplam as atividades diárias. Sistemas de informações gerenciais em geral apresentam uma estrutura conhecida de direcionamento para as questões propostas. Geralmente os sistemas de informações gerenciais não são flexíveis e apresentam reduzida capacidade analítica. A maioria dos sistemas de informações gerenciais, é utilizada em pequenas e simples rotinas para sumarizar, condensar e comparar dados, exatamente o contrário dos sofisticados modelos matemáticos ou das técnicas estatísticas.

As principais características dos sistemas de informações gerenciais podem ser apontadas na tabela a seguir:

Tabela 1.8: Características dos sistemas de informações gerenciais (Laudon e Laudon,1996)

INPUTS	PROCESSAMENTO	OUTPUTS	USUÁRIOS
Modelos simples, dados sumariados das transações ou operações, grande volume de dados	Relatório de rotina, modelos simples, baixo nível de análise	Relatórios, sumários, relatórios de exceção	Gerentes, coordenadores, supervisores de segundo escalão

Os sistemas de informações gerenciais talvez sejam simples de serem entendidos, porém, em nossa opinião, também os mais difíceis de serem utilizados porque todos os dados necessitam estar sumariamente corretos (alimentados corretamente) em sua fonte de origem – sistemas transacionais.

Nesse ponto nos defrontamos com uma problematização bastante complexa que existe internamente nas organizações. Para que realmente isso aconteça quanto à veracidade dos dados, é necessário um profundo acompanhamento dos processos organizacionais, embora saibamos que isso é bastante difícil de acontecer. Portanto, é preciso muita maturidade por parte das pessoas na utilização adequada dos sistemas de informações transacionais, alimentando-os corretamente para que esse problema com a informação não venha a ocorrer.

Mas não é só esse procedimento que precisa acontecer. É necessário um profundo amadurecimento dos indivíduos, tanto de atuação operacional como de nível gerencial, para que eventuais necessidades de mudança ou alteração nos procedimentos aconteçam nas empresas, para que o que foi decidido e determinado possa se espelhar no que de fato acontece no dia a dia operacional. Talvez esteja nesse contexto a maior dificuldade.

Não obstante, após ter certeza de que essas questões estejam resolvidas definitivamente, é possível discutir qual será o melhor modelo de informação gerencial a ser definido.

1.5.4 Sistemas de Apoio à Decisão — SAD

É o sistema de informações desenvolvido para atender às necessidades do nível estratégico da organização. O sistema de apoio à decisão auxilia a direção a tomar decisões semiestruturadas ou com rápidas mudanças, o que dificulta sua especificação durante o avanço do processo. Deve estar disponível e responder a cada uma das mudanças que ocorrem, eventualmente, ao longo de um único dia, caso isso seja necessário. Os SAD usam as informações internas geradas pelos SIT/SIO, pelos SE/SA ou pelos SIG, e oferece ainda a informação das fontes externas, tais como nível de preço dos competidores e oferta existente do produto.

Quando se observa sua estrutura nota-se que é o sistema que mais trabalha com a análise: incorpora a construção explícita de uma variedade maior ou menor de modelos de análise de dados. Além disso, está estruturado para que seus usuários trabalhem diretamente em tempo real (*real-time*) com seus resultados, podendo incluir também outros usuários que não apenas da gerência. São interativos, pois seus usuários podem modificar as condições assumidas pelo sistema e modificar sua base de dados secundária. Em resumo, suas principais características são:

- focaliza a decisão, ajuda a alta gerência das empresas no processo de tomada de decisão;
- enfatiza a flexibilidade, adaptabilidade e respostas rápidas;
- permite que os usuários inicializem e controlem os *inputs* (entradas) e *outputs* (saídas);
- oferece suporte e ajuda para a solução de problemas cujas soluções podem não estar especificadas em seu desenvolvimento;
- dá suporte a estilos individuais de tomada de decisão dos gerentes que com ele trabalhem;
- usa sofisticados modelos de análise e modelagem de dados.

Os sistemas de apoio à decisão não representam apenas um avanço na evolução dos sistemas de informações descritos anteriormente e, certamente, seu objetivo não é substituir os anteriores. E eles não são simplesmente um tipo de sistema de informação dirigido exclusivamente à alta gerência, onde outros sistemas de informações parecem ter alcançado seu objetivo.

Ao contrário, os sistemas de apoio à decisão compreendem uma classe de sistemas de informações que extrai dos sistemas de processamento de transações e interage com as outras partes do sistema de apoio executivo para dar apoio à tomada de decisão dos gerentes e outros administradores na empresa. Existem, contudo, pequenas, mas significativas diferenças entre os sistemas de apoio à decisão e os tradicionais transacionais e os especialistas ou os gerenciais. Além disso, esses sistemas requerem uma nova combinação de tecnologia de sistemas de informações para satisfazerem a um conjunto de necessidades até aqui não atendidas. Torna-se cada vez mais claro que os sistemas de apoio à decisão têm o potencial de se tornar uma poderosa ferramenta no conjunto de recursos dos profissionais de sistemas de informações para ajudar a aumentar a eficácia das pessoas nas empresas, contemplando maior produtividade.

Para considerar de forma apropriada o papel dos sistemas de apoio à decisão no contexto dos sistemas de informações, vamos caracterizar toda extensão e objetivos da função dos sistemas de informação na organização como Laudon e Laudon (1996): "dedicado a aumentar o desempenho dos administradores na organização por meio da aplicação da tecnologia da informação", onde:

- aumentar o desempenho é o principal objetivo dos sistemas de informações. O principal objetivo deve ser visto em termos da habilidade dos sistemas de informações em suportar o aumento do desempenho das pessoas nas organizações;
- administradores são os clientes. Este grupo inclui gerentes, profissionais, analistas de suporte e até escriturários, cuja principal responsabilidade é a manipulação da informação de alguma maneira;
- organizações são o contexto. O foco está na manipulação da informação para atingir o objetivo da organização;
- aplicação da tecnologia da informação é o desafio e a oportunidade que encontram os profissionais de sistemas de informações para os propósitos e no contexto do texto citado.

Em algumas grandes organizações, encontramos ainda o sistema de apoio à decisão com duas abordagens: uma dedicada apenas à direção e altas gerências; enquanto a presidência da organização utiliza uma versão mais potente ainda, denominada sistema de apoio executivo. Hoje, devido à tendência natural de achatamento das estruturas organizacionais, o que está ocorrendo é que os sistemas de apoio executivo estão sendo incorporados aos sistemas de apoio à decisão com a seleção compartilhada de tarefas e relatórios.

Os sistemas de apoio à decisão estão direcionados para as decisões não estruturadas em meio ambiente computadorizado e de potente comunicação de dados, não apresentam regras fixas de trabalho ou aplicações específicas. Estão estruturados para incorporar dados externos (por exemplo: novas leis; novos concorrentes) e sumariar esses novos dados, incorporá-los aos sistemas internos transacionais ou gerenciais. Eles filtram, resumem, comprimem e criticam os dados, sua maior ênfase reside na redução do tempo requerido para que os executivos possam usar determinada informação. Empregam, em seu desenvolvimento, *softwares* gráficos modernos oferecendo rapidamente produtos que possam ser usados pelos executivos ou pelo gabinete executivo da empresa.

Diferente dos demais, o sistema de apoio executivo não está inicialmente estruturado para resolver problemas específicos; porém, devido às suas características de computação e comunicação, está mais direcionado para proporcionar a mudança de cenários sobre os quais os problemas atuam. Observemos na figura a seguir a diferença entre decisões do sistema de informação transacional e gerencial:

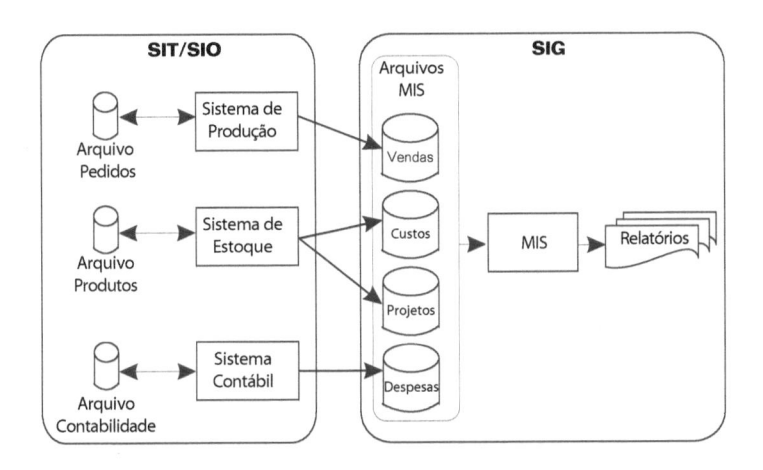

Figura 1.4. Diferenças entre os sistemas de informação transacional e gerencial, adaptado de Laudon e Laudon (1996), onde
MIS = *Management information system*

Pode haver um questionamento a respeito do grau de integração entre os diversos sistemas de informações existentes dentro de uma empresa. No entanto, isso é muito difícil de ser respondido rapidamente. Eventualmente, podemos definir o nível de integração com base na análise das vantagens que a integração de algumas ou todas as informações possam trazer para a organização ou em suas diferentes partes. Entretanto, não podemos esquecer que a integração custa dinheiro e que a integração de sistemas muito diferentes consome muito tempo, dinheiro, e é um processo extremamente complexo. Assim, cada empresa deve ponderar sua necessidade de integração dos sistemas relacionada às dificuldades de larga escala, provenientes do processo de integração dos sistemas. Essa dificuldade, porém, está atrelada a todos os processos existentes na organização. O principal objetivo, e motivos do sucesso, é definir e integrar a maioria desses processos existentes.

Não devemos esquecer que integrar os sistemas de informações significa fazer que todos os sistemas existentes e/ou processos compartilhem uma mesma base de dados. Os sistemas de informações possuem inter-relações entre os diversos tipos de sistemas de informações existentes dentro de uma empresa. Os sistemas não são isolados; suas informações dependem umas das outras. Via de regra, os sistemas de informação transacional possuem a maior parte das informações que são requeridas pelos demais sistemas, os quais, por sua vez, produzem as informações para o sistema no nível seguinte de complexidade. Em muitas empresas, esses diferentes tipos de sistemas, apesar de existentes, estão dispersos pela organização e não apresentam nenhum tipo de conexão entre si.

Finalmente, não podemos deixar de lado o papel estratégico desempenhado pelos sistemas de informação dentro das empresas. Todo e qualquer um dos sistemas descritos anteriormente está apto a auxiliar a empresa a solucionar importantes problemas empresariais. Alguns desses sistemas têm importante papel na crítica efetiva à prosperidade e na sobrevivência a longo prazo da organização. Alguns desses sistemas de informações, devido às suas características que os transformam em poderosas armas a serviço da empresa para que ela possa se manter à frente da concorrência, são denominados sistemas de informações estratégicos (SIE).

Os sistemas de informações estratégicos têm como principal característica a capacidade de proporcionar subsídios para modificações nos objetivos, operações, produtos, serviços e até nas relações que a organização estabelece com o meio ambiente, ajudando a empresa a ganhar e a ter vantagens competitivas acima de seus concorrentes. Esses sistemas de informações podem, inclusive, mudar e/ou direcionar os próprios negócios da empresa.

Para que os sistemas de informações estratégicos possam ser empregados dessa forma, antes o executivo deve saber como encontrar as oportunidades estratégicas. Existem, basicamente, duas formas para isso: por intermédio da modelagem das forças competitivas e pela modelagem da cadeia de valor.

1. *Modelagem das forças competitivas*: é usado para descrever o processo de interação com as influências externas, especificamente com relação às ameaças e oportunidades que afetem as estratégias organizacionais e sua habilidade para competir. Podem ser efetivadas através de:

    - Diferenciação do produto: estratégia competitiva para criar lealdade à marca pelo desenvolvimento de um novo e único produto ou serviço que não é facilmente reproduzido ou copiado pelos concorrentes;
    - Foco na diferenciação: estratégia competitiva para desenvolver novos nichos de mercado através da especialização dos produtos e/ou serviços em que a empresa possa competir numa única área alvo melhor que seus concorrentes;
    - Vínculo com fornecedores e consumidores: a empresa deve desenvolver um estreito vínculo entre fornecedores e consumidores ou clientes. Esse

fator é importante, pois o incremento dos custos é um dos efeitos da redução do poder de barganha com os fornecedores, e o mesmo ocorre com relação aos clientes;
- Custos de produção: certas estratégias orientam os sistemas de informação na ajuda significativa para que as empresas reduzam seus custos internos, possibilitando com isso a entrega de produtos e serviços a preços inferiores e algumas vezes com qualidade superior à que os seus concorrentes praticam.

2. *Modelagem da cadeia de valor*: enfatiza as atividades específicas nos negócios em que as estratégias competitivas podem ser mais bem aplicadas e os sistemas de informação podem provocar um impacto estratégico. A análise da cadeia de valor pode complementar o modelo das forças competitivas, identificando de forma específica o ponto de alavancagem onde a empresa pode usar a tecnologia da informação de maneira mais efetiva para fortalecer sua posição competitiva. No entanto, esse tipo de modelagem não se preocupa com um único fator em si; sua preocupação é a de demonstrar a cadeia, o encadeamento das atividades básicas da empresa e onde reside o ponto de alavancagem e onde o valor marginal agregado pode provocar ganhos de mercado.

Os sistemas de informação estratégicos oferecem oportunidades para melhorar tanto os produtos e serviços oferecidos como os procedimentos internos, ou dirigir a organização para encontrar novos parceiros em seus relacionamentos. Algumas dessas modificações exigem novos gerentes, novos administradores, novas forças de trabalho e uma relação com os fornecedores e os consumidores ou clientes muito mais intensa, próxima e pessoal: assim os sistemas de informações estratégicos estarão, ainda, contribuindo para incrementar a qualidade total, tão importante nessa dupla relação.

1.5.4.1 Estruturas alternativas dos SAD

A estrutura apresentada não é definitiva nem única; ela tem evoluído com o tempo, retratando as próprias mudanças no ambiente, na tecnologia e nas especializações. Basicamente podem ser estabelecidos três níveis de tecnologia; essa diferenciação é importante, pois se trata de profissionais diferentes que irão utilizar cada uma delas. Essa diferença também contempla a capacitação técnica, a natureza do trabalho e o escopo da tarefa para a qual eles podem ser aplicados.

1. *Específico*: os sistemas que realmente realizam o trabalho podem ser chamados de sistema de apoio à decisão específico. Eles envolvem uma aplicação de Sistema de Informação, mas com a característica de que são significativamente diferentes daqueles de um típico sistema de informação transacional. O *hardware* e o *software* são considerados sistemas de apoio à decisão específicos e que permitem um determinado tomador de decisão ou um grupo deles a lidar com um conjunto específico de problemas relacionados entre si.
2. *Geradores*: o segundo nível de tecnologia pode ser assim chamado e trata-se de pacotes de *hardware* e *software* relacionados entre si e que fornecem um conjunto de capacitações para construir um sistema de apoio à decisão específica rápida e facilmente.
3. *Ferramentas*: é o terceiro nível fundamental da tecnologia aplicada ao desenvolvimento de um sistema de apoio à decisão. São elementos de *hardware* e *software* que facilitam o desenvolvimento de sistema de apoio à decisão específico ou de geradores. Essa categoria de tecnologia tem tido grande desenvolvimento, incluindo novas categorias de linguagens de programação com objetivos especiais, melhoras nos sistemas operacionais para suportar modos conversacionais e gráficos projetados de forma tridimensional.

Essas ferramentas, por sua vez, podem ser utilizadas para desenvolver uma aplicação específica diretamente. É óbvio que essa mesma forma tem sido usada para desenvolver aplicações tradicionais com ferramentas, como linguagens com objetivos gerais, *software* de acesso a dados e pacotes de sub-rotinas. A dificuldade para desenvolver sistema de apoio à decisão dessa forma é a constante alteração e flexibilidade que os caracteriza. A natureza de um dos sistemas de apoio à decisão específico depende das características da tarefa ou problema, e o ambiente organizacional no qual o usuário se encontra com o problema.

1.5.4.2 Exemplos de método para o desenvolvimento dos SAD

Trata-se de projeto progressivo, modular, e que pode ser adotado desde o desenvolvimento do sistema de informação transacional. Pode ser dividido nas seguintes etapas:

1. *Identificar o problema*: não podemos esquecer que, em última instância, quem toma as decisões é o construtor do sistema de apoio à decisão, e também o seu próprio usuário. Ele deve trabalhar e desenvolver com a equipe de sistemas de informação todas as definições que nortearão o desenvolvi-

mento completo do sistema de apoio à decisão. Essa definição de subproblema deve se referir a um subproblema pequeno, de modo que a natureza do problema seja clara, a necessidade para algum tipo de suporte possa ser baseada em processamento de dados eletrônica e a natureza do suporte necessário seja clara.

2. *Desenvolver um pequeno sistema*: pequeno não significa, necessariamente, simples, mas deve sempre ser factível, aplicável e compreensível pelo usuário. Neste momento não há necessidade de análise, pois a definição parte do próprio usuário.

3. *Refinar, expandir e modificar o sistema em ciclos*: cada ciclo deve passar pelos passos de análise: projeto — implementação — utilização — avaliação. O usuário não percebe a evolução desses passos porque eles fluem facilmente do uso do próprio sistema.

4. *Avaliação constante do sistema*: ao final de cada ciclo o sistema será avaliado pelo usuário. A avaliação final é o mecanismo de controle para o sistema inteiro. É o mecanismo de avaliação que mantém o custo e o esforço de desenvolvimento em linha com o seu valor. Observemos que a constante avaliação provoca a morte do sistema quando ele não for mais necessário ou comprovadamente não eficiente. Veja a representação gráfica a seguir:

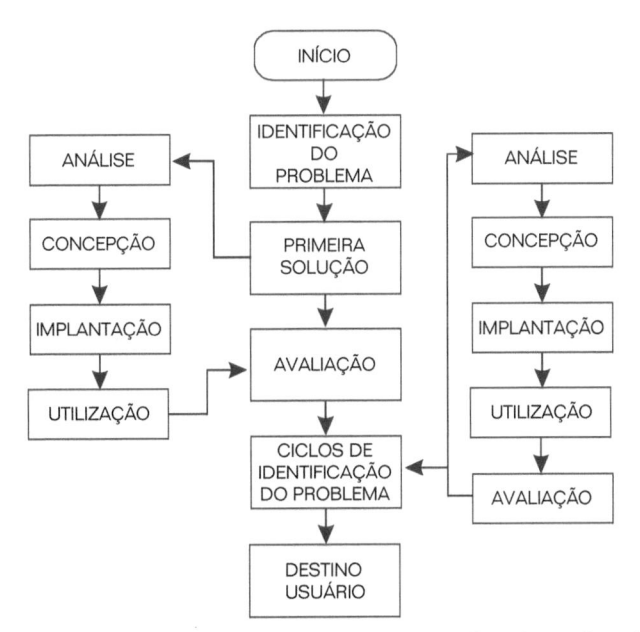

Figura 1.5. Avaliação dos sistemas de informação (Laudon e Laudon, 1996)

1.5.4.3 Uma arquitetura para os SAD

O construtor de um sistema de apoio à decisão tem a responsabilidade de, mediante recursos e técnicas baseadas no computador, prover o suporte à decisão requerida pelos gerentes usuários. As ferramentas de um sistema de apoio à decisão podem ser usadas diretamente, mas, via de regra, é mais efetivo e eficiente o uso de geradores dos sistemas de apoio à decisão para essa tarefa. Um gerador precisa ter um conjunto de capacidades e facilidades que proporcionem, rápida e facilmente, a criação inicial de um sistema de apoio à decisão específico, seguida por modificações em resposta às solicitações dos gerentes, do ambiente e das tarefas contempladas.

Para Laudon e Laudon (1996), a grande caixa do sistema de apoio à decisão revela-nos um banco de dados, um banco de modelos e um complexo sistema de *software* para interligar o usuário com cada um deles. Abrindo, ainda, cada uma das caixas internas, ela revela que o banco de dados e o banco de modelos têm alguns componentes inter-relacionados e que o sistema de *software* é composto de três conjuntos de capacidade: Sistema de Gerenciamento de Banco de Dados (SGBD), Software de Gerenciamento de Banco de Modelos (SGBM), e o *software* para gerenciar as interfaces entre o usuário e o sistema, o qual pode ser chamado de Software de Gerenciamento e Geração de Diálogo (SGGD). Esses três maiores subsistemas dão origem a um esquema conveniente para identificar as capacidades técnicas que um sistema de apoio à decisão precisa ter.

Vamos agora considerar os aspectos-chave em cada categoria, os quais são críticos para o construtor de um sistema de apoio à decisão, e listar um conjunto de capacidades que são requeridas em cada uma das categorias:

- Subsistema de diálogo: muito da potência, flexibilidade e características de uso de um dos sistemas de apoio à decisão deriva da capacidade de interação entre o sistema e o usuário, o qual nós chamamos subsistema de diálogo. Começamos por ele, pois deve estar claro que é o mais importante de todos. Para J. Bennett apud (Laudon e Laudon, 1996), identifica o usuário, os terminais, o sistema de *software* como os componentes do subsistema diálogo, dividindo este em três partes:

    1. Linguagem de ação: estabelece o que o usuário pode fazer quando se comunica com o sistema. Ela deve incluir as opções existentes, a disponibilidade de teclado e teclas funcionais, entre outras;
    2. Tela ou linguagem de apresentação: estabelece o que o usuário vê. A linguagem da tela inclui as opções de impressora, vídeo, gráficos, cores, *plotters*, som, caneta óptica;
    3. Base de conhecimento: estabelece o que o usuário deve saber. Consiste naquilo que o usuário precisa trazer para o trabalho frente ao sistema, a fim de usá-

-lo efetivamente. O conhecimento pode estar simplesmente na cabeça do usuário e em seus aprendizados anteriores; em um cartão de referência ou numa folha de instruções; em um manual do usuário; numa série maior ou menor de comandos de ajuda, disponível quando solicitado;

- Subsistema de dados: este subsistema é visto como um conjunto de capacidades, sendo explorado em um banco de dados. As vantagens típicas do conceito de banco de dados e das funções potentes do SGBD são importantes para o desenvolvimento e uso do sistema de apoio à decisão. Existem, contudo, algumas diferenças significativas entre banco de dados e comunicação de dados. Primeiro, a importância de um conjunto de fonte de dados muito rico, que são encontrados em aplicações típicas. Os dados precisam vir de fontes externas e internas, uma vez que a tomada de decisão, especialmente nos altos níveis gerenciais, é extremamente dependente de fontes de dados externas, como os dados econômicos. Em adição, dados para transações dirigidas para contabilidade precisam ser suplementados com dados não transacionais, não contábeis, alguns dos quais não foram mecanizados no passado. Uma outra diferença significativa é a importância do processo de obtenção de dados e extração desse amplo conjunto de dados-fonte. A maioria, para o sistema de apoio à decisão, é, logicamente, separada de outros bancos de dados operacionais.

A natureza do sistema de apoio à decisão requer que o processo de extração e o SGBD sejam flexíveis o suficiente para permitir rápidas adições e alterações em resposta a pedidos do usuário não solicitados anteriormente. As principais capacidades de um banco de dados são:

1. Combinar uma variedade de dados-fonte através da obtenção das informações e do processo de extração;
2. Adicionar e deletar dados-fonte rápida e facilmente;
3. Apresentar estruturas lógicas de dados em termos do usuário, de modo que o usuário compreenda o que está disponível e possa especificar necessidades de adições e deleções;
4. Manusear informações pessoais e não oficiais, de modo que os usuários possam experimentar alternativas baseadas em julgamentos pessoais.

- Subsistema de modelos: um aspecto muito promissor do sistema de apoio à decisão é sua capacidade de integrar acesso a dados e modelos de decisão. Os sistemas de apoio à decisão fazem isso embutindo os modelos de decisão no sistema de informação que usa o banco de dados como um mecanismo de integração e comunicação entre modelos. Os modelos tendem a sofrer de inadequação devido à dificuldade de desenvolver um modelo integrado para manusear um conjunto real de decisões inter-relacionadas. A solução era uma coleção de modelos separados, cada um tratando com uma parte distinta do problema.

Uma visão mais clara dos modelos sugere que eles sejam embutidos em um sistema de informação com o banco de dados como um mecanismo de integração e comunicação entre eles. A figura a seguir resume os componentes do subsistema de modelos, vejamos:

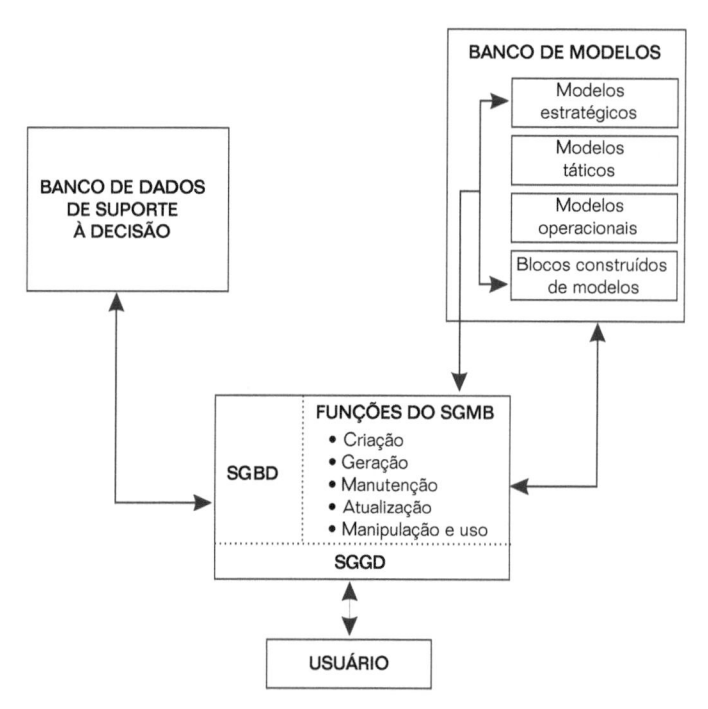

Figura 1.6. Componentes do subsistema de modelos (adaptado de Laudon e Laudon, 1996)

O processo de criação dos modelos precisa ser flexível, com uma linguagem de modelação forte e um conjunto de blocos construídos, muito parecidos com sub--rotinas que podem ser elaboradas para auxiliar o processo de modelagem. De fato, existe um conjunto de funções de gerenciamento de modelos muito análogo às funções de gerenciamento de dados. As capacidades-chave para os sistemas de apoio à decisão no subsistema de modelos incluem as seguintes capacidades:

1. Criar novos modelos de maneira rápida e fácil;
2. Acessar e integrar blocos construídos de modelos;
3. Catalogar e manter uma gama de modelos, suportando todos os níveis de usuários;
4. Inter-relacionar esses modelos com apropriados elos através de banco de dados;
5. Gerenciar um banco de modelos com funções de gerenciamento análogas ao gerenciamento de banco de dados, como mecanismos para armazenamento, catalogação, ligação e acesso a modelos.

Steven Alter realizou, em 1986, uma pesquisa de verificação dos tipos de sistemas de apoio à decisão que eram empregados pelas empresas. Nesse levantamento ele identificou mais de 60 tipos alternativos. Baseado no grau que a saída do sistema pode diretamente determinar à decisão, Alter classificou os sistemas identificados nas seguintes categorias:

- *File drawer systems*: permitem acesso imediato aos dados. São basicamente versões mecanizadas de sistemas de arquivamento manual;
- Sistema de análise de dados: permite a manipulação de dados por meio de operadores treinados para a tarefa. São sistemas tipicamente usados pelo pessoal de linha e suporte na análise de arquivo de dados, sendo esses dados tanto históricos quanto atuais;
- Sistema de análise da informação: provê acesso a uma série de banco de dados e modelos pequenos para fornecer informações gerenciais;
- Modelos de contabilidade: calculam as consequências de ações planejadas na base de definições de contabilidade e de fórmulas contábeis;
- Modelos representacionais: estimam as consequências das ações na base de modelos que são parcialmente não definidos;
- Modelos de otimização: proveem linhas gerais para ações, gerando a solução ótima consistente com uma série de problemas;
- Modelos de sugestão: realizam um trabalho mecânico conduzindo a uma específica decisão sugerida para uma tarefa razoavelmente estruturada. Geram ações sugeridas na base de fórmulas ou procedimentos matemáticos.

1.6 Inteligência artificial e sistemas especialistas

Robert I. Levine (1988) define Inteligência Artificial (IA) como: "A inteligência artificial (IA) é simplesmente uma maneira de fazer o computador pensar inteligentemente. Isso é conseguido estudando como as pessoas pensam quando estão tentando tomar decisões e resolver problemas, dividindo esses processos de pensamento em etapas básicas e desenhando um programa de computador que solucione problemas usando essas mesmas etapas. A IA então fornece um método simples e estruturado de se projetar programas complexos de tomada de decisão".

Embora a palavra "pensar", na afirmação acima, possa ter sido utilizada de forma muito ambiciosa quando comparada à capacidade do pensamento humano, é inegável a contribuição da IA aos sistemas de informação, em especial aos do tipo SIE.

Outra definição de Inteligência Artificial é dada por Elaine Rich e Kevin Knight apud Levine (1988): "Inteligência Artificial é o estudo de como fazer os computadores realizarem coisas que, no momento, as pessoas fazem melhor".

Essa definição é um tanto efêmera, por causa de sua referência ao estado atual da Ciência da Computação, e não consegue incluir áreas de impacto potencialmente grande como os problemas que não podem ser presentemente solucionados muito bem nem pelos computadores nem pelas pessoas.

Se analisados os conceitos elementares da Inteligência Artificial, podemos perceber sua aplicabilidade em sistemas de apoio à decisão. São eles:

1. Objetivo específico a se alcançar;
2. Grande coleção de fatos e regras a que eles se relacionam e que será utilizada para se alcançar os objetivos (Banco de Conhecimentos);
3. Mecanismo de "Poda" (análogo ao mecanismo de pesquisa heurística);
4. Mecanismo de inferência para atuar a partir das regras que foram chamadas pelo Mecanismo de Poda.

Em sua obra, Levine (1988) ressalta as limitações técnicas das décadas de 1970 e 1980, em especial no que se refere à capacidade do *hardware*. Atualmente, já estão superadas; entretanto, permanece atual a observação que faz sobre os limites dessa nova tecnologia quanto à sua utilização para pequenos domínios. É importante mencionar que problemas complexos (domínio amplo), na maioria dos casos, podem ser fragmentados em pequenos problemas, o que permite redefinir ou restringir a amplitude do domínio. Convém ressaltar que, muito mais do que a limitação em se aplicar IA em sistemas especialistas em domínios específicos, investimentos para aumentar a sua utilização não ocorreram nos últimos anos.

Segundo João de Fernandes Teixeira (1998), "a simulação da inteligência pode ser feita a partir do desenvolvimento de ferramentas computacionais para fins específicos", o que permite a construção de sistemas especialistas em algum tipo de área do conhecimento.

Um sistema especialista é um programa computacional que permite, através de linguagem formal própria, relacionar dados de um banco de memória com grande quantidade de informações sobre uma determinada especialidade. Trata-se de codificar conhecimentos humanos específicos de uma área de conhecimento para que a máquina os associe.

É necessário armazenar o conhecimento estratégica e adequadamente para simular os melhores especialistas humanos de uma determinada área ou até mesmo para que o sistema especialista seja utilizado para treinar seres humanos que estão iniciando sua atuação em uma determinada área do conhecimento. Representamos a seguir o esquema do conjunto de atividades necessárias para a construção de um sistema especialista.

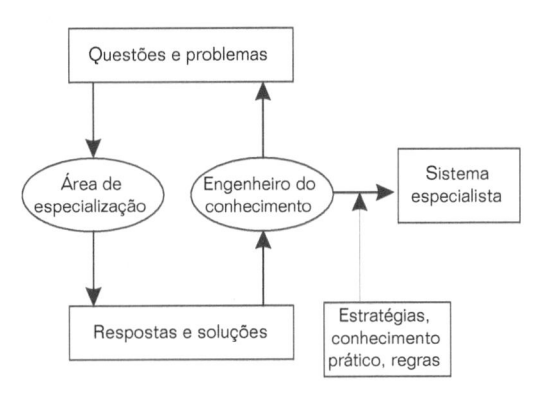

Figura 1.7. Esquema das atividades necessárias para a construção de um sistema especialista

A construção de um sistema especialista obedece ao princípio de que a simulação da inteligência pode ser feita a partir do desenvolvimento de ferramentas computacionais para fins específicos, o que torna tais sistemas verdadeiros especialistas em algum tipo de área de conhecimento. O processo de construção desses sistemas levou ao aparecimento de uma nova área na Ciência da Computação, a Engenharia do Conhecimento, pois a construção de um sistema especialista pressupõe uma forma especial de interação entre aqueles que o desenvolvem (o engenheiro de conhecimento) e os especialistas humanos de uma determinada área. A tarefa do engenheiro de conhecimento é "extrair" dos especialistas humanos seus procedimentos, estratégias e raciocínios e codificá-los para gerar um banco de dados.

Um sistema especialista é muito mais do que um programa de computador. Ele é um programa acoplado a um banco de memória que contém conhecimentos sobre uma determinada especialidade. Não se trata apenas de formalizar uma certa quantidade de conhecimento, mas de representá-lo de acordo com o modo como um especialista numa determinada área pode fazê-lo. E essa representação deve ser construída de tal modo que um computador possa manipulá-la através de uma linguagem formal apropriada.

O conhecimento no sistema especialista é organizado. Conhecimentos sobre uma área específica ficam separados de outros conhecimentos que estão no sistema, por exemplo, conhecimentos gerais acerca de resolução de problemas ou conhecimentos que permitem a interação com o usuário. Esse conhecimento sobre uma área específica é chamado de base de conhecimento, e aqueles sobre resolução de problemas são denominados mecanismos de inferência. Programas projetados dessa maneira são chamados de sistemas baseados em conhecimento.

A base de conhecimento de um sistema especialista contém fatos (dados) e regras para usar esses fatos no processo de tomar decisões. O mecanismo de inferência contém um intérprete que decide como aplicar as regras para gerar novos conhecimentos.

A seguir demonstramos a base de conhecimento de um sistema especialista e sua interação com o usuário.

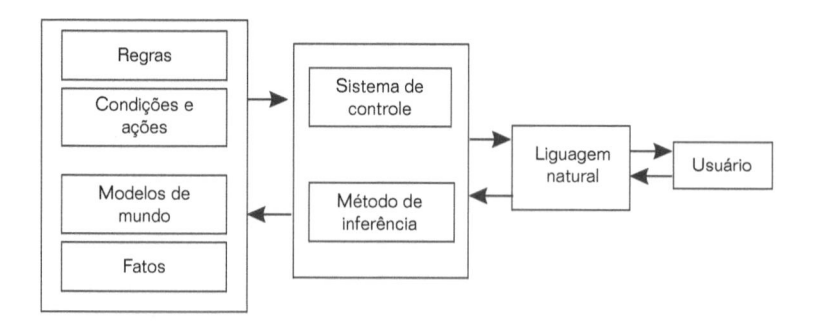

Figura 1.8. Base de conhecimento de um sistema especialista e sua interação com o usuário

O elemento vital do sistema especialista é o corpo de conhecimento, elaborado durante sua construção. O conhecimento armazenado no corpo de conhecimentos deve ser explícito e organizado, isto é, possível de ser transmitido. A habilidade de armazenar o conhecimento estratégica e adequadamente é fundamental para a construção de sistemas especialistas humanos de uma determinada área.

Outra característica importante no sistema especialista é seu poder preditivo que permite fornecer respostas para um problema mesmo quando novas situações aparecem. O corpo de conhecimento determina também mais uma característica do sistema especialista, a memória institucional. Se o corpo de conhecimento do sistema foi construído por meio de uma interação com os melhores especialistas de uma área, isso significa que o sistema se torna uma memória permanente ou o retrato do conhecimento disponível em uma área e em uma determinada época.

Os sistemas especialistas se tornam uma ferramenta para treinar seres humanos que estão se iniciando numa determinada área. Isso se mostra importante para as empresas, pois é possível treinar pessoas em curtos espaços de tempo para substituir especialistas que saem da empresa.

As características do corpo de conhecimento de um sistema especialista são demonstradas a seguir:

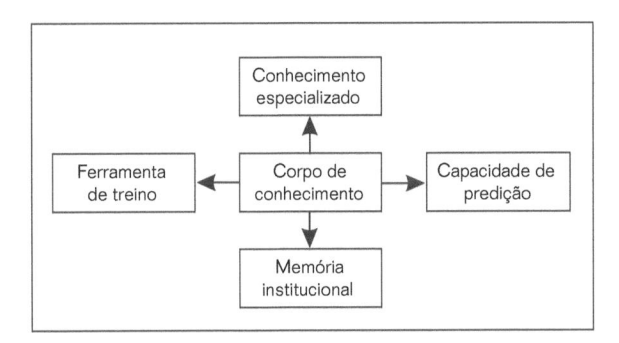

Figura 1.9. Características do corpo de conhecimento de um sistema especialista

Sobre o futuro dos sistemas especialistas, afirma Teixeira (1998): "Sistemas especialistas usando regras, frames etc. floresceram nos anos 70 e início dos 80. Seguiu-se a esse período um certo declínio de entusiasmo à medida que algumas de suas limitações começaram a aparecer. Hoje vivemos uma fase na qual tudo indica que o interesse por sistemas especialistas está ressurgindo. Pensa-se em novas possibilidades, por exemplo, sistemas especialistas híbridos, que utilizam uma arquitetura convencional acoplada a uma arquitetura conexionista[1] (...) Contudo, é preciso assinalar que esta área ainda enfrenta pelo menos dois grandes desafios: o problema de estipular metodologias mais eficientes para a aquisição do conhecimento a partir de especialistas humanos e o problema da simulação do senso comum. Ainda há muitas dificuldades e ausência de técnicas definitivas para efetuar a aquisição de conhecimento. Por outro lado, o problema da simulação do senso comum ainda persiste, apesar de todas as tentativas de encontrar métodos alternativos para a representação do conhecimento. Exemplos típicos deste problema ocorrem quando, por exemplo, alguém nos pergunta qual o número de fax de Ludwig van Beethoven. Nós imediatamente descartamos a pergunta, pois sabemos que na época de Beethoven não havia aparelhos de fax. Um sistema especialista consultaria sua base de conhecimento e tentaria encontrar o número de fax de Beethoven para, depois de algum tempo, fornecer a resposta, isto é, afirmar que tal número não existe. Pior do que isso, é possível que o sistema especialista acuse que sua base de conhecimento está incompleta e solicite ao usuário que forneça esta informação suplementar".

1.7 O conceito de *Data Warehouse*

Inmon (1996), considerado um pioneiro no tema, conceitua *Data Warehouse* como "uma coleção de dados orientada por assuntos, integrada, variante no tempo, e não volátil, cujo objetivo é dar suporte aos processos de tomada de decisão". Esse conceito já caracteriza o ambiente e possui em si significado específico para um dos itens constantes da definição. São eles:

1. Orientação por assunto: diz respeito às informações específicas e importantes para o negócio da empresa. Como exemplo, podemos citar os produtos, clientes, fornecedores, funcionários e ramos de atividade em que atua.

2. Integração: todos os dados trazidos para um *Data Warehouse* devem ser padronizados quanto ao nome que terão nesse ambiente. (É o conceito do Dicionário de Dados, no qual cada entidade na empresa é conhecida por um único nome e este será padrão para todos os sistemas). A entidade

---

1. O autor define conexionismo como simulação do cérebro como caminho para simular a atividade mental. O conexionismo, funcionalismo neurocomputacional ou processamento paralelo distribuído não endossa a visão de que processos mentais possam ser estudados como computações abstratas, independentemente de sua base e do meio ambiente onde se situa o organismo ou o sistema em que elas ocorrem.

"Cliente", uma vez adotada para caracterizar os clientes da empresa, será utilizada somente para esse fim, ao mesmo tempo que todos os clientes da empresa somente poderão ser referenciados pela entidade "Cliente".

3. Variante no tempo: os dados carregados no *Data Warehouse* referem-se a um momento específico de tempo que não é atualizável no próprio dado já carregado. Para que isso ocorra é necessária nova carga de dados para refletir uma nova posição no tempo. É importante definir a significância do dado em relação ao tempo (período) que ele deve representar (dia, semana, mês, ano ou outro que seja importante).

4. Não volátil: uma vez carregados para o *Data Warehouse*, os dados não sofrerão alteração no que se refere à atualização de registros como ocorre, por exemplo, em dados de sistemas operacionais em que, à medida que determinado processo é realizado, os reflexos das mudanças são realizados na base de dados. É importante definir, portanto, o melhor momento para se fazer a carga no *Data Warehouse*, de forma que as informações possam espelhar momentos significativos em um determinado período de tempo.

Outro pioneiro nesse tema, Richard Hackathorn, define como objetivo de um *Data Warehouse* o de fornecer uma "imagem única da realidade do negócio". De maneira simplificada, *Data Warehouse* pode ser caracterizado pelos seguintes elementos:

1. Um conjunto de programas que extraem dados dos diversos ambientes operacionais da empresa (dados de produção, aí entendidos como os que fazem parte das rotinas operacionais e a elas necessários);
2. Um banco de dados com a finalidade de manter os dados extraídos dos diversos sistemas;
3. Informações agregadas a esses bancos de dados, provenientes de outras fontes e em diversos formatos, pertinentes ou não aos grupos de informações já existentes;
4. Sistemas capazes de manipular os dados residentes nos bancos de dados e fornecer informações de acordo com as necessidades de seus usuários.

Nas definições acima, pode-se constatar que o objetivo fundamental do ambiente de um *Data Warehouse* é produzir informações que deverão estar atendendo à necessidade de seus usuários; nesse caso, dos gestores da organização. A Figura 1.10 representa uma das formas de organização de um *Data Warehouse*, que chamamos de arquitetura.

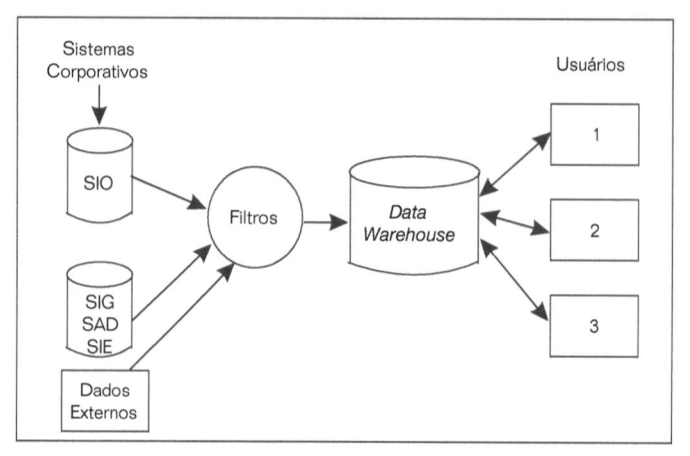

Figura 1.10. Arquitetura simplificada de um *Data Warehouse*

1.7.1 O que se espera encontrar em um *Data Warehouse*

Os usuários desses ambientes são, em geral, pessoas ligadas às áreas estratégicas da empresa e esperam encontrar informações importantes para o processo de tomada de decisão. Dentre elas, destacamos:

1. Valor e quantidade das vendas por geografia, tempo e produto;
2. Dados contábeis e financeiros, envolvendo ativos, como contas a receber, a pagar e estoques;
3. Dados de Recursos Humanos, como características, idade, motivações e desempenho de funcionários;
4. Comparativos de custos, em especial com *standard*, visando determinar a causa das variações;
5. Dados sobre logística de distribuição de produtos;
6. Dados sobre o marketing da empresa;
7. Dados da concorrência.

Os sistemas de informação são capazes de fornecer aos executivos todos os dados e informações de que eles precisam, no entanto, não são capazes de fornecer o que talvez eles mais almejem: a própria decisão. Entretanto, quando relacionadas, essas informações podem se traduzir em importantes conhecimentos que orientarão o processo decisório.

1.7.2 Roteiro para construção de um *Data Warehouse*

Kimball (1998) apresenta um roteiro para a construção de um *Data Warehouse* dimensional perfeito; é importante citá-lo e comentar os seus itens, pois representa um guia rico para os futuros implementadores de soluções em *Data Warehouse* corporativo.

Kimball divide o projeto de construção em duas fases distintas: uma primeira que denomina fase de planejamento e uma segunda que trata da própria operacionalização do projeto, assim descritas:

Fase de planejamento:
1. Listagem completa de todos os grupos envolvidos na fase anterior às entrevistas;
2. Listagem completa de todas as fontes de dados legados na fase anterior às entrevistas;
3. Identificação da equipe de implementação do *Data Warehouse*:
    a) do gerente do projeto;
    b) do líder das entrevistas;
    c) do gerente de programação e extração;
    d) do arquiteto do banco de dados.

Nesta fase o objetivo é identificar e documentar os principais recursos de mão de obra que estarão envolvidos no projeto e as suas responsabilidades e atribuições. Faz-se também necessária a identificação de todas as fontes de dados que estarão envolvidas na construção do grande armazém de dados e que fornecerão dados a ele.

É necessário, na operacionalização do projeto:
1. Identificar os grupos a serem entrevistados;
2. Reunião inicial de todos os grupos envolvidos no *Data Warehouse*;
3. Entrevistas com o usuário final;
4. Entrevistas com o DBA (Administrador de Banco de Dados) de sistemas legados;
5. Distribuição do relatório com as conclusões das entrevistas;
6. Reunião de projeto de *Data Warehouse*;

7. Elaboração do diagrama de bloco para extração de dados de produção (como cada processo é implementado);
8. Servidor de *hardware* do DBHS;[2]
9. Definição do *software* do DBMS;[3]
10. Qualificação da equipe de vendas e suporte do fornecedor;
11. Demonstrar a habilidade de carregar, indexar e garantir a qualidade do volume de dados;
12. Demonstrar a habilidade de navegar tabelas dimensionais grandes;
13. Demonstrar a habilidade de consultar famílias de tabelas de fatos em 20 PCs com carga;
14. Demonstrar o desempenho superior e a estabilidade do otimizador para consultas *star join*;
15. Demonstrar navegação superior de tabelas dimensionais grandes;
16. Sintaxe SQL estendida para funções especiais de *Data Warehouse*;
17. Habilidade de interromper imediatamente uma consulta no PC do usuário;
18. Ferramentas de extração;
19. Navegador de Agregados;
20. Ferramenta de *Front-End* para gerar relatórios parametrizados;
21. Consultores.

Na operacionalização ocorrem o desenvolvimento e a implantação do projeto. As atividades descritas podem ser agrupadas em três grandes grupos:
1. Referentes aos recursos humanos envolvidos;
2. A definição dos recursos de *hardware* e *software*;
3. Demonstração das facilidades de construção e operação do ambiente associado às técnicas que poderão ser utilizadas.

---

2. DBHS — Sistema gerenciador do *Hardware*.
3. DBMS — Programa gerenciador do banco de dados.

1.7.3 Abordagens para desenvolvimento de um *Data Warehouse*

A escolha correta da estratégia desempenha fator fundamental para o sucesso do desenvolvimento de um *Data Warehouse*. Essa estratégia deve estar adequada às características e necessidades específicas do ambiente onde será implementado. Como qualquer solução que utiliza ferramentas da informática, não há uma regra padrão ou uma solução que possa ser utilizada em qualquer empresa, de forma que não sofra uma adaptação para atender às suas peculiaridades.

De acordo com Weldon (1997), a estratégia a ser adotada para implementação de um *Data Warehouse* deve estar baseada em pelo menos três dimensões:

1. Escopo do *Data Warehouse* (pessoal, departamental, empresarial);
2. Grau de redundância de dados;
3. Tipo de usuário-alvo.

Vejamos o que cada um quer dizer:

1. Escopo do *Data Warehouse* (pessoal, departamental, empresarial)

Na determinação do escopo de um *Data Warehouse* estão envolvidos dois fatores extremamente importantes a serem considerados pela empresa: primeiro em relação ao custo, segundo em relação à abrangência da informação. Esses dois fatores estão diretamente relacionados e crescem ou decrescem paralelamente. Quanto maior o escopo, maiores serão os custos não só de implantação como os de manutenção do ambiente instalado; no entanto, maior também será a abrangência da informação. As empresas tendem a iniciar com um ambiente departamental e a expandir gradativamente o escopo. Esse procedimento é particularmente importante, pois, além de ir criando gradativamente uma cultura empresarial para esse ambiente, os custos gerados pela implantação dessa solução podem ser justificados pelos retornos produzidos em termos financeiros à empresa pelas informações que dele puderam ser extraídas.

2. Grau de redundância de dados

O grau de redundância de dados pode ser classificado em três níveis:

1. *Data Warehouse* Virtual: Consiste em prover os usuários finais com facilidades adequadas para extração das informações diretamente dos bancos dos ambientes de produção, não havendo assim redundância, mas podendo sobrecarregar o ambiente operacional. Pode ser uma forma estrategica-

mente importante para se iniciar a implantação de um *Data Warehouse* corporativo (centralizado).
2. *Data Warehouse* Centralizado: É formado por um único banco de dados físico contendo todos os dados para uma área funcional específica, um departamento ou uma empresa, sendo usados onde existe uma necessidade comum de informações. Normalmente contém dados oriundos de diversos bancos operacionais, devendo ser carregado e mantido em intervalos regulares para garantir a qualidade das informações nele contidos, principalmente no que se refere à atualidade dos dados.
3. *Data Warehouse* Distribuído: Possui seus componentes distribuídos por diferentes bancos de dados físicos, normalmente possuindo um grau de redundância alto e, por consequência, procedimentos mais complexos de carga e manutenção.

3. Tipo de usuário-alvo

É importante a determinação do usuário-alvo que irá utilizar o ambiente de *Data Warehouse*. Quanto mais alto for seu nível hierárquico dentro da organização, análises mais complexas serão necessárias para poder atender adequadamente às necessidades de "suporte a decisões"; isso, por sua vez, exigirá mais de todo o ambiente. Os níveis mais próximos ao operacional podem ser atendidos com relatórios e consultas pré-estruturados que geram pouca demanda sobre o ambiente como um todo. Parece razoável que todos na empresa precisem ser atendidos, no entanto, é importante a elaboração de uma estratégia que contemple os diversos níveis da organização e faça-o de forma planejada para atender às expectativas do projeto de *Data Warehouse*.

1.7.4 Questões críticas na implantação de um *Data Warehouse*

Segundo Inmon (1996), "Se a empresa esperar condições favoráveis para a implantação do *Data Warehouse*, ela nunca o fará". No entanto, algumas questões representarão verdadeiros desafios a serem superados, e é importante que se tenha conhecimento delas para definir estratégias e superá-los. Dentre eles, destacam-se:

1. Integração de dados e metadados de várias fontes

Toda a empresa pode e deve ser geradora de dados através dos vários sistemas que utiliza; no entanto, há que se observar os diversos formatos e a existência de várias fontes que a informação se apresenta, pois irá exigir que se criem processos adicionais para adquirir consistência (conteúdo e formato) antes que seja transferido para o armazém de dados.

2. Qualidade dos dados obtida através de filtros de limpeza e refinamentos

A informação obtida de outros sistemas da empresa nem sempre pode ser passada para o banco de dados do DW através de um processo de simples cópia. Às vezes precisa ser filtrada para desincorporar campos em seus registros que sejam redundantes ou que possam ser obtidos de outras fontes. Em outros casos, será necessário acrescentar campos à informação para lhe dar maior significado.

3. Sumariação e agregação de dados (consolidados)

Sistemas informatizados voltados a atender o nível operacional da empresa possuem grande quantidade de registros que dizem respeito às atividades do dia a dia da organização. A construção de uma informação significativa a ser colocada no *Data Warehouse*, a partir desses registros, pode implicar a consolidação de centenas ou milhares deles.

Em outra situação pode ser necessário, além da consolidação dos dados, agregar a eles novas porções de informação antes de realizar a carga desses no ambiente do armazém de dados.

4. Sincronização das fontes com o *Data Warehouse* para assegurar sua atualidade

Outro problema que deve merecer atenção é o que se refere ao sincronismo dos dados. Como os dados vêm de várias fontes, devem ser carregados no DW de forma que possuam consistência e integridade. Isso se dá pelo conhecimento do fluxo de dados de cada um dos sistemas, suas entradas e dependências externas e o resultado que cada um deve produzir e em que momento.

Informações advindas de sistemas que são dependentes de outros devem ter a garantia de possuírem sincronismo com os dados que representam. Os processos de carga devem possuir pontos de checagem para garantir esse sincronismo e atualidade das informações.

5. Problemas de desempenho relacionados ao compartilhamento do mesmo ambiente computacional para abrigar os BDs corporativos operacionais e o *Data Warehouse*

Outro aspecto de grande importância nesse cenário que estamos discutindo, e sobre o qual pouco apresentamos, é o que se refere ao parque de *hardware* necessário. Soluções que envolvem a utilização de *Data Warehouse* consomem grande quantidade de recursos de armazenamento de dados (HD — Hard Disk), de tempo necessário para processamento das informações (CPU — velocidade e tempo de alocação exclusiva) e da própria rede (física e lógica) pela qual trafegarão os pedidos solicitados em cada uma das estações de trabalho.

A empresa, ao tomar a decisão de utilização do *Data Warehouse*, deve se preocupar com o planejamento de capacidades físicas necessárias e ter conhecimento de sua capacidade instalada e o quanto desta está sendo utilizada. Dessa resposta dependerá a criação de ambientes de processamento distintos entre *Data Warehouse* e outros sistemas corporativos ou a decisão de compartilharem o mesmo ambiente. É recomendável que estejam em ambientes separados, pois isso evitará problemas de desempenho.

O conhecimento prévio dessas condições desfavoráveis permite que se tenha uma postura proativa diante delas. Muitas vezes não será possível simplesmente eliminá-las; no entanto, podem-se criar condições de administrá-las e evitar que sirvam de barreira para consolidar a posição do *Data Warehouse*.

Cabe lembrar que, para todas as atividades citadas acima, será exigido um tempo para a sua realização. Esse tempo deve ser considerado nos cronogramas de trabalho para disponibilizar esse ambiente para a empresa. Se isso não ocorrer, atrasos serão verificados e acabam gerando frustração e desconfiança nos usuários (executivos de alto escalão da empresa).

1.7.5 Erros na implantação de um *Data Warehouse*

Segundo o Data Warehousing Institute, existem dez erros mais comuns na implantação de um *Data Warehouse* que podem levar o projeto ao fracasso. São eles:

1. Começar o projeto com o tipo errado de "patrocínio"

Um projeto de porte, como o de *Data Warehouse*, que envolve muitas áreas da empresa, grande volume de recursos, exige mudanças em aspectos que afetam o comportamento das pessoas, deve ter o patrocínio correto, isto é, se for apoiado pelo mais alto escalão da empresa, as chances de sucesso serão maiores. Recomenda-se que o presidente da empresa seja o grande patrocinador e apoiador do projeto.

Deve-se ter em mente que o *Data Warehouse* não é mais uma alternativa de processamento de dados, pois não se trata de um projeto que possa ser apoiado (patrocinado) por técnicos ou gerentes das áreas de tecnologia de informação.

2. Gerar expectativas que não podem ser satisfeitas, frustrando os executivos quando da utilização do *Data Warehouse*

Deve estar definido para os executivos da empresa o que eles podem esperar na utilização do *Data Warehouse*. Esse item está muito relacionado com o estágio de informatização em que a empresa se encontra e a forma como os gerentes utilizam as informações nos sistemas atuais.

Expectativas que não venham a ser atendidas, além de gerar frustração, contribuirão de forma negativa para a instalação do conceito da ferramenta na organização.

Uma das formas de evitar que isso ocorra é o envolvimento dos executivos em todas as fases do projeto. Além de possibilitar a contribuição deles em aspectos importantes de apoio ao projeto, isso irá delineando a forma com que se trabalhará no novo ambiente e o que esperar dele.

3. Dizer: "Isso vai ajudar os gerentes a tomar decisões melhores" e outras afirmações politicamente ingênuas

Como já dito anteriormente, talvez a única coisa que o *Data Warehouse* não faça é tomar a decisão, mas pode ajudar os executivos a tomá-la. Existem dois aspectos a serem considerados neste item: um político e um técnico. No político, a afirmação dita neste item pode levar à interpretação de que os gerentes não estão preparados para decidir, e sem o *Data Warehouse* não poderiam decidir bem. Isso pode levar à imposição de algumas barreiras, por parte desses executivos, que representarão obstáculos para implantação do *Data Warehouse*.

O aspecto técnico diz respeito a como lidar com o "conhecimento" que pode advir das informações geradas a partir do *Data Warehouse*. Nesse caso, já estamos falando da habilidade e preparo que cada gerente tem em lidar com novos conhecimentos, e como pode utilizá-los para administrar.

4. Carregar o *Data Warehouse* com informações só "porque estavam disponíveis"

Este ponto tem muito mais a ver com aspectos técnicos de armazenamento da informação do que com barreiras que se desejem impor no sentido de filtrar dados que poderiam ser úteis futuramente em alguma análise. Um *Data Warehouse* é um armazém de dados e não um "lixão".

É importante que se estabeleçam critérios de carga das informações e que gradativamente sejam disponibilizadas mais informações no ambiente.

5. Falhar no objetivo de acrescentar valor aos dados através de mecanismos de desnormalização, categorização e navegação assistida

As empresas possuem, em geral, valiosos dados e informações que nem sempre estão associados e que portanto não podem ser utilizados para produzir novos conhecimentos. Um objetivo a ser perseguido na implantação do *Data Warehouse* é o de agregar novos valores aos dados já existentes. Existem várias formas de se operacionalizar essa tarefa. Isso deve ocorrer tanto na fase de planejamento da construção como em tempo de carga de dados no ambiente.

6. Escolher um gerente para o *Data Warehouse* que seja voltado para a tecnologia em vez de ser voltado para o usuário

O perfil dos profissionais que atuam nas áreas de tecnologia de informação tem se alterado com o decorrer do tempo. Tem-se exigido um foco muito mais voltado ao negócio da empresa do que à tecnologia propriamente dita. O mercado de trabalho vem substituindo o antigo "analista de sistemas" pelo "analista de negócios".

O foco para o negócio da empresa também deve ser exigido para os executivos das áreas de tecnologia de informação. É importante que o perfil do gerente do *Data Warehouse* seja dirigido para objetivos muito mais voltados a atender às necessidades dos usuários do que a exploração da excelência da tecnologia pela tecnologia.

7. Focalizar o *Data Warehouse* em dados tradicionais internos orientados a registro e ignorar o valor potencial de dados textuais, imagens, som, vídeo e dados externos

É importante reforçar que será instalado com o *Data Warehouse* um novo conceito que irá contribuir para a aquisição de novos conhecimentos. O processamento de dados baseado no tratamento de "registros" evoluiu para contemplar novas formas de tratamento de informação. O estágio no qual a empresa se encontra e a familiaridade de seus executivos com essas novas formas de tratamento da informação influenciarão na forma como esse novo processo será aceito e do apoio que terá para se concretizar.

Podemos citar a Internet: uma das causas que possibilitaram a sua larga utilização e expansão é a capacidade de tratar multimídia. Dada essa característica, o usuário encontra um ambiente amigável e favorável para buscar respostas às suas necessidades.

Novos sistemas devem contemplar essas formas de representação da informação, caso contrário corre-se o risco de estarem se desenvolvendo ambientes obsoletos em relação à forma como o usuário irá obter as informações.

8. Fornecer dados com definições confusas e sobrepostas

É importante que a conceituação dos principais dados, informações e conhecimentos utilizados na empresa estejam claros e possuam o mesmo significado para todos. Isso ajudará os envolvidos no desenvolvimento desse novo ambiente a fornecê-las de modo claro e de forma a se evitar ambiguidades ou dúvidas quanto ao significado da informação que se estará exibindo para o usuário.

Treinamento não só na utilização das ferramentas de *Data Warehouse* mas também no significado dos dados pode evitar que se incorra no erro apontado por esse item. Envolvimento constante das equipes do projeto também contribuirá para que esse problema não venha a ocorrer.

9. Acreditar nas promessas de desempenho, capacidade e escalabilidade dos vendedores de produtos para *Data Warehouse*

Mais uma vez o conhecimento se mostra importante para que os gerentes possam decidir sobre o que utilizar como soluções de *software* e *hardware*. Estar baseado somente nas opiniões dos vendedores que enaltecem as qualidades de seus produtos, sem muitas vezes saber se essas qualidades serão realmente importantes para as necessidades de nossa empresa, pode acarretar problemas na implantação do *Data Warehouse*.

O conhecimento a que me refiro, e que os gerentes devem ter, está relacionado a outras experiências que cada um desses gerentes já teve com o tratamento de aquisição de *hardware* e *software* e se torna importante para a tomada de decisão de que produto utilizar.

Em geral as empresas vendedoras de *software* apresentam o portfólio dos clientes que já atendem. Isso é um dado importante e deve ser considerado no processo de escolha de um produto. Outro aspecto também importante é a utilização de procedimentos para escolha baseados em *benchmarking*.[4] Uma vez adotado como regra para a empresa, esse processo pode ser de muita valia e acaba criando uma cultura na qual decisões na escolha dos produtos a serem utilizados na empresa sempre serão embasadas nesse procedimento.

---

4. Processo que consiste na apresentação dos produtos entre empresas competidoras para fornecimento de soluções, de forma que o cliente possa comparar as vantagens oferecidas por todos os fornecedores e realizar uma opção de compra com base nos resultados dessa comparação.

10. Usar *Data Warehouse* como uma justificativa para modelagem de dados e uso de ferramentas *"case"*

A cultura organizacional, no que tange à utilização de recursos de informática, mais uma vez exercerá papel de relevância neste item. O *Data Warehouse* não deve ser justificado para apoiar a utilização de outras ferramentas ou técnicas de informática, é justamente o contrário. Quanto mais a empresa está atualizada e se utiliza dessas técnicas, mais facilidade terá em implementar seus *Data Warehouse*. Se precisar de ferramentas *case*[5] ou modelar seus dados, deve fazê-lo independentemente de justificá-los através do *Data Warehouse*, cuja função não é essa.

Refletir sobre os erros mais comuns nos permite que eles sejam evitados. Cuidados a serem tomados nesse sentido evitarão que ocorra desperdício de tempo, investimentos e, talvez o que seja mais importante nesse cenário, a frustração frente ao insucesso na utilização de novas formas de trabalho que, se já são prejudiciais por si só, acabam influindo negativamente na cultura organizacional da empresa, fortalecendo o comportamento daquelas pessoas que são resistentes a mudanças.

A tabela a seguir apresenta um resumo dos principais itens relacionados ao *Data Warehouse*.

Tabela 1.9: Itens relacionados à construção de um *Data Warehouse*

DATA WAREHOUSE	DESCRIÇÃO
Principal função	Disponibilizar informações para gerar novos conhecimentos para que a empresa possa utilizá-los de forma estratégica.
O que se espera encontrar	Informações sobre: • a empresa (recursos humanos, custos, produtos, logística, marketing e outros); • concorrentes.
O que observar para a implantação	Estágio de evolução em que se encontra a empresa (cultura organizacional) frente à utilização de novos recursos. Dividir o projeto em duas fases distintas: uma de planejamento e outra de operacionalização.
Questões críticas na implantação	Aquelas relacionadas com a carga de dados no novo ambiente, referentes ao preparo, consistência e relevância da informação.

(continua)

---

5. "CASE" (*Computer Aided Software Engineering*) — Desenvolvimento de *software* auxiliado por computador. São ferramentas que permitem reduzir o tempo necessário para o desenvolvimento de um *software*. Em geral são interativas e armazenam conhecimentos de construção necessários ao novo *software*.

Tabela 1.9: Itens relacionados à construção de um *Data Warehouse* (continuação)

DATA WAREHOUSE	DESCRIÇÃO
Principais causas de fracasso	Patrocínio errado do projeto, falta de clareza quanto aos objetivos esperados, visão tecnicista e não voltada ao negócio da empresa, escolha errada das ferramentas de *hardware* e *software*.
Tecnologias associadas	*Data Mining* Processo Analítico On-line (OLAP) Banco de Dados Multidimensional (MDD) Processo de Transações On-line (OLTP) *Data Mart* Repositório de Dados Operacional (ODS)

O *Data Warehouse* não se traduz apenas pelo uso de uma ferramenta ou tecnologia, mas sim como um conjunto delas, de alto valor para a organização que vem ganhando destaque nas empresas nos últimos anos. Tem como principal objetivo disponibilizar informações que gerem novos conhecimentos para serem utilizados estrategicamente para a organização.

A sua implantação nas empresas depende fundamentalmente de planejamento e deve ser encarada como uma evolução natural dos processos de manuseio da informação.

1.8 Tecnologias de ponta associadas ao *Data Warehouse*

É importante que se faça uma análise de alguns sistemas e tecnologias associados, que num primeiro momento permitirão um melhor entendimento dos conceitos tratados; e em seguida, a constatação que um *Data Warehouse* é a associação de todas essas tecnologias citadas e a aplicação de seus conceitos mais fortes.

1.8.1 *Data Mining*

As empresas possuem grandes quantidades de dados. Em geral, a maioria delas é incapaz de aproveitar plenamente o valor que eles têm. O *Data Mining* (Mineração de Dados) surgiu como uma maneira de extrair o valor dos dados corporativos. O *Data Mining* descobre padrões ocultos nos dados. Esses padrões, se plenamente entendidos, permitem, por exemplo, antecipar o comportamento de compra de clientes-chave ou preparar a empresa para lançamento de novos produtos ou serviços.

O *Data Mining* consiste na extração automática de dados sobre padrões, tendências, associações, mudanças e anomalias previamente não identificadas. Estão baseados nos paradigmas de hipóteses e descobertas e incorporam conceitos de inteligência artificial para que essa função seja possível.

É importante ressaltar o surgimento de *Data Mining* associado a máquinas de busca na Internet.

1.8.2 Processo Analítico *On-line* — OLAP (*On-line Analytical Processing*)

O processamento analítico *on-line* (OLAP) envolve a consulta interativa de dados, seguindo uma linha de análise de múltiplos passos, em níveis sucessivamente mais baixos de detalhes. A informação é multidimensional, significando que os dados podem ser visualizados sob a forma de cubo que possui várias faces, cada uma delas com um significado, ou seja, uma dimensão a qual se deseja analisar. O OLAP possibilita que analistas, gerentes e executivos obtenham uma visão sobre os dados de forma rápida, consistente e interativa. Os servidores OLAP permitem uma exploração analítica dos dados, de diversos pontos de vista.

Como uma ferramenta de uso gerencial, ela possui interface "amigável" para o usuário, isto é, não é necessário aprender tecnicismos para manipulá-la e a tecnologia associada, em termos de banco de dados, é transparente ao usuário final.

Outras características importantes dos sistemas OLAP são:

1. *Análise de tendências*: é possível a criação de cenários futuros pela aplicação de suposições e fórmulas aos dados históricos. Isto implica dizer que a ferramenta permite realizar estudos de previsibilidade que irão auxiliar no processo de tomada de decisão.
2. Busca automática de dados detalhados: apesar de apresentar visões sumariadas, é possível obter vários níveis de detalhes sobre os dados armazenados.
3. Capacidade de operação transdimensional: possibilidade de realizar cálculos e manipulação de dados através de diferentes dimensões.

Cabe mencionar duas variantes dos sistemas OLAP: a primeira conhecida como MOLAP (*Multidimensional* OLAP) e uma segunda denominada ROLAP (*Relational* OLAP). Ambas se referem à forma como os dados são armazenados e manipulados.

1.8.3 Bancos de Dados Multidimensionais — MDD

Um sistema de banco de dados multidimensional armazena suas informações como um cubo n-dimensional. Isso implica dizer que os dados estão armazenados em matrizes e que essas matrizes podem ser visualizadas lado a lado, sempre que possuam significância e relação com o dado tratado, de forma que se possa lidar simultaneamente com diversas visões do dado que está sendo analisado.

A estrutura dos bancos de dados multidimensionais lhes confere velocidade satisfatória na busca de informações, o que seria um problema (relacionado a tempo de pesquisa) quando se desejasse obter a mesma informação em um banco de dados relacional.

1.8.4 Processo de Transações *On-line* — OLTP (*On-line Transaction Processing*)

Este processo está baseado na consulta e atualização de dados de forma instantânea e tem sempre como base de informação a versão mais atual dos dados. Sistemas baseados em OLTP devem prover rapidez na resposta a ser dada a um usuário quando da consulta. Esse é o ponto nevrálgico do sistema. Sistemas desse tipo devem trabalhar com bases de dados normalizadas e otimizadas, para reduzir o impacto que a arquitetura física dos dados possa impor – por exemplo, a existência de acessos desnecessários à base de dados, ocasionando demora na transação como um todo.

Em geral, as características mais comuns dos sistemas OLTP são o fato de processarem dados individualmente e tratarem apenas um registro de cada vez e estarem orientados a processos da empresa.

Durante muito tempo os sistemas OLTP têm merecido a atenção dos técnicos da área que procuram otimizar as formas de acesso conferindo-lhe menor tempo de resposta.[6]

1.8.5 *Data Mart*

Os *Data Marts* são bancos de dados departamentalizados (unidades de negócio), que podem apresentar visões relacionais ou multidimensionais. Como exemplo de

---

6. Tempo de resposta: expressão utilizada para designar o tempo decorrido entre a solicitação do usuário (clique da tecla HOME/ENTER) e o momento em que o resultado fica disponível ao usuário.

Data Mart podemos citar o DBM (*Data Base Marketing*), que tem por finalidade armazenar dados referentes aos clientes efetivos ou potenciais da empresa, de forma que seja possível traçar estratégias de marketing, por meio da identificação de perfis do cliente e de estabelecimento de padrões de consumo para o produto ou serviço da empresa.

1.8.6 Repositório de Dados Operacionais — ODS (*Operational Data Store*)

Um ODS pode ser entendido como um repositório de dados centralizado que contém informações consolidadas e acessíveis às aplicações corporativas referentes aos processos operacionais relativos ao negócio da empresa. Esses processos estão baseados em banco de dados único, centralizado e orientado aos negócios da empresa.

A função de um ODS é disponibilizar para a organização informações que estavam distribuídas por toda a estrutura de processamento da empresa, uma vez que o repositório é capaz de centralizar essas informações e disponibilizá-las num prazo de tempo menor quando solicitadas.

1.9 Recursos envolvidos nos sistemas de informação

Os sistemas de apoio à decisão não existem por autogeração; precisam de equipamentos, sistemas, pessoas que os façam funcionar e que promovam tanto sua criação quanto sua evolução. Assim, podemos resumi-los em três tópicos principais: os equipamentos, que aqui chamaremos de *hardware*; as aplicações denominadas *software*; e todas as pessoas que, de uma forma ou de outra, estão envolvidas com o sistema de apoio à decisão, denominados de uma forma genérica de *peopleware*.

1.9.1 *Hardware*

Toda e qualquer questão relacionada com o *hardware* nas empresas, via de regra, encontra-se alocada sob o título genérico de Centro de Processamento de Dados.

Após todo o processo de desenho, avaliação e estudo desenvolvido sobre as necessidades do sistema de apoio à decisão, devemos determinar o tipo de equipamento que será requerido para que o sistema desenhado trabalhe exatamente conforme se especificou e cumpra e atenda às necessidades previstas.

O centro de processamento de dados, normalmente composto por analistas e programadores, deve ter condições de completar o ciclo de desenvolvimento de um sistema de apoio à decisão em poucos dias após a solicitação e oferecer grande disponibilidade de máquinas aos usuários do sistema de apoio à decisão. Isso quer dizer que o desenvolvimento do sistema de apoio à decisão por uma área que esteja envolvida na geração, manutenção e operação do sistema de informação transacional muitas vezes não é o mais adequado, em função de não ter estrutura própria para, em pouco tempo, executar o desenvolvimento dos sistemas de apoio à decisão.

Não existe até o momento um consenso de sobre onde deve ser colocado o sistema de apoio à decisão; sua posição varia de empresa para empresa. Há alguns que defendem a ideia de mantê-lo junto à área encarregada do planejamento estratégico da empresa; outros afirmam que depende da própria necessidade da empresa, podendo até existir mais de um núcleo para o sistema de apoio à decisão. No entanto, não se descarta a hipótese de que uma empresa que se inicia no emprego desse tipo de sistema crie um núcleo dedicado dentro do CPD com esse fim específico. No entanto, esse núcleo deverá contar com pessoal e, preferencialmente, com equipamento próprio.

Porém, independentemente de todas essas considerações, a escolha de um equipamento supõe grandes desafios para os administradores de informações. A simples escolha do tipo de equipamento a ser utilizado é muito mais complexa do que poderíamos pensar em um primeiro momento. Em linhas gerais, pode-se afirmar que a escolha do equipamento irá depender dos recursos disponíveis para tal investimento e da forma de aplicação do sistema de apoio à decisão que se deseja. O equipamento no qual será desenvolvido o sistema de apoio à decisão deve apresentar as seguintes características:

1. Proporcionar fácil manipulação de dados;
2. Estar sempre disponível para o usuário do SAD;
3. Facilitar o crescimento pela adição de componentes;
4. Possibilitar o acoplamento dos mais variados periféricos.

Por intermédio dessas características, é desejável que o fornecedor do equipamento ofereça os seguintes benefícios:

1. Níveis de atualização do equipamento;
2. Níveis compatíveis com periféricos lentos;
3. Capacidade de expansão de memória;
4. Níveis de custo de operação;

5. Capacidade de conexão interna e externa à empresa;
6. Ofertas de *software* disponíveis e de aplicativos;
7. Tempo de instalação;
8. Contratos e suportes de manutenção;
9. Treinamento de pessoal especializado;
10. Documentação adequada do equipamento;
11. Níveis de garantia e substituição por eventuais defeitos;
12. Preço acessível e compatível;
13. Alternativas de financiamento, aluguel, locação e compra.

Apesar de hoje ser possível, graças à evolução tecnológica, trabalhar-se com vários equipamentos pequenos e baratos, interligados entre si em alguns momentos e em outros operando como uma rede e compartilhando dados, informações e modelos, torna-se necessário respeitar a lista colocada acima. Nada mais desagradável que, após o investimento em vários equipamentos, no momento em que se decide conectá-los, o processo não ser possível. Mais ainda, não devemos esquecer que, para esta conexão, é necessário um sistema de gerenciamento da rede interna e/ou externa, respeitando os devidos protocolos existentes. Podemos identificar prontamente essa estrutura na figura a seguir:

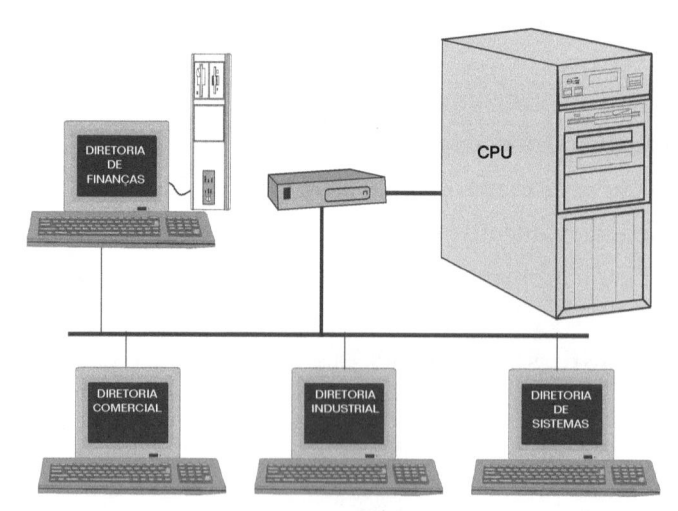

Figura 1.11. Estrutura interna tecnológica em rede de computadores

1.9.2 *Software*

São inúmeros os *softwares* existentes no mercado à disposição das empresas para as aplicações em sistema de apoio à decisão. Apesar de seus custos serem elevados, eles compensam pela sua flexibilidade de utilização. O desenvolvimento de qualquer um deles internamente na empresa, por analistas e programadores, provocaria custos muitos elevados durante um período de tempo longo necessitando, em seu desenvolvimento, de alta tecnologia.

Antes, porém, vamos ver algumas definições básicas que dizem respeito a *software*.

Software é um produto aplicativo de uma ou mais linguagens contempladas no sistema do computador. São compostos de uma linguagem de programas, em que esses apresentam uma série ordenada de comandos e instruções de uma determinada linguagem, que dirigem o processamento. O *software* pode ser dividido em:

1. *Básico*: programas que gerenciam o trabalho do computador internamente, considerando o processador central, as linhas de comunicação e os periféricos acoplados. São também chamados de sistemas operacionais, e são destinados a monitorar eventos, alocação dos recursos computacionais. *DOS, MS-DOS, Windows 95/98/2000, XP, Vista, Windows 7, Linux*, são os exemplos mais conhecidos;

2. *Ferramentas*: são as fornecidas pelos fabricantes, como os processadores de texto, as planilhas eletrônicas. Podem ser consideradas as linguagens de baixo nível, como *Assembler, Cobol, Fortran, PL/1, Pascal, Basic, C*; todas as ferramentas de quarta geração, como *Visual Basic, Delphi* e as aplicações de banco de dados, como o *Oracle, DB 2, Informix, Sybase e Progress*;

3. *Aplicativos*: são os desenvolvidos para a utilização do usuário final na organização, como já vimos, os sistemas de informações. Como exemplo temos: a folha de pagamento, o contas a receber, a contabilidade, entre outros.

Eles estarão interagindo e trabalhando com os mesmos recursos de *hardware*. Apontamos na tabela a seguir as principais características do *software* básico:

Tabela 1.10: Características dos softwares básicos (adaptado de Laudon e Laudon, 1996)

SISTEMA OPERACIONAL	APLICAÇÕES
DOS	Sistema operacional para ambiente IBM (PC-DOS) e micros compatíveis (MS-DOS). Está limitado pela quantidade de memória que requisita (640 K).
WINDOWS 95/98/2000/ ME/XP/VISTA/7	Sistema operacional de 32 bits que pode desenvolver avançados usos quando acoplado a interface gráfica. É multitarefa e possui grande capacidade para conexão em redes.
WINDOWS NT	Sistema operacional de 32 bits para microcomputadores e workstation, não está limitado ao microprocessador Intel. Suporta multitarefas, multiprocessamento e conexão em redes.
OS/2	Sistema operacional para microcomputadores da linha IBM Pessoal. Tem todas as vantagens do processador de 32 bits. Suporta multitarefa e redes.
UNIX, LINUX	Adequado para poderosos microcomputadores, *workstation* e minicomputadores. Suporta multitarefa, multiusuário em processamento e redes. É compatível com diferentes modelos de *hardware*.
SYSTEM 7	Sistema operacional para Macintosh. Suporta multitarefa e possui grande potência gráfica e capacidade multimídia.

Uma vez estabelecido o sistema operacional, devemos definir a ferramenta computacional que mais se adapte às nossas necessidades. As ofertas no mercado são inúmeras e muito diversificadas. Na tabela a seguir, podemos identificá-las mais facilmente:

Tabela 1.11: Características das ferramentas computacionais (Laudon e Laudon, 1996)

CARACTERÍSTICA	APLICAÇÃO
PROCESSADOR DE TEXTO	*Software* especial para a produção de textos de forma sofisticada, pode contar com modelos dos principais documentos bastando apenas efetuar o preenchimento de campos em branco. Permite a digitação, formatação, edição e impressão do texto. O mais conhecido é o Word.
EDITOR DE TEXTO	Partindo do texto processado, transforma-o em formatos especiais como folhetos, livros, jornais; insere desenhos, gráficos, efeitos especiais. O mais conhecido é o PageMaker.
PLANILHA ELETRÔNICA	Toma-se como base uma série de linhas e colunas que respondem e podem variar de acordo com determinada equação matemática previamente definida. Pode estar acoplado a gráficos. Excel e Lotus são os mais utilizados.

(continua)

Tabela 1.11: Características das ferramentas computacionais (Laudon e Laudon, 1996) *(continuação)*

CARACTERÍSTICA	APLICAÇÃO
BANCO DE DADOS	Destinado a criar e manipular listas de dados, podendo mesclar e combinar os dados de várias listas. Os mais conhecidos são o Access, Paradox, Dbase IV.

Vamos, agora, ver alguns exemplos de sistemas de informação, também chamados de *software*, que mais têm aderência à organização:

Tabela 1.12: Exemplos de *softwares* aplicativos

CARACTERÍSTICA	APLICAÇÃO
PACOTE INTEGRADO	Combina um processador de texto, uma planilha eletrônica, gráficos e banco de dados podendo todos eles, entre si, compartilhar informações de maneira rápida, segura e eficiente. O Office do Windows é um dos pacotes mais conhecidos.
PROGRAMA ORIENTADO	Software que combina banco de dados com programação de procedimentos num único objeto. Um dos mais conhecidos atualmente é o JAVA (desenvolvido inicialmente para restaurantes, mas que hoje é utilizado por qualquer tipo de empresa).
PACOTES DE *SOFTWARE*	São linguagens de alto nível de quarta geração usadas para a recuperação de informações ou dados sob determinadas circunstâncias ou premissas. Os exemplos mais conhecidos são o SAP R/3, J & D EDWARDS e BAAN.

Urge, porém, uma relação entre os requisitos de *hardware* e os de *software*, pois um depende do outro. Ou seja, se não tivermos à disposição um equipamento adequado e compatível, o sistema de apoio à decisão não irá funcionar. As principais relações a serem observadas estão na tabela a seguir:

Tabela 1.13: Relação entre *hardware* e *software* (Laudon e Laudon,1996)

HARDWARE	SOFTWARE
Compatibilidade de *hardware*	Compatibilidade de *software*
Custo de aquisição	Valor de aquisição
Capacidade de expansão	Nível planejado de crescimento
Interligação de periféricos	Necessidades especiais de saídas

(continua)

Tabela 1.13: Relação entre hardware e software (Laudon e Laudon,1996)
(continuação)

HARDWARE	SOFTWARE
Capacidade interna de memória	Tamanho e compatibilidade da aplicação
Tempo médio de resposta	Necessidade de atualizações e inclusões
Capacidade de conexão	Necessidades de terminais remotos
Documentação oferecida	Necessidade de treinamento

1.10 *Business Intelligence* (BI)

Os primeiros produtos com o conceito de *business intelligence* surgiram na década de 1970. O problema era que, para utilizá-los, o profissional precisava ter bons conhecimentos de programação, e, em consequência, se perdia em agilidade. O surgimento dos bancos de dados relacionais, dos PCs e das interfaces gráficas possibilitou a modernização dos produtos de *business intelligence*.

A grande cartada das ferramentas de *business intelligence* atuais é que qualquer profissional de uma empresa, seja ele jornalista, médico ou engenheiro, pode fazer consultas ao banco de dados e gerar relatórios sem a necessidade de conhecimentos de programação; um bom caminho para o profissional que trabalha com *business intelligence* é estudar estratégias de informação, pois as ferramentas são de fácil uso, e o grande segredo está em saber extrair as informações desejadas, explorando, ao máximo, os recursos oferecidos pela aplicação.

O *business intelligence* já era previsto na antiga engenharia da informação, isto é, à medida que uma empresa, ao longo do tempo, acumular dados operacionais ou transacionais nas suas bases de dados, chegará um momento em que esses dados devem ser utilizados para suportar a tomada de decisão no nível estratégico da empresa e, para isso, esses dados devem ser trabalhados em um processo de transformação para atender a esse nível gerencial.

O *business intelligence* é uma nova ferramenta da tecnologia de informação, mas a maioria das corporações ainda não está preparada para as implementações, pois são necessários os seguintes itens:

- há a necessidade de mudança e/ou adaptação da cultura da organização;
- é necessário o apoio, o incentivo e a cobrança do alto escalão da organização;
- é preciso que os indivíduos estejam capacitados tecnicamente (mediante treinamentos), não só no uso da ferramenta tecnológica, mas na sua própria formação individual e profissional.

A tecnologia da informação tem sido até agora uma produtora de dados, não de informação, e muito menos uma produtora de novas e diferentes questões e estratégias; os altos executivos não têm usado a nova tecnologia, porque ela não tem oferecido as informações de que eles precisam para suas próprias tarefas. Outro grande problema enfrentado pelos executivos é o de ter todos os dados espalhados por inúmeros sistemas, não havendo integração entre a maioria deles. Não podemos esquecer que as decisões estratégicas devem ser tomadas em um período curto de tempo, pois o mercado movimenta-se rapidamente, e um dia ou mais pode representar grandes prejuízos para uma empresa.

Como já vimos, o *business intelligence* é uma combinação de outras tecnologias da informação, como *Data warehouse, data mart*, ferramentas OLAP, EIS (*Executive Information Systems*), *data mining* e DSS (*Decision Support System*).

O *business intelligence* não deixa de ser um processo de coleta, transformação, análise e distribuição de dados, para melhorar a decisão dos negócios pertinentes às organizações; os bancos de dados são a infraestrutura básica de qualquer sistema de BI, pois é onde vão estar armazenados os dados que serão transformados em informações relevantes.

Alguns dos fornecedores especializados em soluções de BI são: Hyperion, SAS, SPSS, Platinum, Cognos, Seagate, Oracle, Corvu e Microsoft.

Um ponto importante a ser destacado é que toda a infraestrutura tecnológica vigente na organização deve estar estável, caso contrário as aplicações de BI não conseguirão atender plenamente às necessidades da empresa.

Mesmo que aplicações de *business intelligence* como OLAP, banco de dados para marketing e sistemas DSS se tornem populares, um item significante, mas geralmente tratado de maneira superficial, desafia e pode potencialmente limitar o valor desse tipo de aplicações na organização. Embora essas aplicações geralmente tenham de acessar grandes volumes dos bancos de dados, muitos gerenciadores estão customizados para aplicações OLTP (*On-line Transaction Processing*) que acessam apenas uma pequena fração dos dados, facilitando assim o desempenho, onde essas questões podem ser mal utilizadas ou implementadas, sérias questões sobre o desempenho e a escalabilidade de aplicações de *business intelligence* nos ambientes de negócios.

Aplicações OLTP geram centenas ou milhares de transações sobre um banco de dados, cada uma acessando apenas um pequeno subconjunto (geralmente alguns registros) de grandes bancos de dados. Exemplos dessas transações incluem operações de crédito e débito em contas bancárias, um pedido de compra, uma reserva de voo ou uma chamada telefônica através de um sistema de telefonia; atualmente os gerenciadores de bancos de dados relacionais suportam as aplicações

OLTP quanto a desempenho e escalabilidade de várias formas. Por exemplo, um sistema de banco de dados utiliza técnicas de acesso direto, tais como indexação ou *hashing* para acessar os registros de interesse. Para atender à necessidade de escalabilidade dessas aplicações, nas quais milhares de usuários concorrentes acessam o banco de dados, monitores de transação (TP *monitors*) controlam e fazem o balanceamento de carga das transações que acessam um ou mais bancos de dados; os sistemas de banco de dados têm sido adaptados para "rodar" em processadores paralelos, incluindo multiprocessamento simétrico, clusters, MPC (*massively parallel computers*) e mesmo redes distribuídas de computadores.

As aplicações de *business intelligence* diferem significativamente de aplicações OLTP e geralmente precisam acessar, pelo menos logicamente, muitos registros do banco de dados.

Comparando-se com as aplicações OLTP, há muito menos usuários concorrentes em ambientes de *business intelligence*. Os aplicativos de *business intelligence* produzem informações através da análise de dados de diferentes perspectivas; esses aplicativos não são normalmente projetados para trabalhar sobre operações diárias. Os problemas de desempenho e escalabilidade que se enfrentam na pesquisa em grandes bancos de dados com um sistema de *business intelligence* têm origem principalmente no tamanho do banco de dados (e algumas vezes na lógica da aplicação), e não no número de usuários concorrentes. Há técnicas de processamento de dados que pretendem resolver os problemas de desempenho e escalabilidade quando se está pesquisando um grande banco de dados. Algumas dessas técnicas envolvem condensação de armazenamento, pré-cálculo, processamento paralelo/distribuído e desempenho do *hardware*.

Mostramos, a seguir, algumas características tecnológicas no tratamento dos bancos de dados utilizadas nos modelos de *business intelligence*:

- Condensação de armazenagem: esta categoria inclui técnicas que minimizam o espaço de armazenagem dos dados, minimizando o tempo de acesso. Há muito tempo sistemas de banco de dados têm utilizado técnicas de *clustering* ou compactação de dados que armazenam fisicamente próximos no disco dados relacionados, de tal forma que se possa recuperá-los com um mínimo de acessos ao disco. Os aplicativos de banco de dados reutilizam o espaço liberado por registros eliminados em página do disco de tal forma que se possa manter o *cluster* de registros e inserir novos registros no espaço vago, em vez de uma outra página de disco.
- Pré-processamento: com esta técnica pode-se calcular antecipadamente e armazenar tanto os resultados de consultas já esperadas como variações da tabela do banco de dados original, que tornam mais eficiente o processa-

mento subsequente das consultas. Podem-se também utilizar programas de classificação para organizar os registros de uma tabela, tanto em ordem ascendente como descendente dos valores de um ou mais campos. Essa pré-classificação pode tornar o processamento das consultas subsequentes mais eficiente; por exemplo, no caso do *join* de duas tabelas, se estas já estão classificadas nos campos que serão utilizados na operação, a operação será processada mais rapidamente. Esse pré-processamento dos dados é essencial em aplicações OLAP e de *data mining*.

- Processamento paralelo/distribuído: as técnicas desta classe permitem aumentar o *throughput* processando consultas, utilizando dois tipos de processamento paralelo.
- *Pipelined parallel processing*: permite que se utilizem múltiplos processos ou processadores para avaliar a próxima etapa na sequência de tarefas a serem executadas.
- Banco de dados paralelos distribuídos: distribuem os dados em vários discos e computadores, permitindo o processamento simultâneo de consultas.
- *Hardware*: nos anos 1970 e 1980, máquinas de banco de dados (*database machine*) constituíam uma grande área de pesquisa, na qual o objetivo era projetar *hardware* de propósito específico para gerenciadores de banco de dados relacionais. Embora essas pesquisas tenham colaborado no projeto de sistemas paralelos de banco de dados, não existe disponível hoje (ainda) comercialmente nenhum *hardware* com esse propósito.
- Aplicativos de BI: não são normalmente projetados para as operações do dia a dia; estes aplicativos geralmente supõem pesquisas em grandes bases de dados e o objetivo é maximizar a eficiência dessas pesquisas aproveitando o máximo das informações do banco de dados.

QUESTÕES PARA REVISÃO

1. Relacione os principais conceitos sobre teoria geral de sistemas.
2. Quais são as fases de evolução dos sistemas de informação?
3. Descreva a semelhança entre empresa e sistema.
4. Por que se deve trabalhar com informação e não com dados?
5. Classifique os sistemas de informação.
6. Quais as expectativas na implantação de um *Data Warehouse*?
7. O que significa *Business Intelligence* e qual a sua utilização?
8. Quais as características da inteligência artificial e dos sistemas especialistas?

9. Que aspectos devem ser observados na interação entre *hardware* e *software* em um sistema de informação?
10. Como identificar as necessidades de informações de uma empresa de acordo com a classificação dos sistemas de informação?

capítulo 2

A Visão do Futuro

TÓPICOS

2.1. Envolvimento dos profissionais e o *Decision Making*
2.2. O novo perfil do administrador
2.3. Mudanças no trabalho
2.4. A transformação do trabalho
2.5. A tecnologia e o gerente do futuro
2.6. A estrutura da nova organização
2.7. A era da informação

SÍNTESE

Neste capítulo demonstraremos a importância do comprometimento do profissional para o sucesso da implementação de um sistema de informação na organização e seu posicionamento diante de um cenário de constantes mudanças no mundo tecnológico e do trabalho.

Desse novo profissional será exigido um constante aperfeiçoamento técnico e capacidade de se adaptar diante dos novos modelos de organização e gestão.

OBJETIVOS DE APRENDIZAGEM

O estudo deste capítulo torna o leitor capacitado a:
- compreender o novo perfil do administrador;
- entender o que envolve gerenciamento de atividades;
- analisar e refletir sobre as mudanças necessárias nas empresas, do perfil profissional dos gerentes e dos técnicos especialistas.

2.1 Envolvimento dos profissionais e o *Decision Making*

O comprometimento do indivíduo é vital para o sucesso da implementação de um sistema de informação na organização. Para diferentes gerentes tomarem a mesma decisão sobre um mesmo tema, eles podem necessitar de tipos de informações diferentes. Isso ocorre porque os processos mentais que levam um indivíduo a determinada decisão variam de pessoa para pessoa. Com isso o que se quer dizer é que, no momento em que vamos desenvolver um sistema de apoio à decisão, precisamos saber, claramente, o seguinte:

- Quem irá utilizá-lo?
- Para qual decisão?
- Com quais informações?

Os gerentes têm cinco funções clássicas: planejar; organizar, coordenar, decidir e controlar. O *decision making*, ou a tomada de decisão, para Mintzberg (apud Laudon e Laudon, 1996), modelando o comportamento dos gerentes da seguinte maneira, exercem as seguintes características:

- alto volume e velocidade de trabalho;
- variedade, fragmentação;
- especificidade;
- rede complexa de interações e contatos;
- forte preferência pela mídia verbal;
- controle de agenda.

A teoria da visão clássica entende o *decision making* como o centro do gerenciamento das atividades, que se apresenta em níveis de decisão, a saber:

- estratégia;
- conhecimento;
- controle operacional.

Decisão é a escolha de uma ou mais alternativas entre várias apresentadas, com o fim de se atingir um objetivo proposto com a menor probabilidade de erro ou de fracasso possível. Os tipos de decisão levam em conta o nível de previsibilidade possível nas decisões que devem ser tomadas, podendo ser classificadas como:

1. **Estruturadas**: são aquelas para as quais a busca de soluções e seleção entre alternativas seguem um processo lógico, claro, bem definido e previamente estabelecido em todos os detalhes; normalmente não permitem nenhum tipo de liberdade. Um exemplo muito conhecido é a atividade de um operário qualquer, em que todas as suas decisões estão contidas num manual de procedimentos.
2. **Semiestruturadas**: são aquelas para as quais podem ser fornecidos modelos matemáticos apenas para auxiliar o processo de busca de uma solução; parte do problema pode ser equacionado, mas a decisão final sobre a alternativa deve ser feita levando-se em consideração fatores subjetivos e de difícil quantificação. Um exemplo seria a definição da campanha publicitária para o lançamento de um novo produto.
3. **Não estruturadas**: são as decisões cujas variáveis envolvidas não são quantificáveis; em seu processo de decisão se leva em conta apenas a intuição humana. Um exemplo seria o nível de benefício que uma informação pode oferecer a um executivo.

Em termos práticos, um sistema de informação ligado a uma decisão altamente estruturada pode eventualmente fazer as vezes do tomador de decisão humano, porém não se aplica para o caso das decisões semi ou não estruturadas.

Entretanto, para as decisões semi ou não estruturadas, os sistemas de informação podem de fato apoiar o processo decisório, unindo a capacidade intelectual e a sensibilidade humana do tomador de decisões com a capacidade de processamento, armazenagem e geração de informações proporcionadas pelo computador.

A questão dos estágios do *decison making* é altamente cognitiva, isto é, depende estritamente do contexto psicológico do indivíduo. Mas como esse indivíduo consegue implementar o uso da tomada de decisão em seu dia a dia? Para Laudon e Laudon (1996), existem estágios na tomada de decisão, sendo eles:

- inteligência, quando o indivíduo coleta informações para identificar problemas que ocorrem na organização;
- concepção, quando o indivíduo concebe alternativas possíveis para as soluções dos problemas;
- escolha, quando o indivíduo escolhe na amostra as melhores soluções alternativas;
- implementação, quando o indivíduo efetiva a decisão e reporta o progresso da solução dos estágios de *decision making*.

Mostramos na figura a seguir o diagrama dos estágios na tomada de decisão:

Modelos individuais de *decision making*

- Existe um problema? → Inteligência
- Quais são as alternativas? → Concepção
- Qual a melhor opção? → Escolha
- A decisão será efetivada? → Implementação

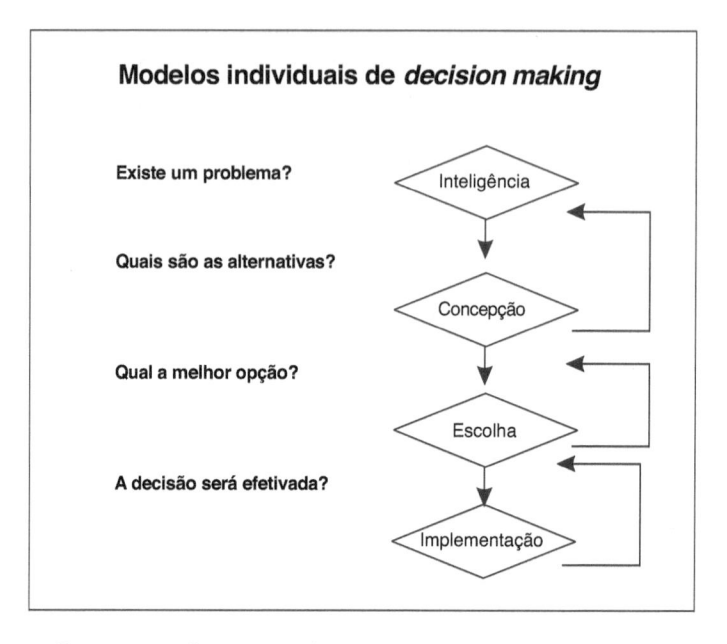

Figura 2.1. Diagrama dos estágios na tomada de decisão

Podemos determinar a tomada de decisão pelo indivíduo seguindo alguns modelos do comportamento humano, a saber:

- Racional: é baseado na crença das pessoas, organizações e noções fundamentadas em bases consistentes em determinado domínio e/ou adaptações;
- Satisfação e/ou compensação: escolha da primeira alternativa permitida mais próxima do alvo, em vez de procurar por todas as demais alternativas e suas respectivas consequências;
- Confusão: envolve comparações sucessivas, e o teste de uma boa decisão é quando há concordância ou não pelas pessoas;
- Psicológico: estilo cognitivo, em que a compreensão, o tratamento da informação e a seleção de alternativas ocorrem a partir de modelos mentais que podem ser definidos como estruturados ou não estruturados. Nesta abordagem, o indivíduo segue a influência de alguns tipos padrões de decisões:

a) decisão sistemática: estilo cognitivo que descreve pessoas, dentre as quais surgem problemas pela estruturação em termos de métodos formais;

b) decisão intuitiva: estilo cognitivo que descreve pessoas, dentre as quais surgem problemas com métodos múltiplos em modos não estruturados, utilizando-se de tentativa e erro em busca de uma solução.

Durante o envolvimento dos indivíduos, ocorre o seguinte:

- pouco a pouco o tomador de decisões (usuário) vai explicitando os modelos mentais usados;
- nesse ínterim, a explicitação se torna lógica para o usuário até estabelecer "modelos" ou "padrões de atuação";
- invariavelmente isso conduz o usuário a descobrir verdadeiras falácias de seu próprio problema;
- obtém-se o comprometimento do usuário em relação aos resultados provenientes do sistema de apoio à decisão.

2.2 O novo perfil do administrador

A tecnologia da informação é um insumo decisivo para a integração e reestruturação das empresas, um componente fundamental das atividades de serviço, coordenação e organização e o motor que permitirá reposicionar as empresas diante dos desafios impostos pela economia atual. Entre os desafios dos novos empresários estão a competição global, as margens de lucro comprimidas, a excelência em produção e serviços (para atender os pré-requisitos em poder participar do jogo do mercado), o excesso de capacidade produtiva (em segmentos diversos e crescentes) e principalmente a tecnologia da informação.

Há alguns anos, o desafio que se colocava para as empresas já era o de gerenciar a tecnologia. Para isso, bastava que os profissionais técnicos falassem e dominassem um novo idioma, proliferando uma linguagem quase intransponível que conferia aos técnicos e especialistas em informática o domínio na organização.

Na última década, esse panorama vem se transformando e as empresas foram obrigadas a se preocupar com o gerenciamento do uso da tecnologia. A tecnologia e os sistemas de informação estão cada vez mais presentes na vida das pessoas.

A tecnologia da informação passou de um determinado departamento das empresas e do mercado para o centro das atenções nas organizações, onde cada vez mais os indivíduos passam a utilizar-se das ferramentas computacionais. Porém, é preciso algo mais, é preciso gerenciar a tecnologia e seu uso.

A tecnologia da informação transformou-se em parte integrante das empresas e da linguagem cotidiana do mundo dos negócios. O desafio é reduzir um conjunto infinito de palavras a um vocabulário relevante e administrável. São termos que surgem tão rápido quanto a transformação da tecnologia. E as mudanças são tão intensas que se torna obrigatório que os executivos compreendam seus aspectos fundamentais, pois ao mesmo tempo em que abrem grandes oportunidades, elas também impõem às empresas uma série de novos riscos e armadilhas.

Grandes organizações com estruturas típicas de trabalho desde a década de 1950 deixam de existir para dar lugar a novas formas de trabalho, isto é, nos próximos vinte anos as mudanças na natureza do trabalho vão ser cada vez mais frequentes, mão de obra para bens e serviços necessários, mudanças tecnológicas cada vez mais rápidas, organizações baseadas no conhecimento. Os trabalhadores manuais e burocráticos estão deixando de existir para dar lugar a trabalhadores de maior conhecimento, criatividade, competência, transparência e flexibilidade.

2.3 Mudanças no trabalho

Segundo Simonetti (1996), o crescimento do setor de serviços, influenciado pelas tecnologias de computadores e de telecomunicação, em face de sua diversidade e amplitude, está exigindo uma revisão em temas como horário e duração da jornada de trabalho, formas de remuneração (fixas ou variáveis), contratos de trabalho e cláusulas sociais. Essas condições foram estabelecidas dentro de um período de crescimento e de predominância da realidade industrial e hoje devem ser adaptadas à realidade do setor de serviços.

Para o entendimento das profundas e rápidas mudanças que estão acontecendo na sociedade, deve-se compreender qual o impacto que o setor de serviços está inserindo nessa mesma sociedade. As bases dessas mudanças, atuais e as que estão por vir, são a tecnologia de computadores, representada pelas características fundamentais deles as suas capacidades de processamento, armazenamento e comunicação, e a tecnologia de telecomunicação que interliga mercados, pessoas e organizações.

O fundamento do setor de serviços é extremamente revolucionário, pois não envolve os elementos da natureza, como no caso da agricultura, tampouco envolve a capacidade de produção de máquinas, o produto e seu estoque, como no setor industrial, que sempre lutou para adequar o volume de produção à demanda. Serviços envolvem as necessidades do consumidor, isto é, a própria demanda por serviços, que deve ser entendida como organização e qualidade de vida.

A tendência para este novo milênio, dentro de uma sociedade de serviços e de informação, é de ocorrer um movimento de revisão dos significados de vida através das artes e de seus elementos significativos.

Estamos vivenciando um grande processo de transformação, causada pela era da informação e pela própria concepção mais aflorada do universo pelo indivíduo. A ética, nesse momento, tem fundamental importância no contexto das pessoas e nas próprias organizações.

2.4 A transformação do trabalho

A razão para a transformação das organizações em obter maior conhecimento e informação e exigirem que seus funcionários tenham mais qualidade em seus cargos é lógica: funcionários mais dotados de conhecimento e superespecializados em todos os tipos de cargos na pirâmide da empresa, trabalho operacional central de alta competitividade, maior autodisciplina e ênfase nas responsabilidades individuais, nos relacionamentos e nas comunicações, o que acarretará para a empresa vantagens em relação a concorrentes e uma maior lucratividade.

As oportunidades para pessoas especializadas nas organizações são muitas, desde que exista um desenvolvimento de processos de recompensa, reconhecimento e oportunidades de ascensão na carreira para especialistas, criação de uma visão unificada em uma organização de especialistas, projeção de uma estrutura gerencial para uma organização de força-tarefa e assegurar o suprimento, a preparação e os testes do pessoal de alta gerência. Por outro lado, funcionários despreparados e não aptos à evolução e à mudança estarão ameaçados.

Os novos líderes gerenciais terão de se enquadrar em suas designações e unidades autogovernadas para um bom desempenho de suas equipes para diversas tarefas. Essa mudança no comportamento de certos líderes nem sempre é fácil e rápida, levando esses grupos de funcionários a passar por um processo de preparação, testes de sucessão e novas formações e conceitos.

Outro fator importante dos novos conceitos das organizações e trabalhadores é o que podemos chamar de parceria de valor agregado, isto é, um conjunto de empresas independentes que trabalham estreitamente juntas para gerir o fluxo de mercadoria e serviços, através de toda uma cadeia de valor agregado. Hoje, a informática e as comunicações de baixo custo estão alavancando a competitividade de volta às parcerias de pequenas empresas, cada uma das quais desempenha uma parte na cadeia de valor agregado e coordena suas atividades com o restante da cadeia. Em grandes escalas, as parcerias de valor agregado têm um poder inegável; a coordenação e a escala associadas com grandes empresas e a flexibilidade, criatividade e as reduzidas despesas normalmente encontradas em pequenas empresas geram altos lucros para todo o conglomerado. Mas, para que uma parceria de valor agregado exista, seus parceiros têm de adotar e aderir a um conjunto de regras básicas, para gerar transações valiosas e confiáveis e para que haja muita transparência no relacionamento.

2.5 A tecnologia e o gerente do futuro

A tecnologia da informação, que já fora utilizada como uma ferramenta de expansão organizacional, tornou-se uma ferramenta para *downsizing* e reestruturação. As empresas usam essa tecnologia para melhorar o controle centralizado e criar novos processos de informação, o que as levou a agir ainda mais rápido, tomando decisões cada vez mais eficazes, baseando-se nas tecnologias que suportam a flexibilidade e a rápida resposta de uma empresa moderna.

As organizações reduziram o número de gerentes de nível médio e os sistemas computadorizados assumiram grande parte das funções de comunicação, coordenação e de controle que os gerentes de nível médio executavam anteriormente.

Os gerentes que permaneceram foram liberados de algumas tarefas rotineiras e têm mais responsabilidade. A nova tecnologia é mais poderosa, mais diversificada e, cada vez mais, interligada com os processos críticos dos negócios nas organizações. Vemos fortemente os conceitos da reengenharia sendo aflorados nas organizações, não em sua essência, mas sim quanto a algumas vertentes.

O ambiente empresarial está se transformando cada vez mais rápido e as organizações têm de reagir mais rapidamente a essas mudanças. As empresas precisam ser mais flexíveis, porém as descrições de cargos e salários e os mecanismos de controle são rígidos. Com a ajuda da tecnologia os administradores são capazes de superar vários problemas levando suas organizações a serem muito mais competitivas.

2.6 A estrutura da nova organização

Os avanços tecnológicos estão dotando os gerentes de um conjunto totalmente novo de opções para estruturar e operar seus negócios, permitindo que novos contextos organizacionais e novas abordagens gerenciais surjam entre os já conhecidos, e que o mundo dos negócios tenha um resultado diferente:

- Contexto organizacional: as empresas serão capazes de adotar estruturas mais flexíveis e dinâmicas, em que o foco será em projetos e processos, em vez de tarefas e procedimentos padronizados;
- Abordagens gerenciais: a tomada de decisão será mais bem compreendida, o controle será separado dos relacionamentos hierárquicos, e os computadores apoiarão a criatividade em todos os níveis organizacionais. Os sistemas de informações e as comunicações irão diferenciar o novo perfil do administrador;
- Recursos humanos: os trabalhadores serão mais bem treinados, mais autônomos, terão maior mobilidade e maior poder de decisão, o ambiente de trabalho será estimulante e envolvente, a gerência será, para algumas pessoas, uma atividade de meio expediente, que será compartilhada e na qual haverá rotatividade, as descrições de cargos associadas a tarefas rigidamente definidas se tornarão obsoletas. A remuneração estará diretamente associada à contribuição de cada indivíduo no trabalho.

Todas essas inovações contextuam uma grande promessa de que nossas grandes e rígidas hierarquias se tornarão mais adaptáveis e flexíveis ao novo cenário do século XXI.

2.7 A era da informação

Para McGowan (1997), nenhuma empresa está escapando dos efeitos da informação. As drásticas reduções nos custos de obtenção, processamento e transmissão de informações estão alterando a maneira de se fazer negócios, afetando todo o processo através do qual elas criam os seus produtos e, além disso, reformulando o próprio produto (todo o pacote de bens físicos, serviços e informação que as empresas proveem para gerar valor aos seus compradores).

Vemos a informação em todo e qualquer ambiente, desde o lazer, através da multimídia em televisão, até a Internet. A informação, agora, não tem mais barreiras.

Para o mesmo autor, a revolução da informação está afetando a competição de três formas vitais, a saber:

- Mudando a estrutura do setor e, ao fazê-lo, altera as regras da competição;
- Criando vantagens competitivas, proporcionando às empresas novas formas de superar seus rivais;
- Originando negócios completamente novos, começando, frequentemente, dentro das operações já existentes na empresa.

McGowan afirma ainda que os administradores devem seguir alguns passos para aproveitar as oportunidades que a revolução da informação criou. Veja:

1. Avaliar a intensidade das informações existentes, potenciais dos produtos e processos, e identificar as prioridades nas unidades de negócios para investimentos em tecnologia da informação.
2. Determinar o papel da tecnologia da informação na estrutura do setor. Analisar como a tecnologia da informação poderá afetar cada uma das cinco forças competitivas. Não somente cada força terá a probabilidade de causar mudanças, mas também os limites do setor poderão mudar.
3. Investigar como a tecnologia da informação poderá gerar novos negócios. Os administradores devem considerar oportunidades para criar novos negócios e diversificar os já existentes.
4. Desenvolver um plano para tirar vantagem da tecnologia da informação. Os primeiros quatro passos deveriam levar a um plano de ação para capitalizar a revolução da informação. Esse plano de ação deve ser em ordem de importância.

McGowan (1997) diz que no passado os gerentes simplesmente delegavam decisões tecnológicas aos sábios dos computadores da empresa e cuidavam de outros assuntos. Hoje, os gerentes não podem mais evitar as decisões sobre o processo de tecnologia. Assim como os gerentes gerais não dominavam a linguagem tecnológica, os especialistas técnicos também não tinham compreensão suficiente dos objetivos e das metas dos negócios. Esse desconhecimento tendia a acarretar um adiamento nas decisões que trazia consequências graves, como perda de oportunidades competitivas importantes, desperdício de capital em tecnologias não produtivas e muitas despesas para consertar tudo.

Tornava-se necessária, então, a adoção de uma nova abordagem com relação ao processo de tomada de decisão em tecnologia de informação: um processo que unisse o conhecimento técnico dos especialistas de computadores com a visão da alta gerência.

Pois bem, para que os empreendedores e administradores atuais possam tirar o melhor proveito da tecnologia é necessário que conheçam a terminologia da linguagem da informação assim como os propósitos e aplicabilidade correta das novas ferramentas que surgem a cada instante.

Não é necessário que aprendam a montar um computador, conhecendo peças, conectores, posição de *chips*. Segundo um ditado, "não é necessário que se conheça de mecânica de automóveis para ser um bom motorista", mas o importante é conhecer o que há no mercado vigente e estar informado sobre suas finalidades e a maneira como poderá ser implementado nos processos da empresa; para tanto, torna-se imprescindível o conhecimento da linguagem tecnológica. Assim como é necessário que o novo administrador conheça todo o processo da empresa, é também necessário o conhecimento da tecnologia da informação.

Algumas empresas acham útil manter diretrizes restritivas para a tomada de decisão. Elas conseguem fazê-lo seguindo os princípios como um conjunto de modelos. Um modelo pode especificar coisas como de que forma os computadores deveriam ser conectados ou como a área de sistemas de informações de uma filial ou subsidiária deveria ser estruturada. O tempo e o esforço despendidos para descobrir bases comuns entre a gerência de tecnologia da informação e a gerência de negócios colocam a empresa em um solo mais firme no que diz respeito a investimentos em tecnologia da informação que, de fato, reflitam para dar prioridade aos negócios. Veja na figura a seguir o novo perfil do administrador:

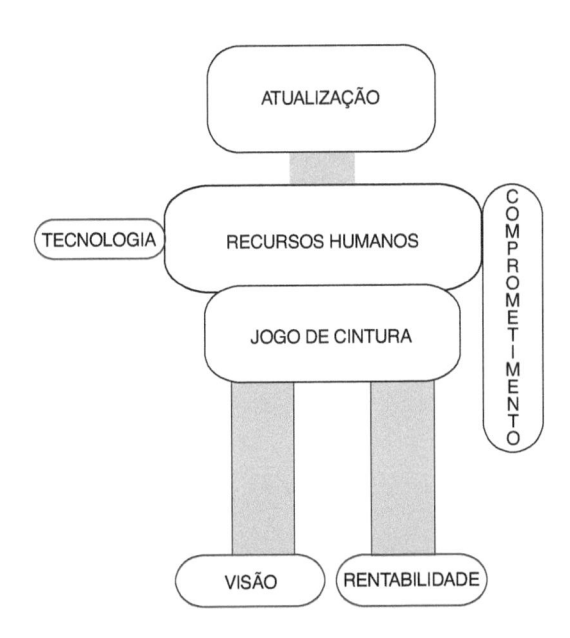

Figura 2.2. O novo perfil do administrador

QUESTÕES PARA REVISÃO

1. O que se deve saber antecipadamente para se desenvolver um sistema de apoio à decisão?
2. Além das funções clássicas, o que o *Decision Making* exige como características para os "novos" gerentes?
3. O que influenciou o crescimento do setor de serviços e das novas formas de trabalho?
4. O que a tecnologia da informação propiciou às empresas?
5. Qual a estrutura da nova organização e suas consequências?
6. Por que centrar a atenção nas pessoas para obter o sucesso na implantação de um sistema de informação?
7. Qual a importância de se ter uma visão de futuro nas organizações?
8. Que atitudes podem demonstrar que um profissional está envolvido com o seu trabalho?
9. Quais os modelos de comportamento humano que podem influenciar no processo de tomada de decisão?
10. Em que a atual era da informação interfere no papel das organizações e de seus profissionais?

capítulo 3

Métodos e Processos

TÓPICOS
3.1. Metodologia
    3.1.1. Enfoques históricos
    3.1.2. Ferramentas
    3.1.3. Metodologia de desenvolvimento e implementação de projetos
3.2. Qualidade
3.3. Treinamento
3.4. Projeto
    3.4.1. O planejamento nas empresas
    3.4.2. O planejamento tecnológico
3.5. Plano diretor
    3.5.1. Equipes
3.6. Mudança organizacional
    3.6.1. Transformação organizacional
    3.6.2. O papel do indivíduo na mudança
    3.6.3. Os processos
    3.6.4. Os novos paradigmas da organização

SÍNTESE
Este capítulo norteia sobre a vital importância em se adotar uma metodologia na implementação de qualquer processo de mudança na organização.

Apresenta exemplos de ferramentas, métodos e técnicas utilizados na melhoria dos processos organizacionais, ressaltando a imprescindibilidade de uma política eficaz de treinamento na empresa, contemplando todo o contexto de mudança.

Conceitua projeto e seus objetivos e destaca o planejamento nas empresas como indispensável técnica para a formulação de estratégias competitivas, empresariais e decisórias, exemplificada através dos planejamentos tecnológicos, plano diretor ou planejamento estratégico.

Evidencia a mudança organizacional, tendo como base a relação organização e indivíduo.

Apresenta a inovação como algo complexo e sujeito a toda sorte de resistência e o papel do indivíduo nessa mudança.

Também conceitua os novos paradigmas da organização.

OBJETIVOS DE APRENDIZAGEM

O estudo deste capítulo torna o leitor capacitado a:

- compreender a importância da utilização de uma metodologia para implantação de processos na organização;
- conhecer e analisar as inúmeras ferramentas para melhoria dos processos organizacionais e a necessidade de treinamento para a mudança;
- interpretar e entender a imprescindibilidade de planejamento nas organizações;
- entender e refletir sobre mudança e transformação organizacional;
- conhecer e entender os novos paradigmas da organização.

3.1 Metodologia

A metodologia é vital na implementação de qualquer processo de mudança na organização. Para entendermos melhor essa afirmação, veremos primeiramente a definição científica de metodologia.

Para Koche (1997), metodologia é o estudo de procedimentos e técnicas a serem aplicadas para a solução de problemas e criação de novos projetos ou processos, possibilitando sua execução com maior rapidez e qualidade, e a metodologia científica é a forma de demonstrarmos cientificamente a realização de uma pesquisa, sua teoria e finalmente sua tese científica de comprovação.

Para ele, historicamente o enfoque do método científico passou por várias fases, até chegar ao século XX.

3.1.1 Enfoques históricos

- **A visão grega**: O conhecimento científico era desenvolvido por meio da Filosofia.
- **Os pré-socráticos**: Os filósofos (Tales de Mileto, Anaximandro, Heráclito e outros) rompem com as crenças mitológicas e com opiniões sustentadas na

experiência dos sentidos. Estabelecem a busca de um conhecimento da natureza e do universo como uma atividade filosófica, racional, especulativa, de abertura inteligível.

- **Abordagem platônica**: O mundo platônico é o das ideias, que contém os modelos e as essências de como as aparências devem se estruturar. Para Platão, a forma acessível aos sentidos mostra-nos apenas COMO as coisas são, mas não O QUE elas são.
- **Aristóteles**: Entendimento e experiência. Ele suprime o mundo das ideias de Platão. Para Aristóteles, a ciência é fruto do entendimento em íntima colaboração com a experiência sensível.
- **Bacon**: Controle experimental. Procurou de forma coerente, tomando conhecimento das falhas, acercar-se de cuidados para dar confiabilidade aos resultados, através dos procedimentos: experimentação, formulação de hipótese, repetição da experimentação por outros cientistas, repetição do experimento para teste das hipóteses, formulação da generalização das leis.
- **Galileu**: O experimento e a revolução científica. Galileu muda radicalmente a forma de produzir e justificar o conhecimento científico, ao introduzir a matemática e a geometria como linguagens da ciência e o teste quantitativo (experimental das suposições teóricas como mecanismo necessário para avaliar a veracidade das hipóteses e estipular a chamada verdade científica).
- **Newton**: Método indutivo confirmável. Consiste na observação dos elementos, análise da relação quantitativa entre eles, indução de hipóteses quantitativas, teste experimental das hipóteses para a verificação confirmável, generalização dos resultados em lei.
- **Ciência contemporânea**: Na ciência contemporânea, a pesquisa é um processo decorrente da identificação de dúvidas e da necessidade de elaborar e construir respostas para esclarecê-las.

Segundo Popper, (apud Koche, 1997), toda discussão científica parte de um problema, ao qual se oferece uma espécie de solução provisória, uma teoria-tentativa, passando-se depois a criticar a solução, com a devida eliminação do erro, tal como no caso da dialética. Esse processo se renovaria, dando surgimento a novos problemas.

Todo e qualquer processo está atrelado a um determinado projeto. Para que possamos conseguir os resultados planejados dentro do prazo estabelecido, precisamos de métodos adequados, isto é, ferramentas e técnicas de trabalho de elaboração e auxílio, para que no decorrer de um projeto ou processo possamos encontrar alternativas e soluções rápidas para os diversos tipos de problemas que poderão surgir dentro do período de execução.

Segundo Maximiniano (1997), um sistema de administração de projetos compreende um conjunto estruturado de técnicas, procedimentos, definição de responsabilidades e autoridade, sistema de documentação e outros procedimentos, que tem por objetivo normatizar a administração de projetos dentro da organização.

Ele salienta ainda que alguns elementos específicos podem integrar um sistema ou metodologia de administração de projetos. Veja quais são:

- critérios para orientar a decisão de iniciar um projeto;
- critérios para definição de atividades como projetos;
- critérios para selecionar projetos entre várias propostas;
- fases do ciclo de vida do projeto;
- definição dos procedimentos para a elaboração e encaminhamento de propostas e planos de projetos;
- instruções para organização de equipes de projetos;
- definição do papel e das responsabilidades do gerente de projetos;
- definição do papel e das responsabilidades dos outros participantes do processo de administração de projetos;
- critérios para análise e aprovação de planos de projetos;
- estrutura global da organização;
- glossário.

3.1.2 Ferramentas

Mostramos a seguir alguns exemplos de ferramentas que melhoram a rotina diária do processo de trabalho. São técnicas e metodologia utilizadas na melhoria dos processos organizacionais, fundamentadas em pesquisa, avaliações e medições da rotina desde a entrada de insumos até a saída dos produtos e serviços gerados.

- **Método da "Matriz GUT"**: Elaborada por priorizarão e critérios, depois de avaliados os problemas. A sigla GUT significa gravidade, urgência e tendência em relação aos problemas identificados quanto à sua urgência funcional. Os resultados são tabulados com notas de um até cinco conforme o grau de necessidade, totalizando esses resultados, estabelecendo qual será o primeiro a ser abordado e, no caso de resultado igual, o desempate é feito quanto ao maior número de notas altas dadas em relação ao problema.

- **Método "5W1H"**: Expressão proveniente do inglês, na qual temos 5W, que significa *"What* — O que está sendo fornecido no processo?, *Who* — Quem fornece?, *When* — Quando é fornecido?, *Where* — Onde é o destino?, *Why* — Como e por que é fornecido?", e finalmente 1H, *"How much* — Quanto é entregue?; por dia, mês, ano e períodos". Após identificarmos as entradas de um processo, é necessário também conhecermos as saídas em relação a: Quem produz? (produtos/serviços); Quando e onde são entregues?; Quanto e como são entregues? Planificar o processo entre clientes e fornecedores, por exemplo: Quais são os clientes?; Como está a satisfação deles, existe alguma forma de avaliá-las?; Esses clientes têm canal aberto de comunicação pelo qual possam fazer relatos?. Já quanto aos fornecedores: Quais são os fornecedores?; Como está o seu desempenho?; O relacionamento empresa X fornecedor é satisfatório?; Quais os recursos envolvidos?
- **Fluxograma**: Trata-se de uma representação gráfica dos passos de determinada rotina na qual se aceitam apenas duas respostas para uma única pergunta, "sim" ou "não", de forma lógica e encadeada de como está acontecendo o processo, passo a passo.
- **Os Indicadores**: Podem ser de qualidade e de produtividade. Qualidade é para medir a eficácia do processo, e produtividade é para medir a eficiência do processo. Servem para termos base na tomada de decisões do processo.
- **Método *"brainstorming"***: Significa uma "tempestade de ideias", utilizado para descobrir as causas e propor melhorias identificando-as através de um grupo de pessoas dando ideias sucessivas e obtendo assim maior quantidade e qualidade de ideias. Este método tem isenção de julgamento e todos se sentem à vontade para sugerir; obviamente, que depois são retiradas as ideias consideradas absurdas, e as demais são ordenadas de forma coerente, agrupadas e priorizadas em relação à causa.
- **Método da "Matriz BASICO"**: As soluções a serem aplicadas em relação ao BASICO, o que significa: *Benefícios* — o que vai trazer?, *Abrangência* — o que vai abranger este projeto? (pessoas, setores, departamentos); *Satisfação* — como está seu funcionário?; *Investimento* — quanto vai requerer de investimento este projeto?; *Cliente* — qual será a satisfação dele quanto à solução adotada?; e *Operacionalidade* — é a solução mais adequada, é facilmente implantada? Esta matriz também tem a tabulação de resultados semelhan-

te à matriz do GUT, mas quando falamos de investimentos devemos considerar o inverso das notas, isto é, quanto maior investimento menor a nota e vice-versa.

3.1.3 Metodologia de desenvolvimento e implementação de projetos

Segundo Bio (1996), o desenvolvimento de um plano exige conhecimento, avaliação, recursos existentes, recursos requeridos, prioridades, custos, benefícios, recursos humanos e aspectos políticos. Essa multiplicidade de tarefas requer coordenação, sequência, gerenciamento e definição clara do esperado. É necessária, portanto, uma metodologia para o planejamento, ponderando riscos inerentes de caráter metodológico e, acima de tudo, o cuidado com os conceitos que estão relacionados a determinada metodologia. Um método ou processo é consequência de ideias, valores e conceitos.

- Qualquer metodologia não deve ser interpretada como um fim: o que realmente importa é o produto final e não os passos ou tarefas previstos na metodologia.
- Uma metodologia não deve ser seguida de forma rígida, é preciso considerar que cada caso é um caso, empresas são diferentes, consequentemente estágios de evolução serão os mais variados.

A coordenação de diferentes especialistas numa variedade de atividades voltada ao objetivo comum do projeto requer um ordenamento metodológico do trabalho, uma metodologia de desenvolvimento. Existem diferentes soluções metodológicas para os projetos, no entanto, como regra geral, essas metodologias procuram definir como será esse projeto. O gerenciamento do projeto ao longo do seu desenvolvimento é um ponto crítico para assegurar o cumprimento dos objetivos, alocação de recursos e prazos, isto é, garantir o gerenciamento adequado e o bom andamento do plano. Portanto, a escolha do líder deve ser a melhor possível.

O processo de implementação do sistema de apoio à decisão na organização é de vital importância para a conformidade do objetivo. Para isso, deve ser focado o seguinte:

- Na visão pessoal, o usuário e o técnico responsável pelo sistema de apoio à decisão devem trabalhar juntos num processo contínuo, adaptando o aplicativo às funções que estão sendo contempladas.

- Na visão de um grupo, a comunicação entre os diversos usuários e técnicos do sistema de apoio à decisão precisa ser estruturada e formal.
- Na visão da organização, existem inúmeros usuários, e os técnicos do sistema de apoio à decisão precisam ter a responsabilidade de guiar a integração de sistemas de apoio à decisão, prontos na organização.

3.2 Qualidade

O processo de qualidade do projeto deve avaliar o posicionamento da equipe frente ao cumprimento do compromisso estabelecido com o projeto em questão. A ênfase em questão será:
- o que será implementado;
- como será implementado;
- quando será implementado.

Para isso, é importante conhecermos o objetivo da qualidade do que está sendo implementado:
- revisar o cumprimento dos requisitos necessários para a boa evolução da implementação do sistema de informação, sua devida documentação e aprovação;
- verificar a habilidade do time do projeto em cumprir as datas programadas;
- identificar impedimentos potenciais que possam ameaçar o cronograma de implementação;
- identificar oportunidades para as devidas melhorias no projeto;
- acompanhar o acordo entre as partes envolvidas quanto ao *status* do projeto e à avaliação dos pontos críticos de qualidade;
- acompanhar ações corretivas tomadas a partir da identificação de uma falha de qualidade;
- estabelecer um mecanismo de comunicação de riscos e questões críticas (*issues*) do projeto ao comitê executivo.

O método de trabalho é uma questão fundamental para o sucesso de uma implementação. Precisamos, portanto:
- conhecer a metodologia de implementação, principalmente no que diz respeito à sequência em que as atividades serão executadas, além da forma com que seus resultados serão exibidos;

- revisar o cumprimento dos requisitos necessários para a implementação do sistema de informação, a devida documentação e aprovação. O líder de qualidade conta com a lista de revisão para auxiliá-lo nessa tarefa. Também deverá verificar se as tarefas estão sendo cumpridas dentro do prazo estabelecido;
- auxiliar, sob a forma de sugestões, no encaminhamento de soluções para o cumprimento das tarefas.

As etapas que contribuem para que esse método de trabalho seja eficaz são as seguintes:

- montagem da equipe de trabalho, elencando as responsabilidades de cada um;
- eleição do responsável pelo projeto, isto é, o líder que terá como responsabilidade efetuar o *feedback* à organização;
- criação de cronograma;
- determinação do local de trabalho, isto é, a sala do projeto;
- treinamento básico da equipe de trabalho;
- distribuição das atividades;
- levantamento e análise de escopo do projeto;
- realização de reuniões periódicas (semanais, quinzenais, emergenciais, mas nunca diárias, pois isso atrapalha o andamento do projeto);
- análises das mudanças que ocorrerão (novos cenários na organização);
- utilização de metodologia, como:
  - utilização de atas de reunião;
  - documentação;
  - desenho dos processos;
- os horários devem ser seguidos "à risca";
- testes das novas situações;
- análise dos *issues* do projeto;
- treinamentos dos envolvidos (demais pessoas da organização);
- criação de um plano de contingência;
- entrada em produção.

3.3 Treinamento

Para que todo esse processo seja possível de acontecer, é imprescindível que exista uma política eficaz de treinamento na organização, contemplando todo o contexto da mudança, bem como seu uso efetivo, com a tecnologia da informação.

Para alguns autores, treinamento é aprender a desenvolver o potencial oculto dentro de cada indivíduo. É qualquer atividade que visa melhorar a habilidade de uma pessoa no desempenho de um determinado cargo e/ou função em uma organização.

O treinamento é apenas uma das diversas maneiras de uma organização atingir um objetivo desejado. Outra forma de alcançá-lo seria através de processos de seleção, instituindo sistemas de informação mais potentes e confiáveis, entre outros. O investimento que é feito em treinamento de pessoal tem retorno garantido na maioria das vezes, cerca de 95% dos casos.

Para desenvolver e planejar um bom plano de treinamento, podem-se adotar algumas das seguintes etapas:

1. Identificação do problema;
2. Aprender os fatos;
3. Especificação do plano;
4. Participação da gerência no planejamento;
5. Verificação global do programa;
6. Elaboração do orçamento.

O plano eficaz de uma política de treinamento visa obter uma melhor combinação de pessoas em suas atividades, máquinas e seus respectivos métodos de trabalho.

Para a elaboração de um plano de ação, devemos seguir as seguintes tarefas básicas:

1. Determinação de necessidades primárias;
2. Levantamento dos recursos disponíveis;
3. Avaliação dos custos;
4. Determinação dos objetivos;
5. Cálculo de tempo;
6. Número de treinados.

O treinamento contemplando processos em tecnologia da informação é vital, hoje, nas organizações. O uso de ferramentas computacionais está sendo cada vez mais necessário nas atividades exercidas por funcionários em suas atividades na empresa. Esse treinamento é necessário, pois as mudanças estão ocorrendo cada vez mais rapidamente e existe uma carência de profissionais adequados às funções e cargos disponíveis. Podemos citar alguns benefícios trazidos pelo uso da tecnologia da informação nas empresas. São eles:

- redução da rotatividade;
- conquista do respeito e lealdade dos funcionários;
- redução da contratação de profissionais externos;
- motivação dos funcionários.

Já quanto aos benefícios trazidos pelo uso dos sistemas de informação nas organizações, são perceptíveis:

- tomada de decisões oportunas e efetivas;
- redução no tempo de obtenção das informações;
- rapidez na troca de informações entre as áreas.

É importante, porém, relatarmos que existem algumas resistências apresentadas pelos executivos quanto ao uso dos sistemas de informação nas organizações, como:

- o sistema utilizado não apresentava as informações necessárias;
- as informações são fornecidas de forma inconveniente e em alguns momentos de forma inoportuna.

3.4 Projeto

Para Maximiniano (1997), projeto é um empreendimento finito, que tem objetivo claramente definido em função de um problema, oportunidade ou interesse de uma pessoa ou organização.

Para esse autor, o resultado do projeto é o desenvolvimento da solução ou o atendimento do interesse, dentro de restrições de tempo e recursos. Para definir o grau de sucesso do resultado do projeto, é preciso verificar se esses critérios foram atendidos. Não alcançar o objetivo, não realizá-lo dentro do prazo previsto, ou consumir recursos além do orçamento, significa comprometer dimensões importantes do desempenho esperado. Veja a seguir as características das definições de um projeto:

1. Objetivo: Levantamento do problema, desenvolvimento e execução da solução;

2. Atividade finita: É o tempo para iniciar e o tempo para terminar (início da rotina operacional);
3. Cliente/usuário: Deverá estar envolvido no desenvolvimento crítico, pois a sua satisfação com a solução será um dos principais itens no grau de avaliação do projeto;
4. Recursos limitados: Devemos ter orçamento do custo previsto do projeto, para que o cliente/usuário possa avaliar as suas disponibilidades e necessidades;
5. Incerteza: Existem projetos que partem de um problema no presente para desenvolver uma solução diferente da pensada inicialmente ou até uma solução desconhecida devido às variáveis existentes;
6. Administração específica: Utilizando-se de técnicas, recursos e competências especializadas, integradas para transformar ideias em resultados.

Outro ponto fundamental a relatar são os critérios para a identificação de projetos:
1. Para Webster (apud Maximiniano, 1997), os projetos envolvem mudanças, a criação de algo novo ou diferente, tendo princípio e fim;
2. Para Hubbard (apud Maximiniano, 1997), os projetos são orientados para a consecução de metas ou objetivos, sendo definidos pelo contexto operacional ou técnico que se pretende atingir. São tarefas específicas, singulares, complexas, finitas e com recursos limitados, que se compõem de inúmeras tarefas menores inter-relacionadas.

Para Bio (1996), o processo de planejamento é a tarefa primordial da administração de projetos, especialmente na fase de preparação, quando se definem as necessidades, objetivos e os recursos. Sem planejamento, é impossível iniciar ou avaliar o progresso de um projeto. É nessa fase que determinamos a complexidade de um projeto, a qual está diretamente ligada ao número de variáveis que ele possa ter em sua realização.

Já quanto à organização, organizar é dividir tarefas, responsabilidades e a autoridade para tomar decisões. Na administração de um projeto, a tarefa de organizar compreende a montagem da equipe e definição dos papéis de seus integrantes. Normalmente, o processo de organizar antecede o de planejar. Primeiro, monta-se a equipe, em seguida elabora-se o plano. Administrar um projeto também significa administrar uma sucessão de equipes interligadas, cuja composição e tamanho flutuam ao longo das fases do ciclo de vida do projeto.

Necessitamos, porém, colocar em execução o projeto. Para Bio (1996), o processo de execução compreende a realização das atividades previstas nos planos, para que o objetivo possa ser atingido. A execução eficaz é o prolongamento natural de um projeto bem planejado. Executar significa tomar decisões e colocá-las em prática. Em todas as fases, o processo de execução está presente. À medida que os planos são realizados, as fases se completam, criando a necessidade de detalhar os planos para a execução da fase seguinte.

Já o procedimento de controlar abrange a comparação dos resultados com os objetivos. A finalidade do controle é garantir o andamento das atividades conforme os planos, para assegurar o alcance dos objetivos. Durante o andamento do projeto, o controle ajuda a rever posições de acordo com circunstâncias variáveis, possibilitando a correção do planejamento e execução.

3.4.1 O planejamento nas empresas

O planejamento é uma tarefa administrativa, básica, essencial e indispensável aos negócios. Em todas as empresas, os administradores têm de decidir sobre inúmeros problemas que necessitam de intervenção. Esse processo deve ser contínuo e envolve a organização como um todo. O processo de planejamento se inicia pelo estabelecimento de objetivos factíveis, resultantes de um processo de negociação, e de um processo de consenso político nos centros de poder e decisão da organização.

O planejamento é uma das técnicas mais importantes, especificamente voltado à administração, principalmente em períodos de crise, para a formulação de estratégias competitivas, empresariais e decisórias. Planejar pressupõe ter os conhecimentos das medidas estratégicas a serem tomadas. O produto final do planejamento é normalmente o "Plano", o qual deve ser desenvolvido pela empresa e não para a empresa. O planejamento não é um ato isolado. O ato de planejar deve ser visto como um processo integrado e harmonioso que visa atingir os objetivos traçados pela empresa focando o seu ambiente, problemas, necessidade e oportunidades. Deve ser também flexível e adaptável em função do próprio ambiente de incertezas em que a empresa está inserida e que pode exigir mudanças (correções/adaptações) de seus planos para atingir os objetivos a que se propõe. A Figura 3.1 apresenta as diversas etapas envolvidas em um planejamento estratégico, de acordo com Stoner (1985).

```
┌─────────────────────────────────────┐
│       Definição dos objetivos       │
└─────────────────────────────────────┘
                  ▼
┌─────────────────────────────────────┐
│ Identificação dos objetivos e da estratégia │
└─────────────────────────────────────┘
                  ▼
┌─────────────────────────────────────┐
│          Análise ambiental          │
└─────────────────────────────────────┘
                  ▼
┌─────────────────────────────────────┐
│         Análise de recursos         │
└─────────────────────────────────────┘
                  ▼
┌─────────────────────────────────────┐
│ Identificação de oportunidades e ameaças │
└─────────────────────────────────────┘
                  ▼
┌─────────────────────────────────────┐
│   Determinação do grau de mudança   │
└─────────────────────────────────────┘
                  ▼
┌─────────────────────────────────────┐
│   Decisão da estratégia a ser adotada   │
└─────────────────────────────────────┘
                  ▼
┌─────────────────────────────────────┐
│       Implantação da estratégia     │
└─────────────────────────────────────┘
                  ▼
┌─────────────────────────────────────┐
│        Mensuração e controle        │
└─────────────────────────────────────┘
```

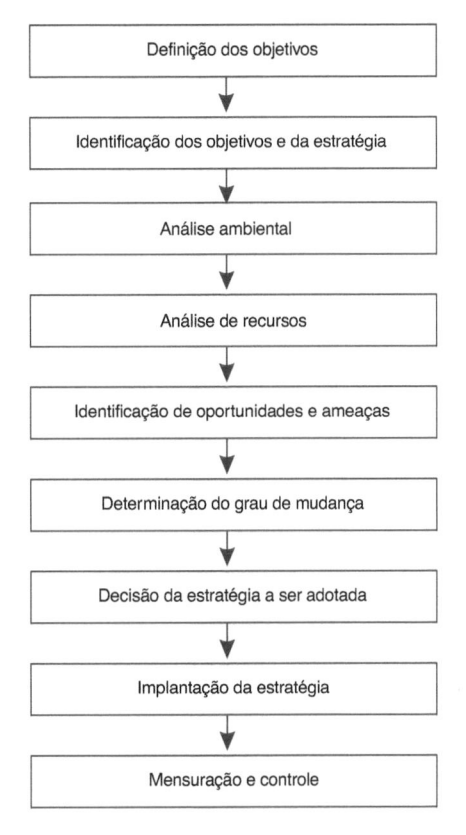

Figura 3.1. Etapas do planejamento estratégico

O planejamento e a execução são indissociáveis, da mesma forma que não se pode desvincular as atividades de planejamento das empresas dos sistemas de informação, visto que estes fornecem subsídios aos executivos para as tomadas de decisões que produzirão efeitos e consequências futuras.

A tabela a seguir demonstra os diversos tipos de planejamento e os objetivos que pretendem atingir.

Tabela 3.1: Tipos de planejamento e objetivos que pretendem atingir

TIPO DE PLANEJAMENTO	OBJETIVOS
Planejamento dos fins	Especificação do estado futuro desejado, implicando a missão, os propósitos, objetivos e metas da empresa.
Planejamento organizacional	Esquematização dos requisitos organizacionais a fim de atingir e realizar os meios propostos.

(*continua*)

Tabela 3.1: Tipos de planejamento e objetivos que pretendem atingir (*continuação*)

TIPO DE PLANEJAMENTO	OBJETIVOS
Planejamento de recursos	Dimensionar os recursos (humanos e materiais) necessários a fim de atingir os objetivos propostos.
Planejamento de implantação e controle	Corresponde às atividades de administrar, planejar e controlar o gerenciamento da implantação.
Planejamento dos meios	Proposição de caminhos para a empresa atingir os seus objetivos, envolvendo estratégias, políticas e decisões.

O modelo de Anthony (1965) permite visualizar a organização através dos seus três níveis hierárquicos, mostrando as responsabilidades e as atividades de planejamento inerentes a cada nível que culminam nas decisões empresariais.

A tabela a seguir demonstra as principais categorias de decisões em uma empresa a serem consideradas por ocasião da realização do planejamento.

Tabela 3.2: Principais categorias de decisões em uma empresa

	ESTRATÉGICO	TÁTICO	OPERACIONAL
Problema	Selecionar o composto de produtos e mercados que maximize o retorno de investimento potencial da empresa.	• Estruturar os recursos da empresa para obter desempenho ótimo.	• Otimizar a obtenção do retorno de investimento potencial.
Natureza do Problema	Alocação de recursos totais entre oportunidades de produto e mercado.	• Organização, obtenção e desenvolvimento de recursos.	• Alocação de recursos orçamentários entre as principais áreas. • Programação de uso de recursos. • Acompanhamento e controle.
Decisões--Chave	Objetivos e metas. Estratégia de expansão, diversificação financeira e administrativa. Método de crescimento. Programação do crescimento.	• Organização: estrutura de fluxos de informação, autoridade e responsabilidade. • Estrutura de conversão de recursos: fluxos de trabalho, sistema de distribuição, localização de instalações.	• Objetivos e metas operacionais. • Níveis de preço e produção. • Níveis de operação: escalas de produção, estoques, armazenagem. • Políticas e estratégias de marketing.

(*continua*)

Tabela 3.2: Principais categorias de decisões em uma empresa (continuação)

	ESTRATÉGICO	TÁTICO	OPERACIONAL
Características principais	Decisões centralizadas, não repetitivas, não autorregenerativas. Desconhecimento parcial.	• Obtenção e desenvolvimento de recursos: financiamento, instalações e equipamentos, pessoal, matéria-prima. • Conflito entre estratégia e operações. • Conflito entre objetivos pessoais e institucionais. • Associação forte entre variáveis econômicas e sociais. • Decisões provocadas por problemas estratégicos e operacionais.	• Políticas e estratégias de pesquisa e desenvolvimento. • Controle. • Decisões descentralizadas. • Risco e incerteza. • Decisões repetitivas. • Grande volume de decisões. • Subotimização forçada por complexidade. • Decisões autorregenerativas.

O conhecimento do ambiente organizacional é um elemento importante para compreensão dos problemas e das decisões no "Sistema Empresa". É a partir dessa visão sistêmica que as empresas podem entender e estudar seu funcionamento.

A visão estratégica é o ponto de partida para o salto transformacional da empresa e, consequentemente, para a sua sobrevivência; essa visão é fruto da criatividade dos administradores ao perceberem e analisarem o ambiente externo, não sendo tarefa fácil.

O ambiente externo hoje se apresenta instável, volátil e inseguro, tipicamente num momento de ajuste e de transformação, sendo motivo de polêmica se esse é um momento histórico de transformação, ao qual se seguirá uma fase estável, ou se estamos numa espiral contínua de mudança, na qual o ambiente externo apresenta uma série de ameaças e oportunidades para os empreendedores. A evolução dos meios de comunicação, os avanços na logística de distribuição, a tendência à expansão dos produtos genéricos com agregação de serviços, a visão da tecnologia como *commodity* e a própria crise da empregabilidade são fatores condicionantes nesse cenário.

Por outro lado, o ambiente interno das empresas está se transformando; buscando a maximização das vantagens competitivas, as empresas lutam para alavancar sua vocação, a partir da consciência de seus pontos fortes e fracos. É uma busca permanente por maior atenção ao cliente, mais agilidade e flexibilidade, um nível superior de qualidade e uma constante capacitação e motivação dos recursos humanos; nessa linha, a tecnologia da informação aparece como um recurso estratégico para a vantagem competitiva.

Numa organização, de forma genérica mas não simplificada, pode-se perceber que existem dois tipos de ocupações básicas: as de decisão e as de ação, e o ciclo produtivo pode ser modelado como uma sequência de decisões, ações e *feedback* para novas decisões, e assim por diante. A razão de ser do subsistema de controle é monitorar as ações, interferindo para correção de rumos, com vistas aos objetivos empresariais. Por sua natureza, o subsistema de controle se baseia em informações. Os sistemas de informações usados na empresa são vitais para o controle das operações.

Historicamente, a informática não tem correspondido às expectativas de grande parte dos executivos, principalmente no que se refere a sistemas de informações estratégicas (EIS). A tecnologia da informação, durante muitos anos, evoluiu na automação de processos operacionais, mas existe ainda uma lacuna, em muitas organizações, no que se refere ao apoio informatizado às decisões gerenciais e estratégicas, onde as informações estratégicas são basicamente voltadas para o suporte à decisão: resumos, análises comparativas, exceções, tendências. Ao contrário da maioria dos processos operacionais, no nível estratégico a estruturação das demandas informacionais é muito baixa, volátil e pouco previsível.

A empresa que melhor perceber as aplicações das tecnologias emergentes às suas operações, e que puder usar de maneira eficaz a informática em seus processos decisórios, terá maior vantagem competitiva em seu setor de atuação. A tecnologia da informação passa a ser recurso estratégico para a organização, e sua aplicação eficiente e eficaz torna-se fator crítico de sucesso.

3.4.2 O planejamento tecnológico

Por ser cada vez mais um recurso estratégico, a aplicação de novas tecnologias precisa ser cuidadosamente planejada, organizada e controlada pelas empresas. O planejamento tecnológico talvez seja hoje uma das atividades mais importantes para a criação, sustentação e maximização da vantagem competitiva.

Para a compreensão desse processo, é fundamental que sejam percebidas duas características básicas da tecnologia hoje: sua volatilidade e seu impacto organizacional.

Em primeiro lugar, uma tecnologia sustenta o adjetivo "nova", hoje em dia, por poucos anos ou, às vezes, meses. A tecnologia da informação evolui muito rapidamente em todas as áreas: *hardware*, *software*, comunicação, pessoas e administração. As novas tecnologias surgem, em todos os setores, cada vez com um ciclo de desenvolvimento menor, e a custos decrescentes.

Por outro lado, justamente por se aplicar aos produtos e processos organizacionais, a adoção de uma nova tecnologia impacta sempre o processo de trabalho. Saltos significativos na vantagem competitiva, em função de novas tecnologias, em geral implicam grandes mudanças organizacionais. Novas tecnologias tornam obsoletos, rapidamente, produtos, processos e até mesmo profissionais especializados. O esforço contínuo de adaptação gera um estresse organizacional que precisa ser administrado.

Estar em dia com a tecnologia e controlar o impacto organizacional de sua aplicação são os principais desafios que as empresas enfrentam atualmente na área de tecnologia; o objetivo do processo de planejamento tecnológico é o de identificar as oportunidades de aplicação de novas tecnologias, definindo as linhas de ação para sua utilização efetiva na empresa e tal processo deve ser estruturado em diversas atividades, cuja aplicação varia em função dos vários setores existentes da organização, do próprio ambiente organizacional, dos objetivos e vetores estratégicos e do tipo de tecnologia em questão. As ações têm como referência a visão estratégica e o objetivo de criar, sustentar ou aumentar a vantagem competitiva da empresa.

3.5 Plano diretor

Como já vimos, planejar é estar voltado com os olhos para o futuro na busca de desenvolver ou escolher uma alternativa, objetivando a busca do que fazer.

Um plano diretor é representado por um conjunto de decisões e ações planejadas que contemplam períodos futuros, coordenado com o planejamento geral da empresa, sendo norteado por:

- Uma filosofia, focando as metas a serem alcançadas;
- Projetos de subsistemas que serão desenvolvidos, cobertos por planos de prioridades, características, cronogramas e desenvolvimento;
- Estratégia de *hardware* e *software* para evolução dos recursos de tecnologia em informática;
- Recursos humanos qualificados para o desenvolvimento e implementação pertinentes, referenciando sempre as metas almejadas;
- Custos e benefícios pertinentes.

Um plano diretor ou um planejamento estratégico de sistemas de informação, como também é conhecido, permite que essa organização tenha futuro orientado e previsível, muito embora diversos empresários e executivos ainda hoje não acreditem nesse instrumento.

Urge, porém, uma reformulação de grande sensibilidade na importância de criação e implementação de equipes de confiança nessa área profunda de competência e de conhecimento nas empresas. Implementar mudanças nas organizações não é simplesmente alterar as formas de executar atividades pura e simplesmente, mas sim prover de novos conhecimentos e de tecnologias cada vez mais eficazes, contribuindo, porém, com a evolução e crescimento dos indivíduos. Está aí um ponto de reflexão que muitas pessoas devem realizar em suas poltronas confortáveis.

Não obstante, a implementação e criação de um plano diretor é pôr "ordem na casa", isto é, toda a organização deve conceber a área de tecnologia e sistemas de informação como uma "menina dos olhos", dando muita importância a ela; onde somente indivíduos competentes, capazes e éticos devem estar à frente. Precisamos lembrar que toda a informação e conhecimento da empresa hoje em dia está armazenada ou encapsulada nos computadores, por isso, esta ressalva.

Podemos verificar na figura a seguir o diagrama necessário para a devida implementação de um plano diretor em uma organização:

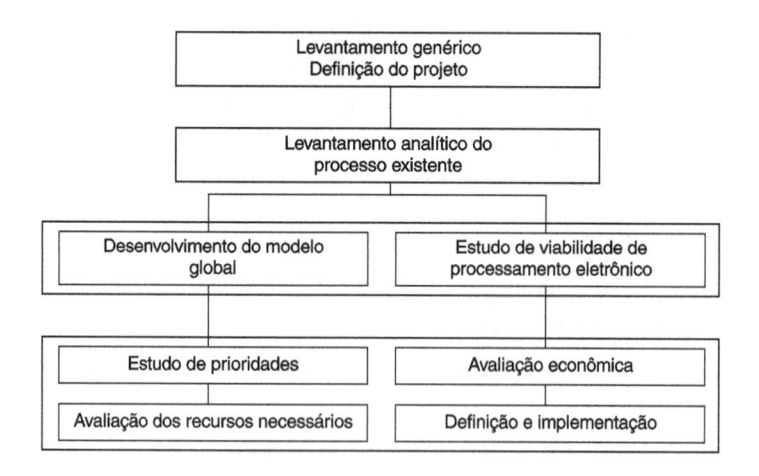

Figura 3.2. Plano diretor em tecnologia e sistemas de informação

3.5.1 Equipes

Para que isso seja possível em relação à execução de planos táticos e operacionais, quanto ao empacotamento da área de tecnologia da organização, é preciso rever a sua equipe. A seguir, elencamos algumas dicas de postura e conduta de um gerente e executivo da área de tecnologia e sistemas de informação:

1. Distribuir a equipe de forma que utilize o máximo de competência técnico-funcional de cada integrante;
2. Ser claro e transparente na administração;
3. Focar as metas e os objetivos pertinentes ao cumprimento das atividades previamente planejadas (e desviar, se for o caso);
4. Cobrar competência e produtividade dos integrantes da equipe;
5. Ser ético e humano;
6. Impor respeito e dar exemplos sadios e construtivos (postura);
7. Ser um líder;
8. Investir nos recursos humanos e em treinamentos;
9. Estar sempre atento à questão das mudanças existentes na organização, tanto interna como externamente (meio ambiente);
10. Impor e respeitar normas e regras da organização;
11. Ser eficiente e eficaz, portanto, competente.

Não obstante, é necessário que algumas outras características sejam atingidas pelo gerente da área de tecnologia e sistemas de informação (*manager*) de uma organização, que realmente aposte em sua qualidade e eficiência:

1. Conheça a sua equipe: A diversidade no ambiente de trabalho pressiona os gerentes a entender o que faz as pessoas crescerem: uma combinação de personalidade, conhecimento, talento, treinamento, experiência, circunstâncias pessoais e objetivos. Os indivíduos precisam e querem ser diferenciados, e o importante é separar o que é essencial do que não é essencial quando estiver avaliando diferenças e necessidades individuais.
2. Oriente: Quando um projeto está sendo executado, observe e aconselhe a partir de indicações, mas não assuma. Reveja os resultados de forma sistemática, focalizando periodicamente o que as pessoas estão aprendendo, identificando claramente os pontos fortes e as possíveis melhorias.

3. Desafie: Procure colocar oportunidades de desafios e experiências variadas para essas pessoas nas quais se está investindo.

4. Treine: Identifique áreas nas quais os funcionários podem melhorar as suas habilidades, dando oportunidade, mas não esquecendo de cobrá-los.

5. Compartilhe informação: Envolva seus funcionários na troca de informações para mantê-los sempre atualizados. Isso motiva e facilita a questão da gestão do conhecimento.

6. *Feedback*: Mantenha-se sempre em contato com as pessoas nas quais você está investindo, colhendo *feedback* positivo ou negativo de cada membro de sua equipe.

7. Seja flexível: Enfatize os aspectos de ter a tarefa feita da melhor forma, como, quando e onde ela foi feita. Algumas vezes precisamos nos adaptar da melhor maneira às normas e regras existentes na organização.

8. Reconhecimento: Reconheça os esforços e as conquistas dos melhores funcionários. Esse processo motiva e cativa as pessoas.

Dessa maneira estamos apoiando, comprometendo, motivando e incentivando a equipe de trabalho. Podemos, por analogia, implementar toda essa metodologia em todo o restante da organização. Sem dúvida, estaríamos mais contentes e realizando nossas atividades mais felizes. Está aí outro ponto a refletir.

Outro fator que merece discussão é a função do líder. Para Heller (1998), o desempenho de cada equipe depende da qualidade de seu pensamento coletivo, refletindo no processo de tomada de decisão, durante o qual o líder deve lutar para criar uma atmosfera positiva, livre de rigidez e inveja e na qual as pessoas disputem ideias e não vaidade. Para Heller, no método clássico japonês, o líder escuta em silêncio até que todos tenham expressado a sua opinião, tomando então uma decisão pertinente a todo o grupo.

Heller (1998) afirma ainda que o verdadeiro líder de equipe tentará facilitar, inspirar e implementar em vez de exercer o controle. Vemos na tabela a seguir os papéis fundamentais de uma equipe, generalizada a uma organização como um todo:

Tabela 3.3. Os papéis fundamentais de uma equipe (Heller, 1998)

FUNÇÕES	CARACTERÍSTICAS
Líder Descobre novos membros e desenvolve o espírito de equipe	• Excelente juiz dos talentos e das personalidades dos indivíduos em grupo. • Capaz de encontrar formas de superar fraquezas. • É um comunicador de primeira linha. • Bom em inspirar e manter o entusiasmo.
Crítico Sentinela e analista da capacidade operacional da equipe em longo prazo	• Satisfaz-se apenas com a melhor solução possível. • Especialista em investigar as soluções apresentadas pela equipe em busca de pontos fracos. • Impiedoso ao insistir que falhas sejam corrigidas.
Implementador Ocupa-se em manter o ímpeto e o fluxo das iniciativas da equipe	• Um organizador inato que pensa metodicamente. • Antevê atrasos ameaçadores ao programa em tempo hábil de preveni-los. • Tem mentalidade prática e adora consertar coisas. • Capaz de angariar apoio e superar derrotismos.
Contato externo Cuida das relações externas da equipe	• É diplomático e bom juiz das necessidades alheias. • Tem presença e impõe autoridade. • Tem boa visão geral do trabalho da equipe. • Discreto ao tratar com informação sigilosa.
Coordenador Amarra o trabalho da equipe como um todo em um plano coerente	• Entende a inter-relação de tarefas complicadas. • Tem um forte senso de prioridade. • Capaz de captar várias coisas ao mesmo tempo. • Bom para manter contatos internos. • Habilidoso em atacar problemas potenciais.
Ideólogo Sustenta e incentiva a capacidade de inovação e a energia do grupo	• Entusiasmado e com uma queda por novas ideias. • Ansioso e receptivo a ideias dos outros. • Encara os problemas como oportunidades de inovação e não como desastres. • Nunca fica confuso quando lhe pedem uma sugestão.

(continua)

Tabela 3.3. Os papéis fundamentais de uma equipe (Heller, 1998) (*continuação*)

FUNÇÕES	CARACTERÍSTICAS
Inspetor	
Assegura que altos níveis sejam alcançados e mantidos	• Severo e às vezes pedante ao exigir rigorosos padrões dentro da equipe. • Bom juiz do desempenho de outras pessoas. • Implacável em trazer problemas à luz. • Capaz de elogiar e também de fazer objeções.

O importante a refletirmos é que o papel de uma equipe em uma organização, ou até mesmo em uma área ou departamento, deve ser a de um time em perfeita harmonia de trabalho, se ajudando e apoiando uns aos outros, com o objetivo final de crescer profissionalmente e em conjunto.

3.6 Mudança organizacional

Vive-se hoje em uma era organizacional na qual o homem não só dispende a maior parte do seu tempo útil na organização, como também depende dela cada vez mais para satisfazer às suas necessidades. O conjunto desse processo evidencia uma relação muito forte entre a organização e o indivíduo.

Para Foguel e Souza (1986), à medida que as organizações crescem e se expandem em todos os domínios da vida social, em contrapartida decrescem para os indivíduos as opções de vida extraorganizacional, fazendo que, para poderem conviver e sobreviver adequadamente, criem mecanismos de acomodação psíquicos, sociais e tecnológicos. O nível de complexidade atingido pela organização requer que o papel do seu dirigente seja redefinido, envolvendo-se também nas tarefas de conceber e planejar o futuro e administrar os recursos necessários para viabilizar a transição de um estágio atual da organização para outro desejado no futuro, a fim de garantir a sobrevivência, o desenvolvimento e a perpetuidade da empresa, em vez de se dedicar somente à administração dos objetivos e demandas necessárias para o bom andamento da organização no presente.

Sabe-se que o grau de congruência entre os objetivos organizacionais e o de seus membros (funcionários) constitui talvez um dos principais pontos de sucesso de uma organização, caracterizando assim um aspecto que não deve ser relegado a segundo plano ao se implementar algum processo de mudança. Não se trata, em hipótese alguma, de questionar quanto à ordem das decisões serem da alta administração mas sim de que forma essas decisões são viabilizadas. Conforme Argyris (apud Foguel e Souza, 1986), "quanto mais os membros das organizações viverem em um clima de rigidez, especialização, controle intenso e liderança diretiva, mais eles tenderão a criar atividades antagônicas; e assim aumentando os índices de absenteísmo, rotatividade, agressão verbal, apatia, indiferença, alienação e outros fenômenos".

Para que se possa entender a mudança do comportamento do indivíduo em seu trabalho na organização, é preciso estudar primeiramente o que acontece com ela no que se diz respeito à sua mudança interna.

Moura (apud Foguel e Souza, 1986) relata que "a avalanche é tão grande, as transformações são tão fantásticas que nos colocam um desafio, em primeiro lugar de sobrevivência, muito mais do que de modernização. A modernização passa a ser uma condição de sobrevivência e coloca outro desafio, de desenvolvermos a nossa capacidade de autorrenovação dentro da empresa, de maneira que acompanhe esse processo. Mas, também, quando lembrarmos de que todas as mudanças quando aparecem não são claras aos nossos olhos e que há mudanças que não são mais do que inovações passageiras, que surgem com um grande brilho, mas em pouco tempo estão totalmente superadas, temos outro desafio: o de perceber, de distinguir, de discernir qual é a mudança válida, significativa, que nos atinge e qual não é mais do que uma inovação passageira (...)".

A organização deve ser entendida como um processo em contínua mudança e em permanente contato com o ambiente externo também em mutação, no qual as partes se apresentam inter-relacionadas e interdependentes. Qualquer mudança em uma dessas variáveis pode provocar efeitos nas demais.

Atualmente, para sobreviver à mutabilidade e à instabilidade ambiental, as organizações devem ser flexíveis, adaptativas, inovadoras e proativas. Para alguns estudiosos no campo das organizações, no futuro o grande negócio será provocar a mudança, inventar a mudança e não simplesmente ajustar-se ou antecipar-se a ela.

Drucker (1991) aponta em sua obra que nos anos seguintes ocorreria uma redução de 40% nos níveis gerenciais das empresas norte-americanas, visando enxugar e achatar a estrutura piramidal e hierarquizada. Não podemos generalizar se essa redução atingiu o percentual proposto, no entanto ela ocorreu não só nas empresas norte-americanas, como nas chamadas transnacionais instaladas em nosso país. O caminho para essa redução da distância entre o topo e a base da estrutura organizacional e a aproximação do nível decisorial ao nível operacional, levando as relações de poder a sofrer uma reviravolta, isto é, as relações verticais do tipo chefe *versus* subordinado estão cedendo lugar às relações horizontais e laterais de interdependência de unidades do mesmo nível.

Para Burke e Sashkin (apud Bowditch e Buono, 1990), durante a década de 1980 a abordagem dos sistemas sociotécnicos foi progressivamente mais enfatizada nos Estados Unidos, devido a esforços para "otimizar conjuntamente" as estruturas técnicas e sociais das organizações. Os valores tradicionais do desenvolvimento organizacional centrado na importância das pessoas e de seus papéis na organização, embora ainda bastante influentes, começam a ceder lugar à constatação de que a chave para as melhorias organizacionais seria enfatizar tanto os fatores humanos quanto os de desempenho. Para os autores, número crescente de acadêmicos estudiosos do desenvolvimento organizacional começa a argumentar que as questões de desempenho deveriam ser o centro das atenções e a preocupação com as pessoas parte de uma visão estratégica de longo prazo, mas não explicitamente parte do componente operacional nos esforços de desenvolvimento organizacional. Esse enfoque trouxe maior apoio à abordagem dos sistemas sociotécnicos devido à sua integração incorporada das variáveis de tarefa e processo.

Drucker (1991) afirma que o achatamento da pirâmide organizacional ou a redução de sua estrutura traz uma série de vantagens e benefícios para as organizações. As principais vantagens seriam: melhoria acentuada no sistema de comunicações; agilização no processo das decisões; redução de custos; objetivos e responsabilidades mais evidentes; redução de processos burocráticos, tornando a empresa mais dinâmica. Cita ainda vantagens advindas para as pessoas: novos desafios e maior dinamismo; maior realização pessoal; agilização do processo de desenvolvimento da carreira; ganho de *status*; surgimento de nova lealdade, com a redução dos níveis hierárquicos; repasse da redução de custos para as pessoas.

3.6.1 Transformação organizacional

A inovação fundamenta-se na crença da melhora crescente, em que mudar é aplicar a novidade. A inovação refere-se a uma mudança julgada benéfica, na qual a criatividade e a inovação interagem em processos organizacionais concomitantes e prosseguem durante todas as fases da mudança. A inovação pode alterar significativamente produtos, ações e valores da organização, que dependem do reconhecimento e apoio da gerência às oportunidades de mudança. A inovação é um processo coletivo e complexo: depende de habilidades gerenciais e também da capacidade humana disponível e normalmente não utilizada no cotidiano das empresas.

Conduzir a inovação é algo mais complexo do que implícito na visão simplista e sequencial do planejamento; implementar ideias novas depende tanto do preparo inicial em elaborar projeto, despertar criatividade e motivar as pessoas quanto à habilidade de enfrentar um processo incerto, descontínuo e conflitivo. As descontinuidades e conflitos lhe são inerentes e geram a necessidade de coordenação e controles contínuos.

Há algum tempo não se considerava a resistência à mudança como tema importante de gestão, pois se encontrava no fato de a mudança não ser um fator fundamental para o progresso organizacional: a produtividade, mesmo baixa, garantia a sobrevivência; a resistência era mínima e vista como uma simples insubordinação. À medida que se assumiu a inovação como fator de progresso a resistência à mudança ganhou novas formas de tratamento.

Primeiramente viu-se a resistência por características pessoais e posteriormente em função dos interesses organizacionais.

Numa concepção limitada sobre o ser humano no trabalho, via-se a resistência como uma questão de gosto pessoal, comodismo ou apego às condições existentes.

Posteriormente, passou-se a ver a resistência além das razões internas do indivíduo para colocar a resistência no contexto dos interesses organizacionais.

Hoje tratamos a resistência como algo tão natural como a mudança. Considerar a resistência natural e positiva não significa tratá-la como aceitável. Se a mudança é necessária para a organização e a resistência é o seu impedimento, deve ser tratada como tal.

Inovar é um esforço adicional para se envolver em tarefas novas. Inovar exige iniciativa para buscar o novo, persistência para manter o entusiasmo em meio às incertezas e habilidades para enfrentar riscos, resistências e conflitos. A mudança exige um preparo inicial de quem pretende conduzi-la. Esse preparo deve incluir, principalmente, as seguintes dimensões:

1. Os condutores de mudanças problematizarem sua experiência e conhecimento para produzir algumas proposições sobre a mudança;
2. Deve-se ampliar a perspectiva da própria profissão ou especialidade através da multiprofissionalidade;
3. Os condutores de mudança devem sempre aprimorar sua atenção a alguns valores humanos no trato da diversibilidade a fim de evitar conflitos e resistências desnecessários.

A inovação é um processo único, passa-se no contexto de cada organização e é necessário um preparo individual para tratar cada processo.

O êxito da mudança depende tanto da concepção, do local e do modo como se inicia quanto das interações subsequentes. Desde o início é importante conhecer as interações típicas de cada setor e as formas como se protegem e influenciam o todo. Portanto, há a necessidade de atentar para as alterações setoriais e individuais provocadas pela novidade. Deve-se criar a expectativa da mudança gradual, contínua e progressiva segundo a direção programada, mas conhecendo efeitos laterais para evitar danos previsíveis.

As pessoas comprometem-se mais com as mudanças nas quais se envolvem desde o começo. Os gestores devem favorecer a participação dos funcionários nos processos, bem como mantê-los informados para que possam desempenhar melhor suas tarefas e ter mais tranquilidade no trabalho.

3.6.2 O papel do indivíduo na mudança

Se transformar uma organização significa que os empregados precisarão pensar, reagir ou se comportar de modo diferente, leva-nos a pensar que tais indivíduos devam também se submeter à determinada transformação, pelo menos com relação ao seu trabalho.

Para Harman e Hormann (1993), a questão da mudança pessoal deve ser pré-requisito para a mudança organizacional, apesar de a ideia ser ainda controversa. Para muitos empregados, fazer parte de uma organização em processo de modificação pode representar a experiência de vivenciar uma crise pessoal. Transformar uma organização pode desencadear o surgimento de traumas profundos, criar confusão e disputas pessoais entre os empregados no transcorrer do processo.

Mesmo assim, a mudança faz-se necessária hoje não somente pelo fato de as organizações acompanharem as evoluções, mas também por questão de sobrevivência. O que de fato importa, segundo Harman e Hormann (1993), é que uma das grandes dificuldades em "ordenar" uma mudança fundamental em todos os patamares de uma organização tem sido a incapacidade administrativa para ver a justa extensão que o processo necessitaria ter. Os líderes empresariais podem estar familiarizados com o vocabulário da mudança e assumir uma postura "que parece de vanguarda", inclusive comprometendo o imenso capital geralmente investido no processo.

3.6.3 Os processos

Todo o trabalho realizado nas empresas faz parte de algum processo, não existindo um produto ou um serviço oferecido por uma empresa sem um processo empresarial, não fazendo sentido existir um processo empresarial que não ofereça um produto ou um serviço.

Na visão de Gonçalves (2000), processo é qualquer atividade ou conjunto de atividades que toma um *input*, adiciona valor a ele e fornece um *output* a um cliente específico. Os processos utilizam os recursos da organização para oferecer resultados objetivos aos seus clientes; mais formalmente, um processo é um grupo de atividades realizadas numa sequência lógica com o objetivo de produzir um bem ou um serviço que tem valor para um grupo específico de clientes. Para o autor, o fluxo de trabalho é apenas um dos tipos de processo empresarial, talvez aquele em que as atividades são mais interdependentes e realizadas numa sequência específica. Ainda para o autor, a organização orientada para processos está surgindo como a forma organizacional dominante para o século XXI (Hammer apud Gonçalves, 2000): abandonando a estrutura por funções, que foi a forma organizacional predominante nas empresas do século XX, as empresas estão organizando seus recursos e fluxos ao longo de seus processos básicos de operação. Sua própria lógica de funcionamento está passando a acompanhar a lógica desses processos, e não mais o raciocínio compartimentado da abordagem funcional.

Ao analisarmos a situação de uma empresa no que se refere ao seu funcionamento e à sua relação com os processos essenciais da sua indústria, vamos notar que a ênfase em processo não é sempre a única nem a melhor solução para qualquer situação. Na verdade, a opção pela organização por processos deve sempre ser feita depois de cuidadosa análise das condições e circunstâncias da empresa naquela situação, em que deverão decidir por um modelo de organização por processos e tomar as providências para passar da sua estrutura atual para aquela que dará melhores resultados para a sua operação.

3.6.4 Os novos paradigmas da organização

Existem vários conceitos a respeito das organizações no que se refere à mudança organizacional. Para Boog (1995), o paradigma denominado mecanicista (reducionista e radical) é sem dúvida uma visão decadente, mas ainda é o modelo dominante. Tal paradigma teve suas bases estabelecidas há três séculos, mas recebeu forte impulso no início do século XX com as contribuições de Taylor e Fayol, quando o novo modelo, denominado holístico, teve suas bases conceituais definidas. Apesar de não ser dominante, é crescente e abrange profundamente todas as áreas de atuação humana.

É relevante destacarmos duas visões, a mecanicista e a holística, para esclarecermos o entendimento das diferenças entre ambas, reconhecendo fundamentalmente a presença marcante da utilização da tecnologia de informação.

A melhor forma de visualizar os dois paradigmas é comparando algumas de suas características, conforme mostra a tabela a seguir.

Tabela 3.4: Paradigma mecanicista *versus* paradigma holístico (Boog, 1995)

PARADIGMA MECANICISTA	PARADIGMA HOLÍSTICO
• A empresa é uma máquina e as pessoas, as engrenagens.	• A empresa é um sistema dinâmico e orgânico.
• Estruturas funcionais de grande porte.	• Estruturas de unidades de negócio.
• No mundo dos negócios, a abertura e a franqueza são secundárias.	• Abertura e franqueza são as bases do sucesso.
• A competição é a mola que move a empresa.	• A cooperação é a mola que move a empresa.
• Só o topo da empresa deve conhecer as estratégias e metas. Segredo.	• Todo pessoal-chave participa e conhece as estratégias e metas. Transparência.
• Os gerentes são a cabeça e planejam. Os trabalhadores o corpo e apenas executam.	• Todos têm cabeça e corpo, que devem ser integrados.
• Delegar é perder poder.	• Delegar é ganhar poder.
• Linha de produção.	• Células de trabalho.
• Eficiência acima de tudo.	• Flexibilidade acima de tudo.
• Impessoal e burocrática.	• Estruturada, baseada em pessoas.
• Organograma "afilado" (muitos níveis hierárquicos).	• Organograma "achatado" (poucos níveis hierárquicos).
• Lealdade a "feudos".	• Lealdade ao sistema global.
• A produção é o centro.	• O cliente é o centro.
• A qualidade é centrada no produto e responsabilidade do controle de qualidade.	• A qualidade é global e responsabilidade de todos.
• Centralize tudo e estabeleça conflitos. Os melhores vencerão.	• Descentralize e estabeleça um bom espírito de equipe. O grupo vence.
• Estilo centralizado e diretivo.	• Estilo descentralizado e participativo.
• Comunicação em um único sentido (de cima para baixo).	• Comunicação em todos os sentidos.
• O dinheiro é o motivador máximo das pessoas.	• A motivação vem do atendimento às necessidades.
• Primeiro eu, depois o grupo.	• Equilíbrio entre o grupo e eu.
• Devo resolver problemas.	• Devo capitalizar oportunidades.
• Se eu ganho, alguém perde.	• Todos podemos ganhar.
• O passado deve ser protegido.	• O futuro deve ser buscado.
• Aqui aprendemos o jeito de ganhar dinheiro. Não se mexe em time que está ganhando.	• Estamos sempre abertos a rever nossos produtos, serviços e formas de agir.
• Intuição não vale muito. O bom é lógico racional.	• Lógica e intuição valem muito.
• Lucro acima de tudo e, se possível, a lógica racional.	• Cliente acima de tudo. O lucro vem como decorrência.
• O lucro vale mais que preservar o meio ambiente.	• Lucratividade e meio ambiente são compatíveis.

(continua)

Tabela 3.4. Paradigma mecanicista *versus* paradigma holístico (Boog, 1995)
(continuação)

PARADIGMA MECANICISTA	PARADIGMA HOLÍSTICO
• Tem gente que cuida por nós da gerência de Recursos Humanos. • Recursos Humanos. • Paternalismo. • Cargos estreitos e carreira curta.	• Todo gerente é também um gerente de pessoas. • Talentos e seres humanos. • Profissionalismo. • Cargos amplos e carreira longa.

Repensar as organizações é questão-chave quando se analisam os fatores de mudança na empresa estudada, isto é, a necessidade de repensar os objetivos e consequentemente as estratégias para atingi-los. Muitas vezes ouve-se falar de processos de mudança organizacional, nos quais imperam algumas receitas pré-elaboradas, como é o caso da reengenharia.

Hoje, para que uma organização possa passar por uma grande reestruturação, seja em seus negócios, em seus processos, seja em suas estratégias, é necessário que possa contar com a tecnologia de informação e utilizá-la como subsídio ao processo. A reengenharia hoje é considerada uma das formas de reestruturação de uma organização, talvez a maior delas, tornando-se modismo no exterior e também aqui no Brasil. A reengenharia pode ser aplicada em alguns departamentos, como na informática, na área administrativa, na fábrica ou na organização como um todo.

A tecnologia de informação é um agente facilitador muito importante em qualquer mudança que ocorra numa organização, principalmente naquelas em que os processos e o trabalho eram realizados de forma manual ou artesanal. A tecnologia de informação, por exemplo, é muito utilizada nas organizações que procuram utilizar a reengenharia.

Para Gonçalves (1994), a tecnologia da informação desempenha papel crucial na reengenharia das empresas, mas costuma ser facilmente mal interpretada, pois a tecnologia de informação moderna e atualizada integra qualquer esforço de reengenharia e é um capacitador essencial por permitir às empresas a reengenharia de seus processos. Vários autores especialistas em reengenharia afirmam que o uso inadequado da tecnologia pode bloqueá-la totalmente ao reforçar as velhas formas de pensamento e os velhos padrões de conduta até então empregados.

Mas, segundo Hammer (1993), para que as pessoas aprendam a pensar indutivamente sobre a tecnologia no processo de reengenharia, é necessário descobrir as regras consagradas que a tecnologia permite à empresa romper e, depois, vislumbrar as oportunidades criadas pelo rompimento dessas regras. Por exemplo, a teleconferência rompe as regras de que pessoas distantes entre si só podem se reunir raramente e a um alto custo. Agora, essas pessoas podem ser reunidas com frequência e de forma não dispendiosa, em um ambiente sem limitações geográficas. É esse poder rompedor da tecnologia que a torna fundamental para as empresas à procura da vantagem competitiva.

A tecnologia da informação desempenha papel fundamental no processo de tomada de decisões em uma organização, pois é nela que os administradores encontram embasamento prático e real com relação às informações que permeiam os seus ambientes externo e interno. Por essa linha, os administradores trabalham não tanto com o seu sentimento profissional, mas com informações idôneas e reais dos fatos e acontecimentos.

QUESTÕES PARA REVISÃO

1. O que é Metodologia?
2. Comente acerca das ferramentas apresentadas.
3. O que deve ser observado para o perfeito desenvolvimento de um plano?
4. Em processo de qualidade, quais os objetivos a serem alcançados?
5. Cite alguns dos benefícios trazidos pelo uso da tecnologia da informação nas empresas.
6. Defina *projeto*.
7. O que é planejamento e qual sua importância?
8. Discorra sobre os tipos de planejamento e cada um de seus objetivos.
9. Qual a importância de um Plano Diretor e qual a sua abrangência para a organização?
10. Descreva a importância do treinamento e os seus efeitos para a empresa.
11. Comente a seguinte expressão: "Uma nova organização, um novo processo, um novo homem".
12. Como podemos relacionar as metodologias propostas com o cenário da mudança organizacional?

O Foco no Conhecimento

capítulo 4

TÓPICOS

4.1. O conhecimento e a verdade
    4.1.1. Classificações do conhecimento
    4.1.2. Tipos de conhecimento
4.2. Gestão do conhecimento
    4.2.1. Momento atual
    4.2.2. Mudanças
    4.2.3. Pessoas
4.3. A cultura e o clima organizacional
    4.3.1. A cultura organizacional versus ativos materiais
    4.3.2. Análise dos processos de mudança
    4.3.3. Estágios de desenvolvimento da empresa
4.4. Tecnologia da informação
4.5. Conhecimento

SÍNTESE

Neste capítulo demonstraremos o processo contínuo e cada vez mais veloz da transformação do conhecimento disponível, atentando para preocupações com o indivíduo e a necessidade constante da busca de fatores motivacionais.

A gestão do conhecimento pode ser análoga à qualidade total, em um processo em que o indivíduo pode ser a própria qualidade (ou a diferença).

Uma organização de serviços cujo principal ativo seja o conhecimento coletivo sobre os clientes; os processos de negócio e a concorrência; e as informações são a matéria-prima do trabalho de cada indivíduo na organização.

O capítulo relembra que a implementação de ferramentas para gerenciar o conhecimento impõe mudanças de perfis profissionais nas empresas e novas maneiras de encarar o trabalho.

Cita o Brasil, como país que está experimentando um período de busca incessante da excelência em termos de qualidade e produtividade.

Define cultura organizacional e classifica suas pesquisas em grupos.

Estabelece a distinção entre o crescimento e o declínio de ativos materiais e o desenvolvimento ou declínio da cultura.

Demonstra os sete estágios distintos pelos quais uma empresa passa em seu desenvolvimento e estabelece uma relação direta com o comportamento de seus líderes.

Eleva o papel da tecnologia da informação como condição *sine qua non* para o sucesso das organizações, uma vez que ela interage através dos processos de mudança, outros comportamentos dos interlocutores.

Destaca o conhecimento como a chave de todo o processo de reformulação organizacional e alcance dos objetivos, demonstra que o conhecimento do indivíduo está sempre crescendo, como igualmente cresce a sua desordem, criatividade e ordem.

OBJETIVOS DE APRENDIZAGEM

O estudo deste capítulo torna o leitor capacitado a:

- entender e refletir sobre a velocidade em que se transforma o conhecimento disponível e os procedimentos necessários para não se cair na obsolescência;
- compreender como os processos motivacionais influenciam o indivíduo, comparando-o às vezes à própria qualidade;
- entender e refletir sobre os benefícios da tecnologia da informação nas organizações;
- compreender a origem da criatividade humana.

4.1 O conhecimento e a verdade

O conhecimento, de forma genérica, pode ser definido como aquilo que se sabe sobre algo ou alguém e que foi obtido por meio de teorias, práticas, hipóteses, conceitos, procedimentos, observações, teoremas e princípios, entre outros. O conhecimento é determinado por um ato intencional, isto é, pela transformação de dados e informações que, a partir de um processo mental, produzirá novos saberes.

A verdade pode ser definida como a "plenitude de um discurso", que é capaz de convencer que um fato ou evento é da forma como está sendo descrito, apresentado e defendido por esse discurso. E assim se manterá pleno, portanto verdadeiro, até que um novo discurso possa se impor como uma nova verdade, demonstrando assim a relatividade de uma verdade e a existência de um ciclo de vida que a caracteriza.

Ao longo da história é possível comprovar que vários discursos se mantiveram verdadeiros durante milênios, séculos ou anos. Já se acreditou que o Sol girava em torno da Terra e que o átomo era a menor partícula material indivisível. Essas verdades, à sua época, foram substituídas por outras que então se instalaram como novas verdades e assim permanecerão válidas até sejam substituídas por outras. Esse é o ciclo do conhecimento.

4.1.1 Classificações do conhecimento

Entre outras formas, o conhecimento pode ser classificado como:

Conhecimento científico: aquele obtido por meio de métodos e processos objetivando encontrar a verdade sobre as coisas e os fatos. Está baseado na utilização da racionalidade e de eventos passíveis de comprovação. O uso de metodologia científica representa o principal instrumento para investigação.

Conhecimento filosófico: focado na condição humana e sua existência, trata de questões imensuráveis sobre a natureza humana. É resultado do raciocínio que leva a um processo de reflexão.

Conhecimento intuitivo: baseado em fatores subjetivos e na percepção dos indivíduos que, a partir da intuição, obtêm alguma informação por um processo que não utilizada razão. Inato aos seres humanos.

Conhecimento popular: aquele transmitido por meio das gerações. Em geral não está baseado em processos metodológicos para a sua obtenção. Ocorre pela simples experimentação de forma não planejada. Esse conhecimento também recebe o nome de conhecimento empírico.

Conhecimento teológico: baseado na fé e na crença inquestionável de Deus. Tem nos dogmas, assumidos como verdades absolutas e não suscetíveis a questionamentos, os pilares de sua sustentação.

As classificações apresentadas possuem uma pertinência em relação aos diversos campos do saber. Sem menosprezar nenhuma delas, centramos nossa atenção no conhecimento científico, uma vez que ele é o grande responsável pelo progresso da humanidade. Foi por meio da ciência que o homem conseguiu o entendimento dos mais variados fenômenos na natureza. O descobrimento das relações de causa e efeito propiciou a construção de conhecimentos e a sua utilização e manutenção por diversas gerações.

A racionalidade imposta pela utilização de uma metodologia científica aplicado a pesquisa confere credibilidade aos resultados obtidos, ao mesmo tempo em que possibilita a obtenção dos mesmos resultados toda vez que o experimento for repetido. É por meio de uma metodologia científica que se consegue eliminar a subjetividade e a ambiguidade nos estudos que envolvem investigação e obtenção de novos saberes.

4.1.2 Tipos de conhecimento

Considerando o contexto das organizações e com o objetivo de exercer uma forma de gestão sobre esse conhecimento nas empresas, Ikujiro Nonaka e Hirotaka Takeuchi (1977), ao tratarem do processo de criação e gestão do conhecimento, definem dois tipos:

- Conhecimento explícito: aquele que se apresenta de maneira formal, representado por meio de números, palavras, fórmulas, esquemas, desenhos, fluxos, procedimentos, processos e outras formas que retratam um conhecimento obtido e que pode ser passado levando-se em conta a própria forma como é exposto, apresentado e compartilhado nas empresas. Esse tipo de conhecimento possui como característica uma facilidade para sua transmissão.

- Conhecimento tácito: aquele que é decorrente da ação pessoal de cada um. Baseia-se no conjunto de valores, ideias, emoções e experiências de cada indivíduo, de forma que esses fatores influenciarão na maneira como esses conhecimentos serão utilizados. Esse conhecimento, por sua vez, possui duas dimensões: uma técnica e outra cognitiva. A primeira é representada pelos fatores técnicos presentes no conhecimento; a segunda, pela maneira como se aprende, centrada na percepção individual que cada um tem sobre tudo o que nos cerca.

Assim, a gestão do conhecimento nas organizações tem a sua tarefa facilitada toda vez que lidamos com o conhecimento explícito. A apreensão do conhecimento tácito não é tarefa fácil e representa o grande desafio das empresas. É natural que se busquem padrões de conhecimento capazes de lidar com a dimensão da criatividade e inovação, observáveis em ações individuais e, portanto, mais associadas aos conhecimentos tácitos.

4.2 Gestão do conhecimento

Para Simonetti (1996), no século XX foi vivenciado um processo contínuo de brutal aumento e de transformação no conhecimento disponível. Atualmente, diz-se que o conhecimento dobra a cada cinco anos. Isso leva a uma obsolescência do conhecimento adquirido, dentro da própria existência, e a uma necessidade de permanente atualização desses conhecimentos. Na prática, o aumento do conhecimento leva à necessidade de as pessoas serem o que podemos chamar de "multiespecialistas atualizados", isto é, dominar profundamente mais de uma área de conhecimento e manter atualizados esses conhecimentos. Por outro lado, há um aumento na dificuldade de compreensão e de entendimento das coisas que, associado à insuficiência de elementos disponíveis para o julgamento (informação), implica o aumento da importância da credibilidade das pessoas e de seus relacionamentos (o que alguns autores chamam de *network*). Desse modo, a leitura passa a ser um elemento importante não só para a obtenção de informações, mas como o início de um processo reflexivo sobre os objetos conceituais (intangíveis) que exprimem os aspectos da vida e de seus significados, como felicidade, alegria, tristeza, medo, surpresa, qualidade, mudanças, trabalho, cliente, realização, objetivos, riqueza, sabedoria, inteligência e valor, entre outros.

 A revolução da informação vem se acelerando nos últimos anos, podendo ser muito benéfica para o desenvolvimento de nossa sociedade, desde que possamos conseguir um equilíbrio entre a informação, o conhecimento e a sabedoria. Existe um contexto socioeconômico independente dos resultados futuros da economia trazidos à tona hoje pela Internet. Essas mudanças no plano econômico terão muitos reflexos na sociedade: as pessoas deverão ser mais criativas, participativas, envolvidas, determinantes e determinadas de seu futuro.

 O nome *Internet* vem de *internetworking* (ligação entre redes). Embora seja geralmente pensada como uma rede, a Internet é na verdade o conjunto de todas as redes e *gateways* que usam protocolos *TCP/IP*. Ela é o conjunto de meios físicos (linhas digitais de alta capacidade, computadores, roteadores) e programas (protocolo *TCP/IP*) usados para o transporte da informação. A Web (www) é apenas um dos diversos serviços disponíveis através da Internet, e as duas palavras não significam a mesma coisa. Fazendo uma comparação simplificada, a Internet seria o equivalente à rede telefônica, com seus cabos, sistemas de discagem e encaminhamento de chamadas. A Web seria similar a usar um telefone para comunicações de voz, embora o mesmo sistema também possa ser usado para transmissões de fax ou dados.

 Para Tofler (apud Srour, 1998), a era da chaminé (ou da máquina) foi superada. Para o autor, não haveria mais razões para falar de civilização industrial, mas de uma economia supersimbólica que se baseia nos computadores, na troca de dados, de informações e de conhecimento. Tofler apura um mesmo estatuto teórico atrelado a três "ondas": à atual, denominada Terceira e que corresponde a uma revolução da informação; à Segunda, identificada como a Revolução Industrial; e à Primeira, entendida como revolução agrícola.

Para Sveiby (1998), o termo epistemologia, quanto à questão da teoria do conhecimento, provém da palavra grega *epistéme*, que significa verdade absolutamente certa.

Hoje em dia, devemos nos preocupar com o indivíduo que está à procura de determinados processos-chave motivacionais, que nos leva a preconizar a existência de algo mais em nossas vidas. A organização que não se preocupar com investimentos em seus recursos humanos está fadada ao fracasso. Vemos várias teorias em nossas escrivaninhas lotadas de livros, muitos empoeirados, mas a que merece maior atenção e trabalho é a gestão do conhecimento. As empresas se voltaram para a gestão do conhecimento no intuito de entender, organizar, controlar e lucrar com esse valor intangível do conhecimento. Ainda sob o ponto de vista de Tofler e Sveiby, talvez seja possível dizer que a gestão do conhecimento é uma "zona cinza" no cruzamento entre a teoria da organização, a estratégia de negócios, a tecnologia da informação e a própria cultura administrativa.

Para Davenport e Prusak (1998), nas organizações, a questão da gestão do conhecimento pode ser vista como um grande processo em analogia com a qualidade total, pois quem garante a qualidade é o próprio indivíduo, pela execução de suas tarefas no dia a dia de trabalho. Estimativas de especialistas internacionais são de que, nos próximos dois a cinco anos, as empresas irão gastar mais com gestão do conhecimento do que com consultoria, serviços, *software* e produtos, do que gastaram com qualidade ou com processos de reengenharia. Muitos pensadores da administração, como Nasbitt e Drucker, desde o início da década de 1980 já falavam na grande revolução da "era da informação". Outros autores já traziam no fim da década de 1980 a questão da inovação para o centro das discussões estratégicas nos negócios, como é o caso da reengenharia de processos.

Como as principais preocupações das organizações neste momento são quanto à estabilização do mercado, projetos de ERP (*Enterprise Resource Planning*) e projetos para Internet, como grandes portais, a maioria das empresas ainda não começou a desenvolver projetos envolvidos na área de gestão do conhecimento — que não é um fim em si, mas uma sequência de estratégia para refletir a competitividade da organização. Embora seja verdade que não há hora errada para fazer a coisa certa, essa abordagem mais radical da gestão do conhecimento talvez pareça pretensiosa demais para a maioria das empresas. No caminho da implementação da gestão do conhecimento, seja qual for a estratégia, haverá muita dificuldade, muitos obstáculos, muitos esforços e investimentos. Investir em gestão do conhecimento só vale a pena para as empresas que estejam pensando no longo prazo, que pretendam ainda estar no negócio daqui a alguns anos. Se o conhecimento das pessoas na organização não faz parte do modelo de seu negócio, se a gestão da empresa não vê o conhecimento das pessoas agregando valor aos seus clientes, enfim, se na organização o lado do "capital" enxerga o lado do "trabalho" apenas pela sua utilidade imediata, então pouco importa qual será a estratégia adotada.

Muita atenção está sendo dada à "cadeia alimentar da informação": dado, informação, conhecimento. Descobre-se o valor, antes negligenciado, dos recursos intangíveis, como marcas, imagem, conhecimento. Evoluindo no pensamento organizacional, deixa-se para trás a visão do homem-máquina e fala-se agora do trabalhador do conhecimento, que deixa cada vez mais de fazer coisas e passa a tomar as devidas decisões.

Alguns autores definem dado como uma sequência de símbolos quantificados ou quantificáveis: um texto é um dado, mas também o são fotos, figuras, sons gravados e animação, pois todos podem ser quantificados a ponto de eventualmente se ter dificuldade de distinguir a sua reprodução, a partir da representação quantificada, com o original, e a *informação* como uma abstração informal (isto é, não pode ser formalizada através de uma teoria lógica ou matemática), que está na mente de alguém, representando algo significativo para essa pessoa. Se a representação da informação for feita por meio de dados, pode ser armazenada em um computador; uma distinção fundamental entre dado e informação é que o primeiro é puramente sintático e a segunda contém necessariamente *semântica* (implícita na palavra "significado" usada em sua caracterização). É interessante notar que é impossível introduzir e processar semântica em um computador, porque a máquina é puramente sintática (assim como a totalidade da matemática).

4.2.1 Momento atual

Na nova economia, a informação está em formato digital: *bits*. Para Tapscott (1999b), quando a informação é digitalizada e comunicada por meio de redes digitais, revela-se um novo mundo de possibilidades, em que quantidades enormes de informação podem ser comprimidas e transmitidas na velocidade da luz, pois a qualidade das informações pode ser muito melhor do que nas transmissões analógicas. Muitas formas diferentes de informação podem ser combinadas, criando, por exemplo, documentos multimídia, e as informações podem ser armazenadas e recuperadas instantaneamente de qualquer parte do mundo, propiciando, consequentemente, acesso instantâneo à maior parte das informações registradas pela civilização humana.

Em uma organização de serviços cujo principal ativo seja o conhecimento coletivo sobre os clientes, os processos de negócio e a concorrência, as informações são a matéria-prima do trabalho de cada indivíduo na organização. A divisão de atribuições no trabalho não preexiste aos objetivos da empresa, mas é criada justamente para viabilizá-los. Nas organizações cresce cada vez mais a ênfase na "espiral do conhecimento", nas diversas ações possíveis, tendo como base conhecimentos específicos sobre métodos, técnicas e ferramentas de gestão da informação.

A organização precisa tanto da agilidade da iniciativa, da capacidade de se modificar, de se adaptar continuamente, quanto da confiabilidade, constância e permanência de seus sistemas de informação. A empresa precisa de ambos: leveza e rapidez. O atendimento às necessidades da empresa passa pela solução dessas questões, e é de fundamental importância no processo de formação do "trabalhador" do conhecimento.

Toda ênfase que se vê hoje na substituição do trabalho manual pelo intelectual é uma grande mudança. Estamos passando da repetição para a inovação. O dinamismo tornou-se uma categoria central no mundo atual, intimamente associado ao comportamento das pessoas na sociedade e nas organizações. Essas mudanças são particularmente incisivas no mundo do trabalho, no qual todas as áreas da organização precisam ser repensadas.

As pessoas têm de estar convencidas da nova forma de trabalho e da necessidade da mudança, para encarar o seu próprio papel na organização. À medida que a percepção do mundo se acelera, as pessoas são cada vez mais bombardeadas com informações por diversas mídias e estão conectadas ao restante do mundo por telefone, televisão, fax, pager e correios eletrônicos, também crescem exponencialmente o ritmo das mudanças.

Administrar hoje envolve uma gama muito mais abrangente e diversificada de atividades do que no passado. A ênfase na gestão vem da necessidade de aperfeiçoar continuamente os processos de negócio, pelo aprendizado e inovação permanentes. Na administração estamos na era da ênfase no talento dos indivíduos e na importância do trabalho em equipe. É difícil, no ritmo atual do ambiente de negócios, abrir um espaço para repensar a gestão.

A evolução da empresa precisa considerar, então, três pontos fundamentais:

1. Visão estratégica: a forma como a empresa percebe a evolução do ambiente em que atua, e como se vê no cenário futuro;
2. Cultura administrativa: como os valores e pressupostos básicos das pessoas que atuam na organização interagem com essa visão estratégica, e como as pessoas se posicionam diante da inovação;

3. Tecnologia: como os recursos tecnológicos disponíveis podem ser usados pela empresa na realização de sua visão estratégica, considerando a sua cultura administrativa atual.

Os sistemas ao longo dos tempos evoluíram para acompanhar a sofisticação da gerência de negócios. A ênfase nesses sistemas está na validação dos dados, visando maior qualidade e depuração das bases de dados. Sem uma metodologia adequada não é possível obter a qualidade dos dados; sem qualidade de dados não é possível obter uma inteligência competitiva (informação) a partir dos dados corporativos captados de uma organização.

A implementação de ferramentas para gerenciar o conhecimento impõe mudanças de perfis profissionais nas empresas e novas maneiras de encarar o trabalho. Portanto, devem-se seguir etapas para adequar os funcionários à nova gestão empresarial. Os executivos devem primeiro preparar as estruturas organizacionais para a gestão do conhecimento.

- Gestão de processos: repensar os processos da empresa;
- Formação do trabalhador do conhecimento: rever o perfil profissional das pessoas na empresa e no mercado de trabalho;
- Dimensão do trabalho: A passagem do trabalho manual para o intelectual, num momento em que a maioria das tarefas repetitivas já é assumida por máquinas, indica que a relação da pessoa com o trabalho muda, como muda o que ela precisa saber para trabalhar.

Para Harrington (apud Gonçalves, 2000), o conceito de processo empresarial associa-se à ideia de cadeia de valor, com a definição de fluxos de valor: uma coleção de atividades que envolvem a empresa de ponta a ponta com o propósito de entregar um resultado a um cliente ou a um usuário final; esse cliente pode ser tanto interno como externo à organização, tornando-se assim essa empresa uma coleção dos fluxos de valor voltados à satisfação das expectativas de um determinado grupo de clientes.

A partir de uma visão estratégica fundamentada e de uma análise estrutural da empresa, principalmente no que tange a novos entrantes e produtos substitutos e de uma avaliação da cadeia de valor agregado, a empresa busca identificar oportunidades de diferenciação e redução de custos, através da aplicação de novas tecnologias, em que a atividade de prospecção deve existir permanentemente na empresa. A inovação é uma das características marcantes dos líderes de mercado no cenário atual.

4.2.2 Mudanças

Em quase todos os lados do mundo, a meta de alcançar níveis elevados de produtividade e de qualidade está sendo considerada uma das grandes prioridades das empresas. Essas duas vantagens devem ser permanentes e devem crescer através do tempo. No Brasil, por exemplo, estamos experimentando um período de busca incessante da excelência em termos de qualidade e produtividade. O primeiro fator decorre da cultura que predomina nas nossas empresas. Antes a expectativa era de que cada pessoa faria o melhor possível por seus próprios méritos pessoais, independentemente da ajuda de outras pessoas. Era a ênfase no trabalho individual, na especialização e na autoconfiança, subordinados à coletividade da qual fazem parte. O segundo fator diz respeito à organização do trabalho. Até o começo dos anos 80, a maioria dos nossos executivos ainda adotava paradigmas de produção inventados há mais de cem anos. O sistema americano de produção, com ênfase no mercado em massa, no desenho padronizado, nos grandes volumes e nos ganhos de escala revolucionou a indústria no início do século XX. O homem era apenas um apêndice do sistema. A organização do trabalho, em vez de obter cooperação e gerar sinergia, passou a limitar e a restringir os esforços das pessoas.

Um estudo da empresa de consultoria americana McKinsey feito em 1983 indicou que 85% das variáveis que afetam a qualidade e a produtividade são internas à empresa e elas residem no controle que está nas mãos dos gerentes. Apenas 15% dessas variáveis são externas e, consequentemente, fora do controle gerencial. Conclui-se que se pode fazer algo positivo desde o topo até a base da organização para aumentar a qualidade e a produtividade da empresa. Os problemas operacionais que ocorrem na base da organização recebem pequena ou nenhuma atenção, pois os gerentes de nível médio tendem a ignorá-los em prol da sua ajuda à alta administração na solução dos problemas que são importantes para ela.

Geralmente a mudança esbarra em dois fatores que funcionam como barreiras intransponíveis para que as pessoas possam atuar como agentes ativos da mudança organizacional: a qualidade e a produtividade, que são as principais metas administrativas. A inovação, a melhoria da qualidade e o aumento da produtividade requerem ação, implicando que algo diferente deve ser feito em relação ao que se fazia anteriormente. A empresa deve proporcionar uma nova cultura organizacional, de inovação, de participação e de envolvimento emocional de todas as pessoas no seu negócio, através do esforço coletivo e do trabalho em equipe. A empresa deve proporcionar novos paradigmas e uma nova mentalidade a respeito do seu negócio e do envolvimento de todas as pessoas na sua consecução, autoridade e responsabilidade para inovar e resolver seus problemas operacionais através do esforço coletivo e do trabalho em equipe. Isso representa uma profunda mudança na cultura organizacional. A empresa deve proporcionar liderança na inovação e na orientação quanto à utilização das técnicas de solução de problemas.

A empresa deve assegurar a ação em longo prazo de seu programa de inovação e de melhoria da qualidade e da produtividade e esses não devem ser meramente temporários ou durar apenas enquanto existirem certos problemas. Esse processo requer apoio e liderança contínuos por parte da alta direção, bem como a aplicação de técnicas adicionais de solução dos problemas, que vão sendo descobertas e desenvolvidas ao longo do tempo. A organização também deve proporcionar novas conquistas, desafios e estímulos para fazer da inovação, da qualidade e da produtividade o pano de fundo da consciência das pessoas. As mudanças nas organizações devem partir dos profissionais de "alto escalão", com maior visão estratégica do negócio, atentos às necessidades do mercado; ao menos é o que se espera deste profissional: competência, qualidade e lealdade para gerir essas inovações e avanços. Essa mudança deve ser vista como uma oportunidade de reestruturação profissional.

Para Gubman (1999), a extensão da mudança e o seu tipo muitas vezes andam juntos e quanto maior for a mudança, o foco e a complexidade tornam-se também diferentes. Podemos perceber esse enfoque através da tabela a seguir:

Tabela 4.1: Relação entre a extensão, o foco e a complexidade da mudança (Gubman, 1999)

EXTENSÃO DA MUDANÇA	FOCO NA MUDANÇA	COMPLEXIDADE E TIPO DE MUDANÇA
Pequena	Processo ou conteúdo	Uma retificação ou melhoramento em algumas das coisas que você já faz, em que um ou dois métodos precisam ser realinhados, ou há apenas alguns hiatos que precisam ser tratados. Isso é desenvolvimento da organização.
Média	Processo e conteúdo	Um método ou um processo gigantesco precisa de um exame minucioso e isso afetará vários outros métodos, ou vários métodos e processos precisarão ser mudados ao mesmo tempo. Isso dará muito trabalho. Trata-se de uma mudança de sistemas inteiros.
Grande	Processo, conteúdo e contexto	Toda a sua maneira de fazer negócios precisa mudar. Ou você tem de confirmar outra vez, renovar sua estratégia empresarial básica e alinhar quase todos os processos ou métodos para fazer isso, ou precisa mudar sua proposição de valor e começar tudo de novo. Isso é transformação.

4.2.3 Pessoas

As pessoas e seus conhecimentos são a base, a coluna vertebral de uma empresa. Sem profissionais motivados, treinados e qualificados, a empresa perde seu propósito e sua eficiência. Uma empresa jamais obterá inteligência competitiva se não tiver profissionais qualificados. O enfoque do papel das pessoas na organização e sobre o valor do seu conhecimento mudou, demandando novas tecnologias de gestão. Nas organizações o conhecimento se encontra não apenas nos documentos, bases de dados e sistemas de informação, mas também nos processos de negócio, nas práticas dos grupos e na experiência acumulada pelas pessoas. Ao longo dos anos, o conhecimento da empresa, da competição, dos processos, do ramo de negócio, tem estado por trás de milhões de decisões estratégicas e operacionais.

Na era do conhecimento busca-se o "homem global", o homem integrado. A ponte da gestão do conhecimento se dá, justamente, pela cultura organizacional. A mudança se dá conforme a necessidade da competição no mercado, numa visão sempre de curto prazo. Em contrapartida, cada vez mais esse tipo de profissional é exigido em seu entendimento do negócio, sua visão da concorrência e seu conhecimento da tecnologia disponível. O poder do conhecimento das pessoas vem ultrapassando a força bruta das coisas: é o capital intelectual.

4.3 A cultura e o clima organizacional

As pessoas nascem, crescem, vivem e se comportam em um ambiente social e dele recebem complexa e contínua influência no decorrer de toda a sua vida. A cultura representa o ambiente de crenças e valores, costumes e tradições, conhecimentos e práticas de convívio social e relacionamento entre as pessoas.

Para Schein (apud Fleury, 1992), cultura organizacional é o conjunto de pressupostos básicos que um grupo inventou, descobriu ou desenvolveu ao aprender como lidar com os problemas de adaptação externa e integração interna, que funcionaram bem o suficiente para serem considerados válidos e ensinados a novos membros como a forma correta de perceber, pensar e sentir com relação a esses problemas. O autor atribui a maior importância ao papel dos fundadores da organização no processo de moldar seus padrões culturais: os primeiros líderes, ao desenvolver formas próprias de equacionar os problemas da organização, acabam por imprimir a sua visão de mundo aos demais e também a sua visão do papel que a organização deve desempenhar no mundo.

Ainda segundo Schein, para decifrar a cultura de uma organização é preciso aflorar seus pressupostos básicos. O padrão específico que assumem tais pressupostos é denominado paradigma cultural. Ao investigar esses pressupostos básicos, o pesquisador deverá relacioná-los com o ambiente, a realidade, a natureza humana e seu convívio social.

Fleury (1992) classifica as pesquisas sobre cultura organizacional em dois grandes grupos:

1. Aquelas de ordem mais simplista, do tipo diagnóstico de clima, nas quais se pretende aprender os padrões culturais de uma organização a partir da somatória de opiniões e percepções de seus membros;
2. E uma segunda linha, que assume uma postura antropológica e questiona a respeito do significado do universo simbólico das organizações.

Nessa segunda linha as pesquisas de Janice Beyer e Harrison Trice (1986) partem de um conceito bastante usual na literatura administrativa sobre cultura: "rede de concepções, normas e valores, que são tão tomadas por certas que permanecem submersas à vida organizacional". Esses autores afirmam que "para criar e manter a cultura, essas concepções, normas e valores devem ser afirmados e comunicados aos membros da organização de uma forma tangível". A forma tangível, as formas culturais, constituem os ritos, rituais, mitos, histórias, gestos e artefatos. O rito se configura como uma categoria analítica privilegiada para desvendar a cultura das organizações. O rito consiste em um conjunto planejado de atividades, relativamente elaborado, combinando várias formas de expressão cultural, as quais têm consequências práticas e expressivas.

Ao desempenhar um rito, as pessoas se expressam através de diversos símbolos: gestos, linguagem, comportamentos ritualizados, artefatos para salientar uma visão consensual apropriada à ocasião. Ainda segundo Beyer e Harrison, "os ritos organizacionais são facilmente identificáveis, porém dificilmente interpretáveis, e advogam a necessidade de os gerentes desenvolverem suas habilidades compreensivas e interpretativas sobre ritos visando administrar a cultura organizacional". Eles identificaram seis tipos de ritos comparando os relatos antropológicos dos ritos das sociedades tribais com os da vida das organizações modernas:

Tabela 4.2: Tipos de ritos e exemplos de sua execução (Beyer e Trice, 1986)

RITOS	EXEMPLOS
De passagem	O processo de introdução e treinamento básico do Exército americano
De degradação	O processo de despedir e substituir um alto executivo
De confirmação	Seminários para reforçar a identidade social e seu poder de coesão
De reprodução	Atividades de desenvolvimento organizacional
Para redução de conflito	Processos de negociação coletiva
De integração	Festas de Natal nas organizações

Edgar Schein (1986) define cultura organizacional como o conjunto de pressupostos básicos (*basic assumptions*) que um grupo inventou, descobriu ou desenvolveu ao aprender como lidar com os problemas de adaptação externa e integração interna e que funcionaram o suficiente para serem considerados válidos e ensinados a novos membros como a forma correta de perceber, pensar e sentir, em relação a esses problemas. Segundo esse autor a cultura de uma organização pode ser aprendida em vários níveis:

1. Nível de artefatos visíveis: O ambiente físico da empresa, arquitetura, a maneira como as pessoas se vestem, padrões de comportamento visíveis e documentos públicos;

2. Nível dos valores que governam o comportamento das pessoas: Difíceis de observar, podem ser obtidos através de entrevistas com membros-chave de uma organização ou por meio da análise de conteúdo de documentos formais da empresa;

3. Nível dos pressupostos inconscientes: São os pressupostos que determinam como os membros de um grupo percebem, pensam e sentem. À medida que certos valores compartilhados pelo grupo conduzem a determinados comportamentos e esses comportamentos se mostram adequados para solucionar problemas, o valor é gradualmente transformado em um pressuposto inconsciente, sobre como as coisas realmente são.

Ao se investigar os pressupostos básicos da cultura de uma organização, perguntas devem ser feitas sobre:

- A relação com a natureza: A relação com o ambiente é de dominação, submissão ou harmonia?
- A natureza da realidade e da verdade: As regras de linguística e de comportamento que diferem o que é real e o que não é, se a "verdade" da organização é revelada ou descoberta.

- A natureza humana: A natureza humana é boa, má ou neutra?
- A natureza da atividade humana: O que é considerado "certo" para o ser humano fazer diante dos pressupostos sobre o ambiente, sobre a realidade, sobre a natureza humana — ser ativo, passivo, se autodesenvolver?
- A natureza das relações humanas: Como são distribuídos o poder e o amor. A vida é cooperativa ou competitiva, individualista ou cooperativa, baseada na autoridade, na tradição ou no carisma?

Fleury (1992) desenvolveu proposta metodológica sobre como desvendar a cultura de uma organização, conforme mostra a tabela a seguir:

Tabela 4.3: Desvendando a cultura de uma organização

TEMAS	SIGNIFICADOS/AÇÕES
O histórico das organizações	• Recuperar o momento de criação de uma organização e sua inserção no contexto político e econômico permite a compreensão da natureza da organização, suas metas e objetivos. • Investigar os incidentes críticos por que passou a organização: crises, expansões, inflexão, fracassos ou sucessos.
O processo de socialização de novos membros	• As estratégias de integração dos novos membros permitem que os valores e comportamentos da organização possam ser transmitidos. • As estratégias mais usuais são os programas de treinamento e integração de novos funcionários.
As políticas de recursos humanos	• Têm por objetivo mediar a relação entre capital e trabalho em uma organização. • Políticas de remuneração e de carreira desempenham papel importante de mediação entre indivíduo e organização. • Políticas implícitas e explícitas de recursos humanos permitem, através da análise de suas consistências e inconsistências, decifrar e interpretar os padrões culturais da organização.
O processo de comunicação	• A comunicação constitui um dos elementos essenciais no processo de criação, transmissão e cristalização do universo simbólico de uma organização. • O mapeamento do sistema de comunicação (meios, instrumentos, veículos) é fundamental para a compreensão das relações entre categoria, grupos e áreas da organização. • Novas tentativas de melhorar a comunicação vêm sendo experimentadas. Como exemplo, os programas de "portas abertas" ou de "fale francamente" têm sido utilizados.

(continua)

Tabela 4.3: Desvendando a cultura de uma organização (*continuação*)

TEMAS	SIGNIFICADOS/AÇÕES
A organização do processo de trabalho	• As categorias presentes na relação de trabalho podem ser identificadas por intermédio da análise dos componentes tecnológicos e componentes sociais presentes no processo de trabalho.
As técnicas de investigação	• Levantamento de opinião (quantitativa). • Enfoque qualitativo, através da análise de documentos, manuais, jornais ou dados estatísticos sobre o setor de atividade econômica da empresa.

4.3.1 A cultura organizacional *versus* ativos materiais

É importante estabelecer a distinção entre o crescimento e declínio de ativos materiais e o desenvolvimento ou declínio da cultura. Não são a mesma coisa. É possível a uma cultura tornar-se criativa enquanto seus ativos materiais estão declinando; entretanto, esse crescimento de energia criativa e dinâmica constitui prognóstico de futuro crescimento de ativos materiais. Reciprocamente, a perda de energia criativa é a característica mais óbvia da decadência. Conclusão: embora essa informação deva ser tratada como probabilística e não determinística, há uma relação entre o crescimento cultural e o crescimento dos ativos da empresa, conforme demonstrado na figura a seguir:

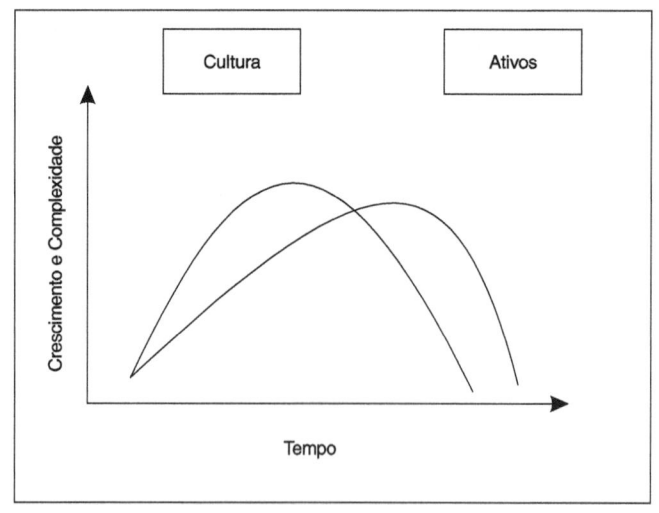

Figura 4.1. Relação entre curvas de cultura e ativos

4.3.2 Análise dos processos de mudança

Land (1990), quando trata do processo de mudanças, representa-o graficamente conforme figura a seguir:

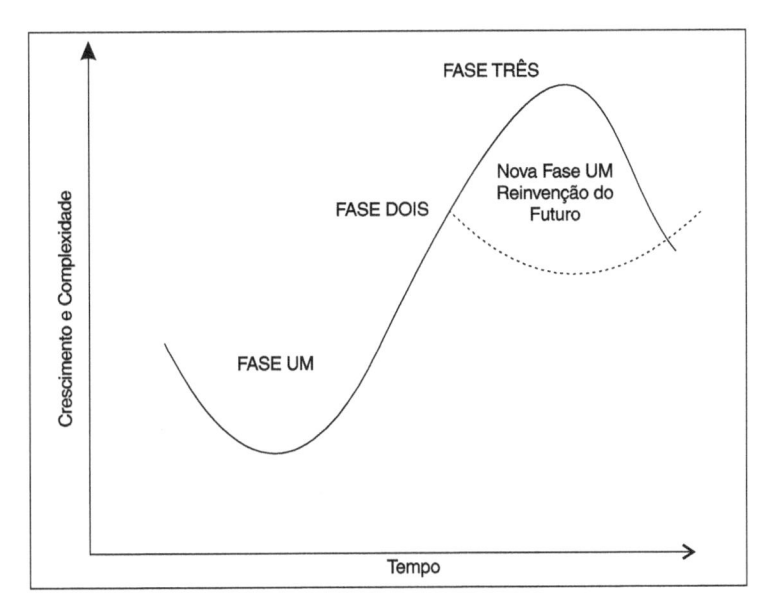

Figura 4.2. Processo de mudança nas empresas

Esse processo é composto de três fases:
- Fase 1 — Formação: Crescimento, exploração e invenção do padrão. O sistema em crescimento investiga o seu mundo e cria a sua própria identidade. Está presente nessa fase o empreendedor que se mostra inventivo, criativo e experimentador em relação ao produto ou serviço de sua nova empresa.
- Fase 2 — Regulamentação (1º ponto de ruptura): Ampliar e aperfeiçoar a fase em que o crescimento se efetua. No início dessa fase padrões básicos de comportamento e operação do negócio são definidos. Existe uma padronização de processos, ações e práticas tradicionais da administração. Cabe notar que nessa fase, apesar de estruturar a empresa, o estabelecimento de regras também tem o efeito de limitar o potencial das pessoas por estarem sendo definidos os níveis de autoridade e responsabilidade.
- Fase 3 — Integração (2º ponto de ruptura): Nessa fase ocorrem dois processos distintos: o primeiro, uma integração do novo e do diferente; o segun-

do, o início de uma nova fase 1, invisível, pois é oculta pelo sistema principal. É notável a passagem da fase 2 para a fase 3, pois o crescimento da empresa deixa de ocorrer e são abolidos os processos de padronização criados na fase 2.

Transportando essa abordagem para o cenário das empresas iremos perceber que cada uma delas se encontra em determinado ponto da curva apresentada, quando comparada a outras empresas. Internamente, cada empresa passa por fase de mudança e localizar-se-á em pontos distintos dessa mesma curva quando, por exemplo, departamentos forem comparados.

Ao comentar sobre os processos de mudança na organização, Abell (1995) demonstra a importância da administração financeira para a sobrevivência da empresa, ressaltando a necessidade que há em se entender o processo de como os bons resultados são obtidos: "Controle de desempenho e a monitoração do processo de mudança são atividades de caráter muito diferente. Ambas são necessárias. Os aspectos operacionais e estratégicos de controlar-se desempenho corrente também são atividades de caráter totalmente diferentes: o primeiro focaliza-se principalmente em resultados e o segundo naquilo que está por detrás dos resultados. Ambos também são necessários. Portanto, controle financeiro é apenas uma parte do processo de controle que as empresas precisam para ter excelência hoje e, paralelamente, se preparar para o amanhã".

A preocupação com as mudanças para o futuro se faz presente pela constatação de que será necessário mudar para acompanhar as mudanças sociais, e pelo fato de vivermos em constante mutação no mundo dos negócios.

A constante preocupação com as mudanças e forma de se preparar e posicionar frente a elas foi assim expressa por Laércio Cosentino (apud Haberkorn, 1998)[1]:

> ...A competição, cada vez mais presente na arena dos negócios, antes regional e próxima, agora é profissional e global. Pelo funil da passagem do milênio, passarão somente aqueles que se munirem de tecnologia, organização, visão e recursos produtivos e financeiros... A informação — exata e atualizada — é fator essencial para a administração veloz, ágil e com mínima chance de erro. Antes, a reação do mercado era lenta e perdoava. Agora, age de forma implacável e cruel. Um erro é fatal e o produto está fora do mercado. Impulsionado ainda pela atenta concorrência... A palavra de ordem dentro das corporações que estão passando pelo funil é 'KEEP MOVING'. A ela incorporamos 'BUT FAST'. Se antes era possível avançar, reduzir, parar e avançar novamente, agora, o movimento deve ser constante e contínuo: avançar, avançar mais, avançar rápido.

---

1. Presidente do Grupo SIGA no prefácio do Livro de Ernesto Haberkorn, *Teoria do ERP*. São Paulo: Makron Books, 1998, p. 3-4.

Podemos concluir que, em função da fase de desenvolvimento que cada uma das empresas se encontra e a cultura organizacional predominante, irão interferir no processo das ações que serão tomadas frente ao cenário de constantes mudanças em que as empresas estão inseridas. Apenas decidir já não basta, é preciso decidir rápido, sob a pena de se estarem perdendo oportunidades para a empresa.

4.3.3 Estágios de desenvolvimento da empresa

Miller (1989) demonstra as fases pelas quais a empresa passa, classificando-as em sete estágios distintos. Ele parte do pressuposto que todos os seres vivos exibem padrões ou ciclos de desenvolvimento e passam de períodos de vitalidade e crescimento para outros de decadência e desintegração. Estabelece uma relação direta entre o padrão de crescimento e declínio da empresa com o comportamento de seus líderes.

Os sete estágios identificados de vida empresarial e os estilos de liderança que dominam em cada um deles são:

1. O Profeta: Visionário, que cria a oportunidade e gera a energia humana necessária para dar impulso à companhia.
2. O Bárbaro: O líder de crises e conquistas, que comanda a empresa na marcha de crescimento rápido.
3. O Construtor e o Explorador: Os fomentadores de perícias especializadas e criadores das estruturas necessárias ao crescimento, e que mudam do comando para a colaboração.
4. O Administrador: O criador do sistema integrador e da estrutura, que muda o foco da expansão para a segurança.
5. O Burocrata: O instituidor do controle rígido, que crucifica os novos Profetas e exila os Bárbaros, cerceando a criatividade e a expansão.
6. O Aristocrata: O herdeiro da riqueza, alienado dos que realizam trabalho produtivo e que é causa da rebelião e desintegração.
7. O Sinergista: O equilíbrio, que dá seguimento à expansão de uma estrutura grande e complexa, mediante apreciação e unificação das contribuições diversas do Profeta, do Bárbaro, do Construtor, do Explorador e do Administrador.

A figura a seguir demonstra a curva do ciclo de vida da empresa, descrevendo a empresa à medida que ela passa pelo processo natural de crescimento e declínio e os vários estilos de liderança predominantemente presentes em cada um dos estágios.

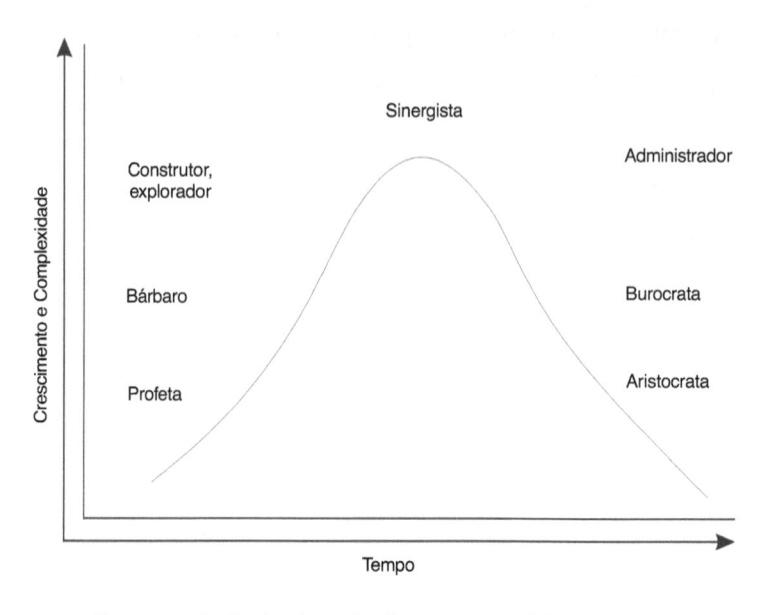

Figura 4.3. Ciclo de vida da empresa (Miller, 1989)

A cada estágio e para cada estilo de liderança, inevitavelmente estão envolvidos desafios. Durante o crescimento, os líderes respondem criativamente ao desafio. Durante o declínio, eles respondem mecanicamente, confiando em respostas que foram bem-sucedidas no passado. Tanto as culturas quanto as empresas continuam a progredir à medida que os líderes reconheçam os desafios e reajam a eles com criatividade. Cada resposta bem-sucedida conduz a uma condição de bem-estar, mas um nível de desafio mais elevado exige ainda outra nova e criativa resposta. Resposta criativa é função essencial dos líderes. No momento em que os líderes relaxam e confiam na resposta bem-sucedida de ontem em face do desafio de hoje, o declínio começa. É natural que líderes em cada estágio confiem em respostas que considerem mais cômodas e falhem quando não adotam respostas inovadoras. A história das civilizações e das corporações demonstra essa relação entre o comportamento dos líderes e o ciclo de crescimento e declínio. Desse modo, é importante ressaltar o papel dos líderes de uma organização. A tabela a seguir apresenta um resumo do ciclo de vida da empresa relacionando os estágios pelos quais ela passa, os diversos estilos de liderança presentes em cada um deles e suas ações na organização.

Tabela 4.4: Resumo do ciclo de vida da empresa (Miller, 1989)

ESTÁGIOS E ESTILOS DE LIDERANÇA	O AMBIENTE DA EMPRESA	A CRENÇA	MISSÃO E TAREFA	ESTILO DE ADMINISTRAÇÃO	ORGANIZAÇÃO
O Profeta	Começando, pode consistir em um único produto ou serviço.	Acredita em si e em seus seguidores. Tem visão de seu potencial.	Tem por objetivo criar um produto ou serviço.	Toma decisões sozinho.	Não dá importância para a organização.
O Bárbaro	Possui base de clientes, mas não há esforço para ampliar a base.	Acredita na empresa e julga ter o poder para realizar seus objetivos.	Lançar o produto e fazê-lo ser aceito no mercado.	Controle rígido e ação direta.	Estrutura simples, poucos sistemas, poucos níveis hierárquicos.
O Construtor e o Explorador	Empresa está forte para iniciar a diversificação.	Acredita no produto e nos meios de produção.	Cria meios de produção eficientes. Luta pela qualidade e eficiência.	Detalhista. Busca saber como as coisas são feitas. Baseia-se em relações interpessoais.	Começa a desenvolver especializações. Inicia-se a fase de concorrência interna.
O Administrador	Aumenta investimentos em mercados secundários. A empresa é conhecida e respeitada por seu negócio principal.	Acredita em eficiência. Trabalha para maximizar o sucesso financeiro.	Maximizar a eficiência de estruturas e sistemas e o uso de recursos financeiros.	Toma decisões baseadas em fatos, para tanto precisa de estudos para decidir.	Aumenta a organização e os sistemas, aumentando portanto os controles.
O Burocrata	Diversificada em termos de produtos, inicia-se o processo de novas aquisições.	Acredita em administração profissional e planejamento estratégico.	Tornar a estrutura e os sistemas mais eficazes. Preocupa-se mais com as estruturas internas do que com seus clientes e fornecedores.	Impessoal, mais baseado em números do que em pessoas. O fluxo de papéis aumenta.	Considera a empresa bem organizada. Aumenta o número de pessoas nas estruturas hierárquicas e o fluxo de informações fica prejudicado.

(continua)

Tabela 4.4: Resumo do ciclo de vida da empresa (Miller, 1989) (*continuação*)

ESTÁGIOS E ESTILOS DE LIDERANÇA	O AMBIENTE DA EMPRESA	A CRENÇA	MISSÃO E TAREFA	ESTILO DE ADMINIS- TRAÇÃO	ORGANIZAÇÃO
O Aristocrata	A empresa está em declínio por falta de criatividade e investimentos.	Julgam-se vítimas do cinismo que está dominando a empresa. Acreditam na obtenção de riqueza pessoal e buscam satisfação pessoal nos símbolos de sucesso.	Evitar a erosão futura da companhia causada pela perda de pessoas criativas.	São altivos, evitam tomar decisões, delegando essa função.	Número excessivo de níveis de administração. Falta clareza da missão. Forma-se uma organização informal por administradores que estão interessados em fazer alguma coisa para reverter a situação.

A adoção da tecnologia da informação por parte das empresas deve considerar alguns elementos analisados: a cultura organizacional, a fase em relação aos processos de mudança que a empresa se encontra, e os estágios de desenvolvimento da empresa quanto aos estilos gerenciais: este se faz importante, uma vez que as pessoas, seu envolvimento e posicionamento determinarão o sucesso ou não na adoção de novas tecnologias para a organização.

Campbell e colaboradores (apud Santos, 1983) definem clima organizacional como um conjunto de atributos específicos de uma organização em particular, que pode ser influenciado pela forma como essa organização lida com seus membros e seu ambiente. Para cada indivíduo dentro da organização, o clima assume a forma de um conjunto de atitudes e expectativas que a descrevem em termos tanto de características estáticas (grau de autonomia, por exemplo) quanto de variáveis comportamentais de resultado (eventos de saída). Estudos do mesmo autor apontam que o clima organizacional seria uma descrição da situação da organização e, como tal, deveria conter significativas variações entre os grupos que a integram.

A questão do clima organizacional merece uma atenção especial, pois não conseguiremos implementar novas tecnologias do conhecimento sem a participação efetiva das pessoas, sendo de fundamental importância todo um cenário positivo e concordante para as implementações do uso da tecnologia e ao uso de sistemas de informação.

Para Santos (1983), algumas pesquisas realizadas com vistas a testar o clima organizacional sugerem que ele pode ser dependente de variáveis como estrutura organizacional, tipo de tecnologia empregada pela organização e estilo gerencial, como também o clima pode ser uma variável de impacto no desempenho organizacional e também com relação à satisfação no trabalho, conforme mostra a figura a seguir:

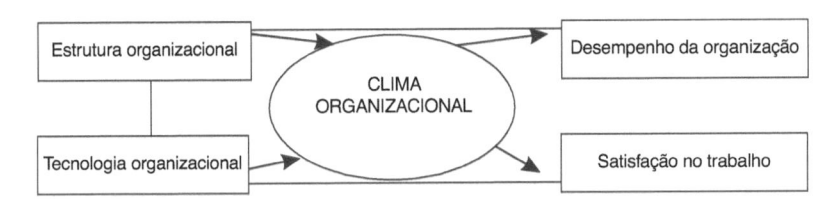

Figura 4.4: Clima organizacional. Um estudo de instituições de pesquisa (Santos, 1983)

Para Harman e Hormann (1993), a cultura é uma força poderosa, mas esquiva quando se trata de implantar mudanças de natureza transformativa nas organizações. O papel da cultura, que influencia o comportamento, não pode ser simplesmente ignorado. Herman Maynard (apud Harman & Hormann, 1993) sugere que se deve estar consciente do "sistema imunológico da empresa" que "tenta matar tudo aquilo que lhe parece estranho"; a cultura é então uma força poderosa na manutenção do *status quo* do indivíduo.

Para Morgan (1996), à medida que as organizações sedimentam as suas identidades, podem iniciar transformações mais amplas na ecologia social a que pertencem. Podem estabelecer as bases para a própria destruição, ou então, podem criar as condições que permitirão a elas evoluírem com o ambiente. Entretanto, muitas empresas devoram a sua sobrevivência futura, criando a oportunidade para que novos padrões de relações emerjam, mas à custa da sua própria existência futura. Organizações egocêntricas consideram a sobrevivência como dependendo muito mais da conservação de sua identidade estreitamente autodefinida e fixa do que da evolução menos rígida e aberta da identidade do sistema ao qual pertencem. É frequentemente difícil para elas abandonar identidades e estratégias que as criaram ou que forneceram as bases para o sucesso no passado, apesar de ser isso que a sobrevivência e a evolução quase sempre requerem. Como na natureza, muitas linhas de desenvolvimento organizacional podem se revelar becos sem saída. Apesar de viáveis e de considerável sucesso por certo período, determinadas organizações podem experimentar uma mudança na sorte como resultado daquilo que são e como resultado da ação e da passividade que esse senso de identidade encoraja. Em longo prazo, sobrevivência só pode ser sobrevivência com o ambiente, e nunca sobrevivência contra o ambiente ou contexto no qual se está operando. Concepções menos egocêntricas de identidade facilitam esse processo à medida que solicitam que as organizações percebam que são muito mais do que elas mesmas. Ao considerar que os fornecedores, o mercado, a força de trabalho, a coletividade local, nacional ou internacional e até mesmo a competição são na verdade partes do mesmo sistema de organização, torna-se possível partir em direção a uma apreciação de interdependência sistêmica, bem como estimular as suas consequências.

Em todos os níveis da organização fala-se no novo papel das pessoas. A velocidade e, principalmente, a direção das mudanças é condicionada pela competição imediatista entre interesses alheios à compreensão e ao controle dos indivíduos. Assim, talvez a verdadeira questão não seja como aproveitar melhor o tempo no sentido utilitário das novas tecnologias da informação e da comunicação. Talvez o interessante seja recuperar o controle sobre o tempo moderno, adequando seu ritmo, redescobrindo o espaço da reflexão e da ociosidade.

Para Davenport e Prusak (1998), as principais atividades relacionadas à gestão do conhecimento, em geral, são: compartilhar o conhecimento internamente, atualizar o conhecimento, processar e aplicar o conhecimento para algum benefício organizacional, encontrar o conhecimento internamente, adquirir conhecimento externamente, reutilizar conhecimento, criar novos conhecimentos e compartilhar o conhecimento com a comunidade externa à empresa. A gestão do conhecimento não é uma pura e simples extensão da tecnologia da informação. É preciso sair do patamar do processamento de transações, da integração da logística, através do *workflow* e do comércio eletrônico, e agregar um perfil de construção de formas de comunicação, de conversação e aprendizado no trabalho, de comunidades de trabalho, e de estruturação e acesso às ideias e experiências. O papel a ser desempenhado pela tecnologia da informação é estratégico: ajudar o desenvolvimento do conhecimento coletivo e do aprendizado contínuo, tornando mais fácil para as pessoas na organização compartilharem problemas, perspectivas, ideias e soluções. Os sistemas de informação para suporte à gestão do conhecimento têm o objetivo de promover nas empresas a produtividade e o aprendizado simultaneamente.

Davenport e Prusak (1998) afirmam: "O meio não é a mensagem nem garante que haja mensagem", ou seja, a tecnologia da informação não substitui a rede humana. Doravante, é importante estarmos cientes das limitações das tecnologias em qualquer programa de gestão do conhecimento.

As tecnologias da informação são apenas o meio condutor, isto é, o sistema de armazenagem para a troca de conhecimentos, não criando saberes nem garantindo ou promovendo a geração de conhecimento ou a sua partilha numa cultura empresarial que não o favoreça. A tecnologia é, sem dúvida, uma forte aliada na distribuição do saber nos ambientes corporativos; ressaltamos que a diferença essencial é que o saber consiste no interior das pessoas, provendo um viés de complexidade, devido a esse saber estar relacionado de pessoa para pessoa.

O conhecimento envolve o estabelecimento de relações entre informações isoladas. Se pensarmos nesse sentido, muito do que é chamado de conhecimento que obtivemos é apenas informação, desconectada: conceitos vazios, para serem memorizados e esquecidos. A informação é descartável, justamente por não ter vínculos nem com outras informações nem com o conhecimento, mas, sobretudo, por não termos com ela vínculos emocionais (Guerra, 2001).

A partir dos fundamentos trazidos pela teoria da informação, podemos esboçar o seguinte fluxo do conhecimento e da sabedoria:

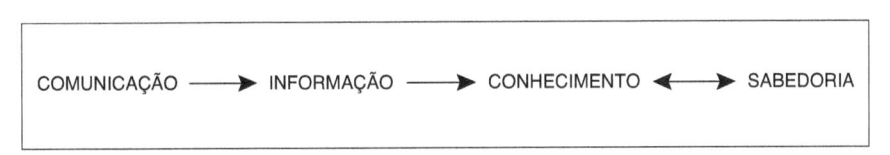

COMUNICAÇÃO ⟶ INFORMAÇÃO ⟶ CONHECIMENTO ⟷ SABEDORIA

Figura 4.5: Fluxo do conhecimento e da sabedoria

O conhecimento é adquirido, supostamente, primeiro por meio do processo de comunicação existente no meio localizado, gerando informações a ele. Com base nessas informações, poderemos adquirir ou não o conhecimento esperado. Isso nos leva a discorrer um pouco sobre a sabedoria. A sabedoria é desenvolvida com a vivência e a experiência. Não devemos atribuí-la exclusivamente à inteligência, pois envolve saber utilizá-la, por meio do conhecimento, associada à ação, mas principalmente que possa trazer benefícios para os indivíduos. Às vezes, conhecimento leva-nos a uma postura arrogante, mas a sabedoria só se atinge a partir da humildade, podendo ser entendida em função da ação associada, no contexto e no momento específico dessa ação, não podendo ser expressa em termos de regras, isto é, não pode ser generalizada nem transmitida diretamente, sendo inseparável da realização pessoal daquele que busca o saber.

Davenport e Prusak (1998) indicam-nos alguns princípios de gerenciamento do conhecimento que permitem a eficácia na organização:

1. Promover a consciência do valor do conhecimento buscado e certa vontade de investir no processo que irá gerar;
2. Identificar quais os trabalhadores de conhecimento-chave que possam se reunir em um esforço de implementação;
3. Enfatizar o potencial criativo inerente à complexidade e diversidade de ideias, vendo diferenças como positivas em lugar de fontes de conflito, evitando respostas simples para questões complexas;
4. Tornar a necessidade de geração do conhecimento clara para encorajar, recompensar e dirigi-la a um objetivo comum.

Para uma implementação eficaz da gestão do conhecimento, portanto, é importante uma conscientização e participação efetiva das pessoas, bem como um forte apoio redimensionado pela cultura organizacional, havendo a necessidade e o apoio marcantes pela alta direção da empresa e, em alguns casos, uma mudança de regras e condutas internas. Consequentemente, há uma necessidade de identificação e adaptação de algumas dessas regras, bem como o seu gerenciamento. Temos a seguinte metodologia aplicada a esses casos, segundo Davenport e Prusak (1998):

1. Começar por uma área de alto valor adicionado e desenvolver o projeto com base em experiências anteriores;
2. Iniciar através de um projeto piloto, testando os conceitos, deixando que a procura defina as iniciativas a serem realizadas posteriormente;
3. Primeiro concluir algo;
4. Trabalhar simultaneamente várias frentes e não somente a tecnologia, por exemplo a organizacional (estrutura);
5. Não limitar a captação e circulação do saber. Há outros tipos de saber acumulado que não podem ser desprezados, como o *feedback* dos clientes;
6. Não estar restrito apenas à filosofia das *learning organizations*;
7. Não confundir a captação do saber com a digitalização dos dados;
8. Adequar os projetos à cultura organizacional da corporação, investigando qual ela é, depois decidindo o estilo de atuação e a base de partida do gerenciamento do conhecimento.

Para Sveiby (1998), há muita discussão hoje sobre as atribuições e responsabilidades relacionadas com os dados, as informações e o conhecimento na empresa. Os recursos humanos, pelo lado do capital intelectual; marketing, pela via da inteligência competitiva; e tecnologia da informação, pelo viés da gestão do conhecimento, estão sendo áreas em foco no momento em que o profissional da informação é hoje o protótipo do trabalhador do conhecimento de amanhã. Numa empresa de serviços, cujo principal ativo seja o conhecimento coletivo sobre os clientes, os processos de negócio e a concorrência, as informações são a matéria-prima do trabalho de cada indivíduo na organização. Nas organizações, cresce cada vez mais a ênfase na "espiral do conhecimento", nas sucessivas passagens entre conhecimento tácito e explícito. Enfim, um arsenal de instrumentos que se tornarão cada vez mais comuns no trabalho cotidiano dos profissionais da informação nas organizações.

Para Gonçalves (2000), o futuro irá pertencer às empresas que conseguirem explorar o potencial da centralização das prioridades, as ações e os recursos nos seus processos; essas empresas do futuro deixarão de enxergar processos apenas na área industrial, organizadas em torno de seus processos não fabris essenciais e centrarão seus esforços em seus clientes.

Talvez um dos principais papéis para que realmente ocorra a questão e o contexto da gestão do conhecimento nas empresas seja o dos administradores da alta direção. Para Senge (1997), o líder de uma organização deve atuar como professor, mentor, guia ou facilitador, incentivando as pessoas e a organização, de maneira geral, a desenvolver habilidades fundamentais para a existência de um aprendizado generativo ou capaz de recriar o mundo (controle autônomo, visão compartilhada, modelos mentais e pensamento sistêmico). Além disso, adiciona Senge, a liderança deve se basear no princípio da tensão criativa, que surge a partir do entendimento das diferenças entre a visão de onde se quer chegar e a realidade. Dessa maneira, consegue-se utilizar a motivação intrínseca das pessoas. Isso não quer dizer que a liderança deva ditar a estratégia, mas sim promover o pensamento estratégico. Nesse sentido, o autor cita o conhecido caso da Shell, em que os planejadores reconheceram que seu trabalho de construção de cenários começou a exercer impacto quando eles passaram a ser utilizados para promover o aprendizado dos gerentes operacionais. Isso ocorria à medida que os gerentes tinham de pensar em como agir e gerenciar sob diversos cenários, preparando-se, assim, para o futuro que é, claramente, imprevisível.

Já para a abordagem contingencial (King e Anderson, 1995), diferentes fases do processo de inovação requerem diferentes estilos de liderança, isto é, o estilo de liderança para se gerar ideias relevantes é diferente do estilo adequado para a discussão, implementação ou rotinização da ideia escolhida. O quadro a seguir torna esse conceito mais claro ao descrever o comportamento gerencial associado a cada estilo de liderança por fase do processo de inovação.

Tabela 4.5: Modelo contingencial de liderança em grupos ao apoio do processo de inovação

FASE DO PROCESSO DE INOVAÇÃO	ESTILO DE LIDERANÇA	COMPORTAMENTO GERENCIAL
Iniciação	Estímulo	Cria um ambiente seguro para a geração de novas ideias, mantendo a mente aberta e garantindo um ambiente pouco crítico.
Discussão	Desenvolvimento	Busca opiniões, avalia as propostas, define o plano de implementação, encaminha o projeto.
Implementação	*Championing*	Vende o projeto para todos os grupos afetados, assegura o comprometimento e a participação na implementação.
Rotinização	Validação/ Modificação	Avalia efetividade, identifica ligações fracas, modifica e melhora o projeto.

Fonte: King e Anderson (1995).

4.4 Tecnologia da informação

McLuhan (1999), em sua definição que o meio é a mensagem, defende que as consequências sociais e pessoais de qualquer meio, isto é, de qualquer uma das extensões de nós mesmos, constituem o resultado da presença da tecnologia em nossas vidas. Para ele, a presença dessa tecnologia traz desemprego à sociedade, porém a automação cria novos papéis às pessoas em seu trabalho e no seu próprio dia a dia. Conforme McLuhan, "muita gente estaria inclinada a dizer que não era a máquina, mas o que se fez com ela, que constitui de fato o seu significado ou mensagem".

A informação é, hoje, fator fundamental para as organizações, os administradores, todos os indivíduos. Quando se fala em mercado aberto e comum, competitividade, concorrência e qualidade, se percebe que nada disso seria possível sem a existência da informação, e se dela não se tivesse um rápido acesso. É de fundamental importância estudar como a tecnologia da informação interage nas organizações, pois através desse processo acabam ocorrendo mudanças culturais e consequentes mudanças de comportamento dos interlocutores.

Um aspecto importante da etapa de avaliação é a mensuração comparativa de indicadores de qualidade e produtividade. Quando da decisão de adotar uma nova tecnologia, é feita uma estimativa da relação custo–benefício. No momento da avaliação é que essa estimativa é comparada aos resultados efetivos. Nesse momento cabe também uma análise do clima organizacional, da mudança nos processos gerenciais, na estrutura geral de custos e uma avaliação de outros indicadores internos indiretos, como qualidade das informações, comunicação entre áreas etc.

Segundo Walton (1994), a definição da tecnologia da informação abrange uma gama de produtos de *hardware* e *software* que proliferam rapidamente com a capacidade de coletar, armazenar, processar e acessar números e imagens para o controle de equipamentos e processos de trabalho, e para conectar pessoas, funções e escritórios tanto dentro das organizações quanto entre elas.

Na fábrica, a tecnologia da informação engloba instrumentos de manufatura (robôs, sensores e dispositivos automáticos de teste), movimentação de materiais (sistemas de armazenagem e busca automática), desenhos (*design*, engenharia e planejamento de processos assistidos por computador), planejamento e controle (necessidades e recursos de manufatura) e gestão (sistemas de suporte à decisão). As implementações de tecnologia da informação vão desde ilhas de automação e outras tecnologias isoladas até sistemas integrados de manufatura, que interligam as atividades de desenho, manufatura, movimentação de materiais e planejamento de controle. A tecnologia da informação de escritório inclui o processamento de textos, arquivamento automático, sistemas de processamento de transações, conferências eletrônicas, correio e quadros eletrônicos, videoteleconferências, programas de pesquisa em banco de dados, planilhas eletrônicas, sistemas de suporte a decisões e sistemas especialistas.

As opções de desenho da organização formal e da tecnologia da informação são importantes porque moldam os padrões de comportamento organizacional (o comprometimento e a competência dos empregados e o alinhamento de suas ações com as prioridades da organização), que por sua vez afetam os resultados dos negócios, a motivação e o bem-estar dos empregados.

Walton (1994) argumenta também que são importantes dois fatores fundamentais para aumentar o conhecimento de como integrar a tecnologia da informação e a organização. O primeiro deles é que a relação entre a tecnologia da informação avançada e as organizações estão se tornando cada vez mais complexas e profundas. Quanto ao segundo, ao mesmo tempo essas relações estão se tornando menos determinísticas. Os efeitos organizacionais dos antigos sistemas *batch* baseados em grandes computadores eram relativamente previsíveis, até então simplificadores e reguladores do andamento do trabalho. As duas potencialidades das tecnologias avançadas de informação permitem aos administradores optarem sobre qual tipo de influência organizacional pretendem dos sistemas de tecnologia da informação que aprovam.

Por dupla potencialidade entende-se a capacidade que a mesma tecnologia básica tem de produzir um conjunto de efeitos organizacionais ou seus opostos. O enfoque preferido por muitas empresas para a gestão dos recursos humanos está se distanciando da confiança baseada no controle imposto para uma ativa procura do comprometimento do empregado. A tecnologia da informação representa uma força poderosa para qualquer finalidade por poder reforçar a orientação voltada ao controle/submissão ou facilitar a mudança em uma organização orientada para o comprometimento, conforme tabela a seguir:

Tabela 4.6: A dupla potencialidade da tecnologia da informação sobre a organização

EFEITOS NA ORGANIZAÇÃO VOLTADA À ACEITAÇÃO	EFEITOS NA ORGANIZAÇÃO VOLTADA AO COMPROMETIMENTO
Monitora e controla	Distribui o poder e a informação e promove a autossupervisão
Rotiniza e cadencia	Proporciona o discernimento e promove a inovação
Despersonaliza	Enriquece a comunicação
Despoja os indivíduos de seu conhecimento	Levanta as necessidades de habilidades e promove o aprendizado
Reduz a dependência das pessoas	Aumenta a importância da habilidade individual e a motivação interna

Fonte: Walton (1994).

A tecnologia da informação é uma poderosa ferramenta para controle que permite monitorar e registrar muitos aspectos do comportamento e desempenho da organização e ao prover tais dados aos supervisores organizacionais reforça o seu controle hierárquico. A mesma tecnologia pode ser utilizada para reforçar os níveis inferiores de uma organização pelo acesso à informação, estendendo-o a um maior número de pessoas alcançadas. O potencial de reforço da capacidade de monitoria reside em sua habilidade de prover o retorno da informação aos usuários, de maneira que direciona o aprendizado e a autocorreção. A seguir são relacionadas algumas dualidades da tecnologia da informação, segundo Walton:

- Pode ser utilizada para rotinizar e cadenciar o trabalho dos operadores, ou aumentar o discernimento do operador e prover uma ferramenta para a inovação;

- Pode isolar e despersonalizar, ou conectar as pessoas e enriquecer as possibilidades de comunicação;
- Pode ser utilizada para despojar e desabilitar os indivíduos por embutir seu conhecimento do cargo dentro do sistema, ou aumentar as necessidades de conhecimento e habilidades e dotar os usuários com um novo entendimento de suas tarefas e dos fatores que as afetam, mudando assim o perfil dos profissionais;
- Pode reduzir a dependência da organização sobre habilidade e motivação dos indivíduos em certos cargos, ou aumentar a necessidade de empregados internamente motivados e altamente competentes.

Para Silva e Fleury (2000), com o objetivo de alcançarem maiores índices de competitividade, as organizações têm utilizado variada e complexa gama de tecnologias; desde o planejamento de novos produtos, da reorganização de processos produtivos, passando pela adoção de novos modelos de gestão administrativa, as novas tecnologias têm sido adotadas como atalhos para atingir melhores resultados. Para os autores, pode-se concluir que novas tecnologias podem ser encontradas em vários ambientes, com reflexo diferente em cada um deles, em virtude das peculiaridades inerentes a cada contexto, e que no ambiente organizacional uma das tecnologias que mais curiosidade tem suscitado é a tecnologia da informação.

A tecnologia da informação tem um papel fundamental que muitas vezes tem sido negligenciado, ou mesmo passado despercebido, na maioria das empresas. As competências essenciais e o conhecimento coletivo se baseiam em informações de negócio, conhecimento e experiência que não necessariamente cabem ou se restringem, por exemplo, em um *Data Warehouse* da área ou da empresa. Na maioria das empresas, a responsabilidade pela gestão do conhecimento não está centralizada no nível de diretoria, mas sim disseminada entre a média gerência, e muitas vezes é vista como parte do trabalho de cada colaborador da empresa.

É necessário sairmos do patamar do processamento de transações, da integração da logística, do *workflow* (processo de início, meio e fim de um fluxo, a partir de um determinado processo na organização) e do comércio eletrônico, e agregar um perfil de construção de formas de comunicação, de conversação e aprendizado no trabalho, de comunidades de trabalho, e de estruturação e acesso às ideias e experiências.

O papel a ser desempenhado pela tecnologia da informação é estratégico, em ajudar o desenvolvimento do conhecimento coletivo e do aprendizado contínuo, tornando mais fácil para as pessoas na organização compartilharem problemas, perspectivas, ideias e soluções.

A coerência, a perspicácia e a qualidade da aplicação da tecnologia da informação ao negócio da empresa são uma medida fundamental da competitividade empresarial. E, olhando para o futuro logo à frente, essa está se tornando, com a qualidade dos recursos humanos, uma medida fundamental da capacidade de sobrevivência organizacional.

Assim, mais do que planejar o uso da informação como um recurso tático, as empresas caminham para pensar tecnologia da informação em termos estratégicos, por ser um recurso que afeta diretamente sua sobrevivência.

A metodologia utilizada no esforço de planejamento tanto será mais adequada quanto melhor inserir a visão de futuro e a percepção do meio ambiente na empresa. A partir da visão de uma análise de oportunidades e ameaças externas, e dos pontos fortes e fracos internos, devem-se identificar claramente as vantagens competitivas atuais, e até mesmo os potenciais, da empresa. O processo de planejamento nesse ponto apresenta diversos desdobramentos paralelos: marketing, produção e tecnologia, entre outros.

Nesse ponto do processo de planejamento, deve ser feita uma análise das oportunidades de aplicação da tecnologia da informação, diretamente aos produtos e/ou serviços, atuais e potenciais, oferecidos pela empresa, como forma de criar ou aumentar a vantagem competitiva. A arma principal do empreendedor, nesses tempos de mudança acelerada, é o pensamento estratégico. O esforço de percepção do meio ambiente, de análise interna, de formulação de uma visão de futuro e de planejamento é recompensado pelo aumento da vantagem competitiva. Planejar, no sentido amplo e estratégico do processo decisório, é reduzir riscos, otimizar esforços e tirar o melhor proveito possível dos recursos disponíveis.

Em busca da maximização das vantagens competitivas, as empresas lutam para alavancar sua vocação a partir da consciência de seus pontos fortes e fracos. Nesse sentido, a tecnologia da informação aparece como um recurso estratégico para a vantagem competitiva. A partir da investigação e análise de informações sobre os principais fatores condicionantes da competitividade, pode-se obter uma radiografia do setor útil para a visão estratégica.

Esse é um método para percepção e avaliação do ambiente competitivo da empresa, pois a análise permite identificar pontos na cadeia de valor agregado do produto/serviço, no qual se possa buscar redução de custo ou diferenciação, tendo em vista a visão estratégica da empresa. Tanto no enfoque dos custos como no da diferenciação, a tecnologia da informação pode ser uma importante alavanca para a vantagem competitiva. O importante é que os fatores críticos sejam identificados, no bojo do processo de planejamento estratégico, e sejam comunicados a todos na organização. Os fatores críticos de sucesso devem ser monitorados permanentemente pelos executivos da empresa. Ao contrário, o ideal é que, a partir da análise estrutural do mercado, da avaliação da cadeia de valor agregado e da identificação dos fatores críticos de sucesso, a empresa empreenda ações pró-ativas.

Para o estabelecimento de um plano de ação, a nível gerencial, em função do planejamento estratégico, é fundamental a divulgação da visão, dos objetivos, da análise de cenário, das metas e fatores críticos de sucesso para todos na organização. Uma empresa precisa perseguir todos os itens de seu planejamento estratégico, em busca da consolidação do salto transformacional e não só aqueles definidos nos vetores. Muitas empresas identificam novas oportunidades de negócio na aplicação de tecnologias emergentes, e esse salto transformacional dependerá do posicionamento da empresa em seu mercado. Para isso, do ponto de vista externo, é utilizada uma análise estrutural daquele setor da indústria. Já do ponto de vista interno, é útil analisar a cadeia de valor agregado dos processos da organização, em busca de pontos focais para redução de custos e diferenciação. Nesse processo, é importante identificar fatores críticos de sucesso da empresa, que deverão ser permanentemente monitorados. A tecnologia da informação evolui muito rapidamente em todas as áreas: *hardware*, *software*, comunicação, pessoas e administração.

O objetivo do processo de planejamento tecnológico é identificar oportunidades de aplicação de novas tecnologias, a fim de definir linhas de ação para sua internalização e implementação na empresa.

O ponto crucial do processo de melhoria contínua através do gerenciamento do conhecimento é desenvolver bases de conhecimento que deixem o *staff* (alta cúpula da organização) compartilhar as melhores práticas, experiências e lições aprendidas. Os projetos de integração de um aplicativo empresarial, por exemplo, se beneficiam grandemente, uma vez que a base de conhecimento contém informações sobre todos os sistemas de uma organização. As bases de conhecimento fornecem aos grupos de integração de aplicações uma fonte única de informações para integrar todos os atuais sistemas da empresa. O *knowledge management* (gestão do conhecimento) constrói-se, portanto, na implementação de metodologias e sistemas de gerenciamento de processos. Os sistemas de gestão do conhecimento deixam as companhias reunirem informações quantitativas, armazenadas em ferramentas de gerenciamento de processos, com as informações qualitativas, armazenadas nos documentos de metodologia. Os membros da organização envolvidos devem entender o que tem de ser feito, isto é, os passos e os documentos exigidos na metodologia, e precisam de um conjunto apurado de métricas para avaliar e planejar o projeto.

Uma vez implementados a metodologia e os sistemas de gerenciamento de projeto, as ferramentas de *knowledge management* deixam a equipe envolvida, tanto na tecnologia como nas áreas funcionais, compartilhar documentos de metodologia e informações quantitativas, armazenados em sistemas que gerenciam processo. Compartilhar tais informações significa que todos os membros do grupo do projeto em toda a empresa possam ficar a par do que está acontecendo em um projeto específico. As bases de conhecimento que são bem estruturadas e fáceis de acessar podem ajudar a equipe de gerenciamento de configuração a rastrear facilmente mudanças e problemas quando ocorrem. Os gerentes de projeto também podem rever os documentos para informações sobre a métrica de projetos comparáveis, que guiarão o gerente no processo de avaliação.

4.5 Conhecimento

Para Guevara et al. (1998), o acúmulo de experiências, práticas e as reflexões sobre elas (de explicações e teorizações) é definido por conhecimento de um indivíduo, de uma comunidade, de uma cultura, das civilizações e da humanidade. O conhecimento da espécie humana, até mesmo como uma busca de sobrevivência, está associado à busca de transcendência. Não obstante, para o autor, não se conhecem outras espécies que tenham um sentido de história e de futuro, em que justamente o conhecimento humano se distingue das demais espécies devido à associação e do conhecimento, que está em permanente transformação e, naturalmente, em crescimento. O acúmulo de conhecimentos (fazeres, saberes, o saber como fazer) mostra-se, ao longo de gerações, importante e útil para satisfazer as necessidades materiais e espirituais de uma sociedade, apresentando características de entropia, isto é, o conhecimento do indivíduo está sempre crescendo, como igualmente cresce a sua desordem (chamam--na de criatividade). O conhecimento coletivo, ao contrário, tende a ser ordenado, havendo inevitavelmente um conflito entre o caráter entrópico do conhecimento individual e a ordem que a sua coletivação impõe. Os conhecimentos coletivos de uma sociedade incluem valores, explicações, modos de comportamento e são muitas vezes chamados de tradições, que orientam o comportamento de indivíduos das gerações seguintes. Vejamos na figura a seguir o ciclo do conhecimento:

O FOCO NO CONHECIMENTO

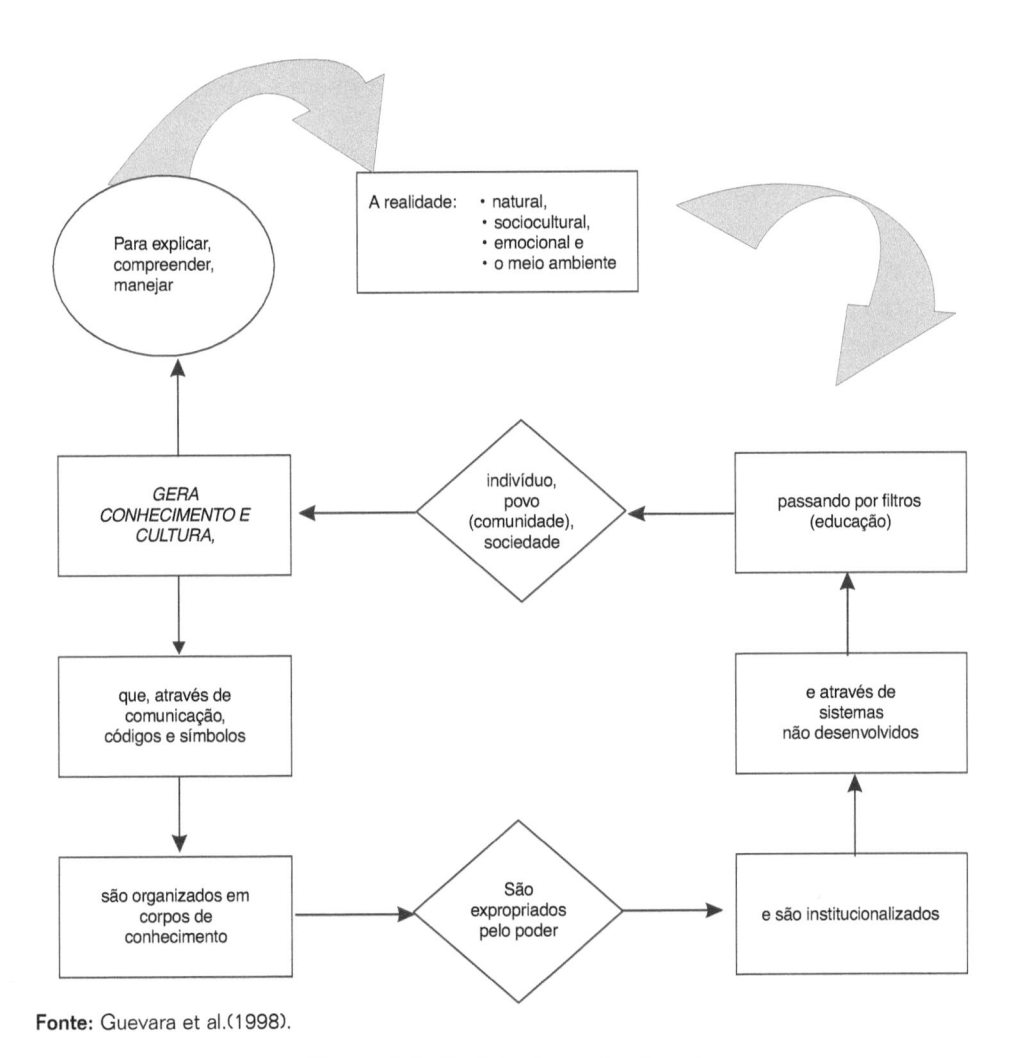

Fonte: Guevara et al.(1998).

Figura 4.6. O ciclo do conhecimento

O que deve ficar claro nesse contexto do conhecimento é que, segundo Guevara et al., o comportamento é o conjunto de respostas (ações) de cada indivíduo, e os estímulos são provenientes de seu ambiente, composto por um complexo de fatos naturais, de artefatos e mentefatos que informam o indivíduo e que, uma vez processadas as informações, se definem estratégias de ação que se manifestam como comportamento. Tanto a recepção de informação como seu processamento estão em evolução cumulativa da vida de cada indivíduo, vão se acumulando no que se denomina "conhecimento", pois comportamento é uma ação que resulta do processamento de informações da realidade, que inclui informação do conhecimento que o indivíduo adquiriu. Para esses autores, a complexidade do universo é intrínseca, isto é, tudo está em permanente transformação graças a influências mútuas e permanentes, em que não há intermitências.

Guevara et al. dizem também que o estágio em que vivemos é de transição dos modelos físicos (mecânicos) para os modelos biológicos; todos os sistemas que observamos estão se tornando orgânicos, ou seja, vivos, inteligentes, auto-organizados, e muitas vezes munidos de um programa de preservação evolutivo — até mesmo na computação utilizamos chips de redes neuronais e algoritmos genéticos para as mais variadas aplicações. Nas grandes corporações observou-se a transição de uma cultura de organização para um organismo. Os acelerados avanços da microeletrônica, nas comunicações e na computação mostram as possibilidades concretas de se criar um verdadeiro cérebro global, em que a Internet é apontada como uma das principais responsáveis: "Estamos entrando na era do trabalho intensivo de equipes flexíveis e interdisciplinares, conectados por redes que vivem em espaços virtuais totalmente interativos e compartilhados; portanto, onde surge algo que poderíamos chamar, segundo Pierre Lévy, de 'inteligência coletiva', extremamente dinâmica e auto-organizada". Essa análise é interpretada pelo autor como a causa de sérios problemas epistemológicos, pois há a necessidade da superação de individualidades e suas dualidades pré-históricas, como o grau de objetividade, subjetividade e intersubjetividade permitido pelo grupo. Para Guevara et al., "estamos na era da complexidade, do paradoxo e da incerteza, das lógicas multiavaliadas e das necessidades das pessoas, dos grupos e das organizações de uma rápida adaptação criativa a aceleradas, caóticas e inesperadas mudanças...; estamos numa era de mudanças de paradigmas".

Lévy discorre em seu livro a importância do momento atual, e do fato de ele estar em processo de recuperação, revitalização e atualização do natural, dos valores humanos e espirituais; das artes, da religião e da ecologia; da ética, da estética e da transcendência. O mesmo é propício para o diálogo entre a ciência e a tradição, entre o racional e o intuitivo, que permita uma nova interpretação integradora da realidade mais criativa e vital, com uma dança sem fim.

Momento de reflexão:

As relações entre o natural e o artificial

> "E agora se deixa mostrar, por meio de uma comparação, até que ponto nossa natureza humana vive banhada em luz ou mergulhada em sombras."
>
> *Platão*

> *"...e no ato mesmo de conhecer intimamente, onde aparecem, por uma espécie de necessidade funcional, os entorpecimentos e as confusões. É ali onde discriminamos causas de inércia que chamaremos de obstáculos epistemológicos. O conhecimento do real é uma luz que sempre projeta alguma sombra."*
>
> G. Bachelard

Para Guevara et al. (1998), a empresa de vanguarda é o laboratório para uma nova consciência que surge rapidamente à medida que entramos no terceiro milênio, que deverá ser o milênio do espírito e da mesma forma, na sociedade do conhecimento, cada vez mais as principais empresas constituirão fábricas de ideias, que serão colocadas no mercado em um tempo cada vez menor.

Durante as primeiras décadas da informática a ênfase foi a gerência de dados. Nas organizações, o conhecimento encontra-se não apenas nos documentos, bases de dados e sistemas de informação, mas também nos processos de negócio, nas práticas dos grupos e na experiência acumulada pelas pessoas. O interesse das organizações no conhecimento se deve, entre outros fatores, pelo conhecimento estar muito associado à ação. O conhecimento da empresa, da competição, dos processos, do ramo de negócio, ao longo dos anos, tem estado por trás de milhões de decisões estratégicas e operacionais. A gestão do conhecimento, vista como uma coleção de processos que governa a criação, disseminação e utilização do conhecimento para atingir plenamente os objetivos da organização, é uma área nova na confluência entre tecnologia da informação e administração, um novo campo entre a estratégia, a cultura e os sistemas de informação de uma organização. Com o enfoque da gestão do conhecimento começa-se a rever a empresa, suas estratégias, sua estrutura e sua cultura.

No ambiente de negócios, praticamente em qualquer lugar do mundo, as pessoas estão sentindo o reflexo dessas transformações. À medida que a percepção do mundo se acelera, e que as pessoas são cada vez mais bombardeadas com informações por diversas mídias e cada indivíduo está conectado ao resto do mundo pelo uso da tecnologia da informação, cresce também a perplexidade em relação ao ritmo das mudanças.

De todos os aspectos da vida organizacional, talvez a comunicação seja o mais essencial e problemático. A comunicação, em todas as suas formas, é essencial para a disseminação do conhecimento. Mais do que uma categoria ou uma definição, as organizações de aprendizado representam um ideal que vem sendo perseguido pelas empresas nessa era de valorização do capital intelectual. A questão da comunicação, portanto, é crucial para as organizações do aprendizado e, por consequência, para a gestão do conhecimento. O problema da comunicação passa pela questão do trabalho em grupo e do desenvolvimento de equipes. As questões relativas à gestão do conhecimento e a comunicação indo mais além em organizações do aprendizado não se restringem simplesmente à questão do treinamento como se poderia pensar.

Quintas (2001) aponta que muitas das mudanças que tomam lugar na economia global estão associadas ao desenvolvimento e difusão causados pelas ICTs (*Information Comunication Technology*), ou informação e tecnologias da comunicação, providas pelas novas tecnologias na Internet e pelas relações na rede em discussões, trabalhos em grupo, já supostamente ditas por McLuhan duas décadas atrás.

Para Waistell (2001), o capital intelectual necessita ser ativamente retido e gerenciado pelas equipes de alta direção das organizações; somente dessa forma elas conseguirão ser competitivas no mercado em que se encontram. O autor distingue três tipos de capital intelectual:

1. **Humano**: concebido pelo conhecimento do *staff* da administração;
2. **Estrutural**: habilidade de as organizações "empacotarem" o conhecimento em sua estrutura; e
3. **Capital do cliente**: através da "marca" e relacionamento com os clientes.

Para Sveiby (1998), o conhecimento humano é tácito e orientado para a ação, baseado em regras, individual e está em constante mutação, e seu uso normalmente não é prático. Para o autor, a melhor definição de conhecimento é competência, que consiste em cinco elementos interdependentes:

1. *Conhecimento explícito*. Envolvendo o conhecimento dos fatos, e adquirido principalmente pela informação, quase sempre pela educação formal;
2. *Habilidade*. Esta arte de "saber fazer" envolve uma proficiência prática, física e mental, sendo adquirida sobretudo por treinamento e prática. Inclui o conhecimento de regras de procedimento e habilidades de comunicação;
3. *Experiência*. A experiência é adquirida principalmente pela reflexão sobre erros e sucessos passados;
4. *Julgamentos de valor*. Os julgamentos de valor são percepções de que o indivíduo acredita estar certo. Eles agem como filtros conscientes e inconscientes para o processo de saber de cada indivíduo;
5. *Rede social*. A rede social é formada pelas relações do indivíduo com outros seres humanos dentro de um ambiente e uma cultura transmitidos pela tradição.

Para o autor, o trabalho organizacional buscou ao longo de um tempo retirar o poder de participação do trabalhador na realização e no resultado do seu trabalho. Depois diminuiu de tal maneira a sua participação no trabalho, mediante a divisão das tarefas, de modo que o alienasse completamente das "coisas" da administração e utilizasse bem os seus braços. As chamadas organizações aprendizes apresentam algumas características comuns, destacando-se fortemente, fazendo uso intensivo da informação. Na organização aprendiz, portanto, o principal ativo é o capital intelectual, e por extensão o trabalhador do conhecimento é, essencialmente, a fonte básica da formação do conhecimento na organização. Julgamos mais importantes esses dois aspectos:

- Utilização do conhecimento: Nesse aspecto, a tecnologia da informação faz, efetivamente, a diferença. Não adianta muito investirmos na criação do conhecimento se não houver, na organização, uma cultura de pesquisa voltada para o aproveitamento desse conhecimento;
- Retenção do conhecimento: Reter, nesse caso, pode assumir dois sentidos: o de assimilar ou o de preservar o conhecimento. Um exemplo destacado dessa administração é transformar a carteira de patentes da organização em possibilidades de alavancagem da sua própria tecnologia, ou de possibilidades comerciais a partir da venda dessas patentes a interessados.

São muitas as teorias sobre a motivação e a satisfação das pessoas envolvendo o trabalho. Só isso já demonstra a complexidade do assunto. Entendemos, também, que a gestão do conhecimento pode se constituir numa metodologia adequada à preservação e à boa utilização desse conhecimento em prol da sobrevivência das organizações no mercado competitivo.

Administrar nesse contexto exigiria cada vez mais gerentes do conhecimento. Quando discutimos o valor e a utilidade da intuição, ou da inteligência emocional, estamos revivendo, por exemplo, questões filosóficas já consideradas pelos gregos na Antiguidade. Essa abordagem tem sido utilizada ao longo dos tempos na ciência, principalmente nas ciências exatas e experimentais, com grande êxito. A divisão dos problemas em subproblemas mais simples nem sempre é clara, além do que muitas vezes as relações entre os elementos, que são vitais, perdem-se no processo. Hoje buscam-se novas abordagens para além da visão reducionista no trabalho. A empresa precisa tanto da agilidade, da iniciativa, da capacidade de se modificar, de se adaptar continuamente, quanto da confiabilidade, constância e permanência de seus sistemas de informação. O terceiro milênio estará cobrando essa dívida no que diz respeito à exatidão no desenvolvimento de sistemas de informação, em particular, e na gestão do conhecimento na empresa de forma geral. Dar visibilidade ao conhecimento na organização, transformar o conhecimento tácito em explícito é um dos grandes desafios fundamentais da gestão do conhecimento, e é importante haver maturidade entre a distinção e percepção e a transferência de conhecimento. Cada vez mais esse tipo de profissional será exigido em seu entendimento do negócio, sua visão da concorrência e seu conhecimento da tecnologia disponível.

Vejamos, na tabela a seguir, a questão da transferência do conhecimento, segundo Sveiby (1998):

Tabela 4.7: A transferência de conhecimento ocorre pela informação e pela tradição

INFORMAÇÃO	TRADIÇÃO
Transfere informações articuladas	Transfere capacidades articuladas e não articuladas
Independente do indivíduo	Dependente e independente
Estática	Dinâmica
Rápida	Lenta
Codificada	Não codificada
Fácil distribuição em massa	Difícil distribuição em massa

Fonte: Sveiby (1998).

Outro item importante a se destacar é a diferença empregada entre o contexto estratégico da informação e do conhecimento. Para Sveiby, existem alguns pontos relevantes diferenciando essas duas abordagens. Veja:

Tabela 4.8: Os dois focos estratégicos: a informação e o conhecimento

ESTRATÉGIA ORIENTADA PARA A INFORMAÇÃO	ESTRATÉGIA ORIENTADA PARA O CONHECIMENTO
Baixo grau de customização	Alto grau de customização
Conhecimento vendido como derivativo	Conhecimento vendido como processo
Lucros crescentes em função da eficiência	Lucros crescentes em função da eficácia
Vantagens da economia de escala na produção	Desvantagens da economia de escala na produção
Grande volume e mercado de massa	Pequeno volume e clientes individuais
Investimento em tecnologia da informação	Investimento em pessoal
As pessoas são vistas como custo	As pessoas são vistas como receita

Fonte: Sveiby (1998).

De fato, o que podemos ter certeza é a grande diferença entre informação e o conhecimento, e as duas abordagens utilizam-se da tecnologia da informação; entretanto, na gestão do conhecimento é o indivíduo que está mais valorizado.

QUESTÕES PARA REVISÃO

1. Retrate o momento atual descrito no capítulo.
2. Quais são as principais metas administrativas em um processo de mudança organizacional?
3. Defina cultura organizacional.
4. Qual a distinção entre cultura organizacional e ativos materiais?
5. Sob o seu ponto de vista, qual o estilo de liderança mais apropriado para desenvolver os sete estágios de mudança na vida de uma empresa? Por quê?
6. Quais as principais atividades relacionadas à gestão do conhecimento citadas no capítulo?
7. O texto afirma que a tecnologia da informação é uma poderosa ferramenta. Comente.
8. No tocante aos aspectos da vida organizacional, o que se vê como essencial e ao mesmo tempo problemático?
9. Estabeleça a diferença entre o contexto estratégico da informação e do conhecimento.
10. O que se pode definir sobre sabedoria?

Resgate dos Padrões Éticos

capítulo 5

TÓPICOS

5.1. A ética
    5.1.1. A ética grega antiga
        5.1.1.1. O idealismo platônico. Platão (427-347 a.C.)
        5.1.1.2. O realismo aristotélico. Aristóteles (384-322 a.C.)
        5.1.1.3. A ética estoica
        5.1.1.4. A ética epicurista. Epicuro (341-279 a.C.)
        5.1.1.5. A ética kantiana. Kant (1724-1804 d.C.)
        5.1.1.6. O utilitarismo de John Stuart Mill (1806-1873 d.C.)
5.2. Ética e impactos sociais
5.3. Impactos sociais da tecnologia da informação
5.4. A ética na área de tecnologia e sistemas
    5.4.1. Composição do código de ética em computação

SÍNTESE

Este capítulo define a ética sob todos os aspectos, ressaltando a obrigação moral, responsabilidade e justiça social.

Revela também a importância da ética nas relações comerciais formais ou informais de uma empresa, referendando publicidade, desenvolvimento de produtos ou questões ligadas aos recursos humanos. Ela está intimamente comprometida com respeito, confiabilidade e segurança, fatores que constroem ou destroem a imagem das organizações.

Demonstramos a base filosófica com que a ética foi consolidada ao longo dos séculos, desde a Grécia antiga até os dias atuais.

Contemplamos os códigos de ética das sociedades profissionais da área de computação no exterior e seus aspectos básicos sobre obrigações, sugerindo a formação do nosso próprio código.

OBJETIVOS DE APRENDIZAGEM

O estudo deste capítulo torna o leitor capacitado a:

- avaliar a importância da ética nas relações humanas e comerciais;
- entender a base filosófica que norteia a consolidação das obrigações éticas ao longo dos séculos;
- entender, avaliar e refletir acerca dos códigos de ética existentes, e formular um compêndio brasileiro específico.

5.1 A ética

A ética é definida como o estudo de juízos de apreciação referentes à conduta humana suscetível de qualificação do ponto de vista do bem e do mal, relativamente a determinada sociedade ou de modo absoluto. Na área profissional, ela procura guiar o indivíduo na tomada de decisões corretas do ponto de vista predominante na sociedade, num determinado espaço de tempo.

Para Simonetti (1996), a ética tem a ver com obrigação moral, responsabilidade e justiça social. A palavra vem do grego *ethikos* (*ethos* significa hábito ou costume). Na acepção empregada por Aristóteles, o termo reflete a natureza ou o caráter do indivíduo. Hoje também designa a natureza das empresas, uma vez que estas são formadas por um conjunto de indivíduos. Ética é um conjunto de princípios e valores que guiam e orientam as relações humanas. Esses princípios devem ter características universais, precisam ser válidos para todas as pessoas. A ética pode ser definida de várias maneiras. Afirma-se que ética é justiça.

Em outras palavras, ela inclui princípios que todas as pessoas racionais escolheriam para reger o comportamento social, cientes de que também eles serão aplicados. E, por meio do estudo aprofundado da ética, essas mesmas pessoas poderão ser direcionadas e entenderão o que é certo ou errado sob o ponto de vista moral.

Entretanto, o assunto continua controverso. Afinal, aquilo que é eticamente correto para uma pessoa pode ser errado para outra. Por essa razão, a sociedade tende a definir a ética em termos de comportamento. Por exemplo, uma pessoa é considerada ética quando seu comportamento está de acordo com sólidos princípios morais baseados em ideais como equidade, justiça e confiança. Esses princípios regem o comportamento de indivíduos e organizações e podem se fundamentar em valores, cultura, religião e até mesmo legislações, por vezes mutáveis.

Para Simonetti, a ética é um elemento essencial do sucesso de indivíduos e organizações. Por exemplo, nossa sociedade valoriza a liberdade pessoal. No entanto, se comprometermos nossa ética no exercício dessa liberdade, a sociedade será prejudicada. Isso significa que acabaremos por limitar nossa liberdade individual e o gozo da liberdade por outras pessoas. A ética, portanto, constitui o alicerce do tipo de pessoa que somos e do tipo de organização que representamos. A reputação de uma empresa é um fator primário nas relações comerciais, formais ou informais, quer elas digam respeito à publicidade, ao desenvolvimento de produtos ou a questões ligadas aos recursos humanos. Nas atuais economias nacionais e globais, as práticas empresariais dos administradores afetam a imagem da empresa para a qual trabalham. Assim, se a empresa quiser competir com sucesso nos mercados nacional e mundial, será importante manter uma sólida reputação de comportamento ético. Resumindo, um bom código de ética é um bom negócio. As boas práticas empresariais resultam de decisões morais ou éticas. A ética corporativa reflete não apenas o teor das decisões morais (o que devo fazer?) como também o processo para a tomada de decisões (como devo fazer?).

As práticas empresariais éticas têm origem em culturas corporativas éticas. A abordagem mais sistemática para estimular um comportamento ético é desenvolver uma cultura corporativa que crie uma ligação entre os padrões éticos e as práticas empresariais. Essa institucionalização dos padrões éticos começa com a compreensão da filosofia da ética, e é sustentada por mecanismos como a estrutura, crenças, códigos, programas de treinamento, comissões e auditorias sociais da corporação.

O Brasil vive uma profunda crise ética, tanto no setor privado como na política e em quase todos os segmentos sociais. Ética são normas escritas para serem seguidas e com punições previstas para os infratores.

Conforme Vasquez (1987), ética é algo teórico, que investiga ou explica algum tipo de experiência humana ou forma de comportamento dos homens, o da moral. "A ética é a teoria ou ciência do comportamento moral dos homens em sociedade, ou seja, é a ciência de uma forma específica de comportamento humano." Para o autor, a ética não é a moral, ela explica a moral efetiva e influi nela; sendo assim, ela estuda atos humanos que afetam outros indivíduos e a sociedade como um todo.

Para entendermos um pouco mais sobre a abordagem da ética, é importante rever alguns conceitos sobre a ética grega antiga e sobre as doutrinas éticas.

5.1.1 A ética grega antiga

Entre os anos 500 e 300 a.C., aproximadamente, nós encontramos o período áureo do pensamento grego. É um período importante não só para os gregos, ou para os antigos, mas um período em que surgiram muitas ideias e muitas definições e teorias que até hoje nos acompanham. Não são apenas três pensadores (Sócrates,

Platão e Aristóteles) os responsáveis por essa fabulosa concentração de saber e por essa incrível análise e reflexão sobre o agir do homem. A reflexão grega nesse campo surgiu como uma pesquisa sobre a natureza do bem moral, na busca de um princípio absoluto da conduta. Ela procede do contexto religioso, no qual podemos encontrar o cordão umbilical de muitas ideias éticas, como as duas formulações mais conhecidas: "nada em excesso" e "conhece-te a ti mesmo".

A ética estabelece uma distinção entre "aquilo que se pode fazer" e "aquilo que se deve fazer". Resumindo, nem tudo o que é possível é ético.

Em termos mais positivos pode ser questionado: de tudo aquilo que se pode fazer, o que se deve fazer? Isto é, o que é eticamente valioso? O que faz crescer o bem do homem? Indagações como essas, ou semelhantes, foram respondidas pelos filósofos há mais de 25 séculos. E várias vezes foram repetidas as mesmas respostas. A seguir são apresentadas, em síntese, as principais doutrinas éticas.

5.1.1.1 O idealismo platônico. Platão (427-347 a.C.)

De acordo com Platão, o mundo sensível em que nos movimentamos é uma cópia, uma participação do verdadeiro mundo: o das ideias. Do mundo ideal provém o homem, através da sua alma, e a ele deve retornar utilizando as suas forças: a inteligência, a vontade, o entusiasmo. Agir bem, moralmente, é perceber que a autêntica realidade é a ideal.

Comportar-se eticamente é agir de acordo com o "logos" melhor, com retidão de consciência. A inteligência, corretamente utilizada, conduz ao bem, que é "aquilo que é amado primeiro". E com o bem estão o belo e o justo. Todo esse mundo é ideal, algo ao qual é necessário dirigir-se, mesmo que nunca se alcance. Na prática, porém, os homens atuam de forma grosseira, sem inteligência ou virtude. O fato de que isso aconteça não significa, entretanto, que essa atuação represente o ideal. O autêntico sábio procura agir sempre buscando o ideal e, se erra, retifica. Platão tem um argumento simples para explicar que as coisas não são como deveriam ser: acontece que este mundo não é o verdadeiro mundo. O platonismo, porém, corre o risco de ignorar os verdadeiros problemas do gênero humano, que quase nunca se apresenta com perfis ideais.

5.1.1.2 O realismo aristotélico. Aristóteles (384-322 a.C.)

Para Aristóteles, a ética é a ciência prática do bem; e bem é "aquilo que todos desejam", uma vez que ninguém age pretendendo o mal.

Às vezes escolhe-se um mal porque se considera aquilo um bem.

O bem de cada coisa está definido pela sua natureza, e esse bem tem, para o agente, razão de objetivo. É algo a ser alcançado. As pessoas agem para conseguir esse bem, que é a perfeição, e esta é a chamada natureza concreta. Do bem depende, portanto, a autorrealização do agente, isto é, a sua felicidade.

5.1.1.3 A ética estoica

As doutrinas estoicas começam a aparecer no século 4 a.C. e abrangem aspectos importantes da cultura greco-romana. De alguma maneira, sobrevivem até hoje. Para o estoico, a vida feliz é a vida virtuosa, isto é, viver conforme a natureza, que significa viver conforme a razão. O essencial é uma adequação à lei natural, lei divina, que mede o que é justo e o que é injusto. A ética estoica não é uma ética de conquista, mas de compreensão intelectual.

5.1.1.4 A ética epicurista. Epicuro (341-279 a.C.)

De forma semelhante ao estoicismo, seu inimigo histórico, o epicurismo remonta ao século 4 a.C., porém vive até hoje sob o nome de hedonismo ou de utilitarismo. O que deve fazer o homem? Aquilo que mais gosta: e aquilo de que mais gosta é o agradável, o prazer. Epicuro considera que o homem está composto de corpo e alma e que os prazeres da alma, o gozo, são superiores aos do corpo.

Mas o homem, ao procurar pelo prazer, deve estar interiormente tranquilo e, para isso, mais do que desejar muito é necessário desejar menos. Nesse caso, o essencial é a autossuficiência, não se preocupar com nada, suportar tudo com tranquilidade.

Na prática, entretanto, o epicurismo conduziu sempre a essa simples conclusão: é válido tudo aquilo que produz prazer (essa seria a conclusão da ética), porém há de se advertir que essa procura de prazer deve-se fazer com tranquilidade, com domínio de si mesmo.

5.1.1.5 A ética kantiana. Kant (1724-1804 d.C.)

Kant está de acordo com Hume em que a ética não tem fundamentos científicos, porém acrescenta que a ética vai além de uma simples simpatia. Há um fato inegável, diz Kant: "A lei moral dentro de mim". Cada homem experimenta isso e, sobre isso, pode-se construir uma ética pura, uma ética humana do começo ao fim. Uma ética autônoma, que não depende sequer de Deus.

A ética de Kant não é uma ética que proponha conteúdos, mas normas formais — como uma lei. Por exemplo, roubar, para Kant, não é ético, pois o homem, ao roubar, não respeita a lei. Segundo Kant, não basta atuar conforme o dever, e sim "por dever". Agir "por dever" é a necessidade de cumprir uma ação por respeito à lei.

5.1.1.6 O utilitarismo de John Stuart Mill (1806-1873 d.C.)

Mill atualiza o epicurismo unindo-o à doutrina ética que havia defendido Jeremy Bentham: o objetivo da ética é a maior felicidade para o maior número de pessoas. Por felicidade, explica Mill, entende-se a presença do prazer e a ausência da dor. Mas, como fazia Epicuro, é preciso aspirar aos prazeres superiores, isto é, os prazeres da alma.

Mill é relativista, os conteúdos éticos mudam com o tempo. Adotava o seguinte termo: "o fim justifica os meios".

5.2 Ética e impactos sociais

Os valores éticos, sociais e políticos devem sempre ser contemplados em conjunto, como se fossem uma tríade para que possa existir o equilíbrio.

O ambiente em que iremos viver nos próximos 20 anos será caracterizado, dentro de um processo de transformação da base econômica da sociedade, por mudanças rápidas e profundas causadas pelo desenvolvimento da tecnologia. O desenvolvimento da tecnologia está gerando grandes mudanças na concepção do cotidiano das pessoas. Tais mudanças podem ser observadas na transformação do conceito de tempo, na turbulência do ambiente, no aumento do valor da informação, na superprodução do conhecimento, no surgimento de novos produtos e serviços, entre outros.

Para alguns autores, o desenvolvimento da tecnologia também tem tornado o mundo menor, isto é, o desenvolvimento do transporte de pessoas e de mercadorias, associado ao transporte de informações via telecomunicações e computadores, tem levado à interligação de mercados, tornando as pessoas bem mais próximas.

Atualmente, muito se fala em responsabilidade social. Trata-se da conscientização da parcela de responsabilidade que cabe ao setor público, ao privado, ao terceiro setor (sociedade civil organizada) e a cada indivíduo em relação à própria sociedade. Essa conscientização complementa mental e ativamente a ética, uma vez que esses conceitos só têm valor à medida que se transformam em ações.

5.3 Impactos sociais da tecnologia da informação

Quando normas éticas são aplicadas a uma empresa, há várias opções a fazer, começando pelas filosofias ligadas à ética. As filosofias básicas são o utilitarismo, os direitos individuais e a justiça.

Finalmente, a justiça enfatiza a justiça social e a oportunidade, oferecida a todos, de procurar significado e felicidade na vida. A filosofia utilitária predomina entre os administradores de empresas.

O crescente grau de informatização da sociedade vem ocasionando transformações que tendem a se intensificar, produzindo impactos que já são perceptíveis em diversos setores da atividade humana.

A automatização dos serviços e dos meios de produção observada nas empresas, substituindo o homem em tarefas que envolvem riscos de saúde ou, ainda, naquelas mais exaustivas, e mesmo no trabalho intelectual, culminando com a automatização do controle de sistemas, vem causando impactos como a ampliação do tempo disponível do homem, o que exige uma reflexão no sentido de utilizá-lo em atividades como o lazer e a criatividade, que o levem a obter uma satisfação maior, o bem-estar individual e coletivo.

Hoje já é possível dizer que algumas atividades profissionais podem ser desenvolvidas sem que seja necessário se dirigir a um local de trabalho, podendo reduzir problemas sociais e econômicos gerados pelo deslocamento simultâneo de pessoas, como os congestionamentos, o consumo de combustível e o tempo gasto inutilmente; o desenvolvimento da tecnologia tem seu maior impacto na produção de bens e de serviços, o que tem resultado em um aumento de produtividade sem precedentes na história, levando ao conceito de "supremacia do consumidor", bem como está produzindo profundas alterações no mercado de trabalho, tanto na definição do conceito de emprego como nos contratos sociais de trabalho.

A tecnologia está reduzindo, via mecanização e automação, os empregos nos setores tradicionais da agricultura e indústria, de tal forma que a maioria das ocupações futuras será em um setor genérico chamado serviços. Uma das principais consequências do crescimento do setor de serviços será o aumento da importância dos objetos conceituais (intangíveis) como objetos de trabalho, o que exigirá, certamente, novas habilidades das pessoas no campo do "pensar".

Se colocarmos a autorrealização na forma de satisfação de necessidades e a dilatação do tempo de vida média do homem como metas a serem atingidas quando se busca o domínio de novos conhecimentos e o entendimento da natureza, pode-se constatar outros impactos sociais causados pela tecnologia da informática. A geração de novos conhecimentos, que é obtida pela extensão da capacidade mental e pela reciclagem da informação, torna possível a solução de questões até então inacessíveis. É o caso, por exemplo, de alguns problemas da Medicina, da

Astronáutica, da Genética e da Física. Essa possibilidade traz uma ampliação da ambição humana na perseguição de objetivos ligados à autorrealização.

Outro impacto social importante da informática no campo da geração de conhecimento é a possibilidade de levar serviços educacionais a uma quantidade de pessoas com custo relativamente menor, encaminhando-nos para a democratização da educação. Pode parecer ingênuo o argumento de que a informática pode ser utilizada para conseguir essa democratização, quando a instituição Escola necessita ainda de tantos aprimoramentos.

Sabemos que quanto à questão e ao uso das tecnologias da informação e o próprio sistema de informação na organização, há certa resistência dos indivíduos. Visões negativas das mudanças impostas nas organizações tendem a criar grande resistência por parte desses indivíduos, causando insatisfações pessoais, tanto no trabalho como na vida pessoal.

Apresentamos na tabela a seguir um resumo das principais variáveis pertinentes à questão do indivíduo como usuário do sistema de informação:

Tabela 5.1: Resumo das variáveis de usuários de um gerenciamento em sistemas de informação (Ein-Dor e Segev, 1985)

VARIÁVEIS	CONCLUSÕES
Necessidades dos usuários	• Os analistas de negócio devem obter o máximo possível de informações sobre o problema das decisões dos usuários, complementado-as depois com seus próprios conhecimentos a fim de produzir uma definição ótima das necessidades. Quanto mais alto dentro de uma organização estiver posicionado o administrador, mais difícil será predizer as necessidades de informação antecipadamente, e mais: será preciso depender de sistemas flexíveis que se adaptem às necessidades em mutação.
Posição hierárquica dos usuários	• No nível da alta administração, o gerenciamento em sistemas de informação será mais útil na identificação, análise e variação dos problemas, em razão da falta de estrutura na tomada de decisões a esse nível. O uso do gerenciamento em sistemas de informação nos altos escalões da organização aumentará à medida que as pessoas com treinamento em sistemas de informação forem avançando para esses cargos e conforme forem evoluindo as tecnologias relevantes.

(continua)

Tabela 5.1: Resumo das variáveis de usuários de um gerenciamento em sistemas de informação (Ein-Dor e Segev, 1985) *(continuação)*

VARIÁVEIS	CONCLUSÕES
Estilos cognitivos	• Os quatro estilos humanos básicos de processamento de informações orientado para os problemas são: receptivo-sistemático, receptivo-intuitivo, perceptivo-sistemático e perceptivo-intuitivo. Os usuários em potencial farão uso dos sistemas de informação que sejam compatíveis com seus estilos cognitivos, deixando sem utilização os que não lhes sejam compatíveis.
Motivação	• Os administradores em geral não são grandemente motivados para fazerem uso dos sistemas de informação, mesmo que eles melhorem seu desempenho. As recompensas vinculadas ao uso do sistema aumentam essa motivação.
Outras características dos usuários	• A tendência a fazer uso do gerenciamento em sistemas de informação aumenta com a competência administrativa geral e com a idade.
Atitudes dos usuários	• As atitudes prévias em relação ao gerenciamento em sistemas de informação compõem-se de percepção da necessidade por tais sistemas e uma expectativa a respeito de seus efeitos. A necessidade percebida em geral é baixa e os efeitos desfavoráveis muitas vezes são previstos. A administração pode influenciar as atitudes de maneira positiva, encorajando o envolvimento dos usuários no desenvolvimento do projeto. O treinamento dos usuários em sistemas de informação e uma educação generalizada sobre administração aumentam o envolvimento e atuam favoravelmente nas atitudes positivas. As mudanças impostas pelo desenvolvimento do gerenciamento em sistemas de informação são em geral percebidas como uma ameaça aos usuários, gerando resistência a tais mudanças. O envolvimento positivo e a experiência tendem a reduzir essa resistência às mudanças. A atitude dos usuários é grandemente influenciada pelo relacionamento que têm com os implementadores dos sistemas. Acentuar as aptidões interpessoais dos usuários e dos implementadores tenderá a reduzir o nível de conflito entre eles, estimulando atitudes mais positivas.

Para Rosini (1997), em estudo realizado em organização de grande porte do segmento industrial no Brasil, os impactos positivos no indivíduo causados pela presença da tecnologia na organização são:

- aumento da produtividade;
- agilidade;
- novos desafios;
- atualização tecnológica, por meio da implementação de novos treinamentos;
- aumento de responsabilidades;
- inovações no trabalho;
- motivação.

Para o mesmo autor, os impactos negativos no indivíduo causados pela presença da tecnologia na organização são:

- aumento do desemprego;
- acúmulo de funções;
- achatamento salarial;
- desmotivação;
- o indivíduo torna-se mais sistemático;
- inexistência de treinamento.

A influência da tecnologia sobre a organização e seus participantes é muito grande, resumindo-se basicamente em:

- A tecnologia tem a propriedade de determinar a natureza da estrutura organizacional e do comportamento organizacional das empresas;
- A tecnologia ou a racionalidade técnica tornou-se sinônimo de eficiência, e a eficiência a característica normativa pela qual os administradores e as organizações são costumeiramente avaliados;
- A tecnologia, em nome do progresso, cria incentivos em todos os tipos de empresa, para levar os administradores a melhorar cada vez mais a eficiência, mas sempre dentro dos limites do critério normativo de produzir eficácia.

Para Kanaane (1995), as empresas, sob o ponto de vista administrativo, são influenciadas pelas abordagens taylorista e fayolista, empregando o modelo de administração adotado no pós-guerra dos anos 20. A implantação do sistema taylorista ocasionou uma dualidade de forças entre o patronato e a classe trabalhadora, resultando em organização do trabalho extremamente autoritária que gerou profundos focos de comoção social; o advento de novas tecnologias gerou e tem gerado alterações na concepção do trabalho, o que de certa forma produziu um repensar em termos das habilidades requeridas para o efetivo desempenho profissional, melhor qualificação da mão de obra e, consequentemente, melhor qualidade do produto. A tecnologia introduziu modificações significativas nas concepções do trabalho e, com o advento de novas técnicas, evidenciou-se a divergência entre tais propostas com a organização e administração do trabalho.

Para esse mesmo autor, a cultura organizacional é composta de três dimensões: material (sistema produtivo), psicossocial (sistema de comunicação e interação dos envolvidos) e ideológica (sistema de valores vigentes na organização). Por meio do processo de reestruturação e da influência da tecnologia, há uma mudança na cultura da organização, principalmente com relação a novos valores. Tais valores são percebidos ao se procurar atingir determinados objetivos, seguindo tendências e perspectivas para, em determinado período de tempo, alcançar metas. Esses objetivos situam-se nos seguintes níveis:

- Filosóficos: representam a missão da organização e são de natureza abrangente;
- Específicos: referem-se aos respectivos segmentos, produtos, mercado, clientes — são de natureza periódica e buscam atender à demanda situacional;
- Operacionais: referem-se às ações concretas, desenvolvidas em período determinado e visam atingir os objetivos filosóficos.

São níveis de objetivos que se estendem a departamentos, divisões, seções e demais setores organizacionais. Um dos grandes desafios dos executivos do futuro será realizar a radical reestruturação de suas estruturas organizacionais. O ambiente empresarial mudou tão rápida e fundamentalmente nas últimas décadas, que as estruturas do ambiente industrial fadadas ao sucesso são, hoje, quase essencialmente impróprias para os tempos atuais.

O novo ambiente ou cenário exigirá: novas formas organizacionais, mais dinâmicas e flexíveis a mudanças; nova cultura empresarial; formação de novo perfil de profissionais; novos métodos e técnicas gerenciais; novos fatores motivacionais mais relacionados às necessidades psicológicas do que materiais; e novas premissas para o estabelecimento de estratégias organizacionais.

5.4 A ética na área de tecnologia e sistemas

Casos envolvendo aspectos éticos na área de computação estão aparecendo cada vez com mais frequência em nosso dia a dia, muitas vezes ganhando largo espaço nos jornais e na televisão. Exemplos comuns são os casos de acesso não autorizado a redes de computadores, vírus e pirataria de *software*. Não há dúvida de que é necessário alertar e preparar os nossos estudantes de graduação para que possam, no futuro, saber como se posicionar diante de situações éticas com as quais possam se deparar em suas vidas profissionais.

Além disso, o comportamento ético é fundamental para que uma profissão seja reconhecida, merecendo o respeito da sociedade. Comportamento ético duvidoso pode levar, a longo prazo, a um descrédito da profissão como um todo. Talvez por ser uma área profissional relativamente nova e em constante evolução, não estão ainda consolidados os códigos de conduta profissional na área de computação. Profissões bem estabelecidas na sociedade, como aquelas das áreas médicas, têm códigos de ética já consolidados que, entretanto, são constantemente desafiados por novas situações; a engenharia e a advocacia também são exemplos de profissões com códigos de ética estabelecidos há longo tempo, regulamentando a sua interação com a sociedade.

Os códigos de ética profissionais normalmente acompanham a regulamentação da profissão. Com a regulamentação criam-se estruturas sindicais e conselhos regionais e federais. Normalmente cabe ao conselho federal adotar um código de ética para a profissão e zelar pelo seu cumprimento, eventualmente delegando funções aos conselhos regionais. Em todas as profissões regulamentadas, os órgãos fiscalizadores têm o poder de aplicar sanções que, em casos extremos, podem chegar a proibir o exercício da profissão quando houver violações éticas graves.

A área de computação ou de informática não é regulamentada no Brasil, como em outros países, principalmente como nos Estados Unidos da América. Consequentemente profissionais formados em outras áreas e mesmo pessoas sem formação adequada podem obter empregos nessa área e abrir negócios relacionados à prestação de serviços, consultoria e comercialização de produtos de computação. Não é raro que essas pessoas, principalmente atuando independentemente e não tendo formação universitária, comportem-se de forma inadequada, tanto nos aspectos morais quanto técnicos.

Assim, não existem atualmente conselhos regionais e federais na área de computação, o que resulta também na inexistência de códigos de ética e nenhum tipo de vigilância quanto ao bom desempenho do profissional. Outros países têm resolvido esse problema através da criação de sociedades de classe ativas e com grande número de afiliados, como a ACM (*Association for Computing Machinery*) e a DPMA (*Data Processing Management Association*) nos Estados Unidos, a *British Computer Society* no Reino Unido e a CIPS (*Canadian Information Processing Society*) no Canadá. Todas essas associações adotaram códigos de ética, mas a ACM, em particular, tem tido um papel de liderança na criação e divulgação de seu código de ética; sanções a violações do código são geralmente brandas e associadas à suspensão ou expulsão da sociedade de classe.

Dentre as sociedades mais conhecidas e atuantes, a Sociedade Brasileira de Computação (SBC) não possui código de ética formalmente definido para a conduta de seus membros. A SBC é limitada quanto à quantidade e variedade de seus membros, tendo cerca de 500 deles ativos, e a maioria encontra-se na área acadêmica (ACM, 2001; SBC, 2001).

5.4.1 Composição do código de ética em computação

Os códigos de ética das sociedades profissionais da área de computação no exterior geralmente contemplam seis aspectos básicos de obrigações éticas — que não raro conflitam entre si, e a priorização normalmente é deixada para o bom-senso de cada profissional —, listados a seguir:

1. A sociedade em geral: Refere-se à preocupação com o bem-estar das pessoas em geral, quando consideradas como usuários de sistemas computacionais (*hardware* e *software*) e envolvem, tipicamente, aspectos de segurança, privacidade e interesses econômicos.

2. Os empregadores: É também chamada de ética do trabalho e refere-se à proteção dos interesses do empregador em situações em que muitas vezes o empregador não tem habilidade para supervisionar tecnicamente o trabalho do profissional e a relação é estabelecida em bases de confiança.

3. Os clientes: Quando o profissional trabalha como consultor ou prestador de serviço autônomo para um cliente, suas obrigações são as mesmas que as relativas ao empregador.

4. A própria organização (a sociedade de classe) e seus associados: Os códigos de associações de classe geralmente solicitam que os afiliados comunguem dos objetivos da associação e sirvam aos seus interesses, para o bem comum de todos os membros.

5. Os colegas: Refere-se ao respeito aos colegas da mesma profissão e à colaboração entre colegas, que normalmente partilham os mesmos interesses.

6. A profissão em geral: Trata-se de aspectos do comportamento que devem ser evitados para não denegrir a profissão em si. Normalmente tem prioridade sobre as regras relativas aos colegas.

Esse contexto e cenário de ética desenvolvido pela ACM é amplo e genérico, porém existem alguns princípios básicos que podem ser adaptados a uma realidade mais próxima, inclusive em nosso país:

- **Contribuir para o bem-estar humano e da sociedade**: Este princípio, que se refere à qualidade de vida de todas as pessoas, assegura a obrigação de proteger os direitos humanos fundamentais e respeitar a diversidade de todas as culturas. Um objetivo essencial dos profissionais de computação é minimizar as consequências negativas de sistemas de computação, incluindo ameaças à saúde e segurança. Ao projetar ou implementar sistemas, profissionais de computação devem tentar assegurar que os produtos de seus esforços serão usados de forma socialmente responsável, satisfarão necessidades sociais e evitarão efeitos danosos à saúde e ao bem-estar.

- **Evitar danos a terceiros**: Dano significa prejuízo ou consequências negativas, como perda indesejável de informação, perda de propriedade, estragos em propriedades ou impactos ambientais não desejados. Este princípio proíbe o uso de tecnologia de computação de forma que resulte em danos a qualquer um entre usuários, público em geral, empregados e empregadores. Ações danosas incluem destruição intencional ou modificação de arquivos e programas que levem à perda séria de recursos ou gastos desnecessários com recursos humanos, como o tempo e o esforço requeridos para limpar um sistema de um vírus de computador. Para minimizar a possibilidade de afetar indiretamente os outros, os profissionais de computação devem minimizar funcionamentos inadequados, seguindo procedimentos geralmente aceitos para projeto e teste; além disso, é necessário avaliar as consequências sociais, prever a possibilidade de quaisquer danos consideráveis a terceiros, pois quando os recursos do sistema não são bem interpretados pelos usuários, auxiliares ou supervisores, o profissional de computação é individualmente responsável por qualquer prejuízo daí resultante.

- **Ser honesto e digno de confiança**: Honestidade é um componente essencial da confiança. Sem confiança uma organização não consegue funcionar efetivamente. O profissional de computação honesto não deve fazer declarações deliberadamente falsas ou enganosas a respeito de um sistema ou de um projeto de sistema, mas, ao contrário, dar completo conhecimento de todas as limitações e problemas pertinentes. Um profissional de computação tem o dever de ser honesto sobre suas próprias qualificações e sobre quaisquer circunstâncias que possam levar a conflitos de interesses.

- **Ser justo e agir de forma a não discriminar**: Os valores de igualdade, tolerância, respeito aos outros e os princípios de justiça igual para todos governam esse imperativo. A discriminação com base em etnia, sexo, religião, idade, deficiências, origem nacional ou outros de tais fatores é uma violação explícita da política da ACM e não é tolerada. As injustiças entre diferentes grupos de pessoas podem resultar do mau uso da informação ou da tecnologia. Numa sociedade justa, todos os indivíduos deveriam ter igual oportunidade de participar ou se beneficiar do uso do computador, independentemente de etnia, sexo, religião, idade, deficiências, origem ou outros fatores similares. Entretanto, esses ideais não justificam uso não autorizado de recursos computacionais nem fornecem base para violação de qualquer outro imperativo ético deste código.

- **Honrar os direitos de propriedade, incluindo direitos autorais e patentes**: A violação de direitos autorais, patentes, segredos de negócios e os termos de licenças de acordos é proibida por lei em muitas circunstâncias. Mesmo quando o *software* não é protegido dessa forma, tais violações são contrárias ao comportamento profissional. As cópias de *software* devem ser feitas apenas com autorização apropriada. Duplicações não autorizadas de material não devem ser permitidas.
- **Dar crédito apropriado à propriedade intelectual**: Os profissionais de computação são obrigados a proteger a integridade da propriedade intelectual. Especificamente, ninguém pode ser creditado pelo trabalho ou pelas ideias de outra pessoa, mesmo em casos em que o trabalho não fora explicitamente protegido, por exemplo, por direitos autorais ou patentes.
- **Respeitar a privacidade de terceiros**: As tecnologias de comunicação e de computação permitem a coleta e troca de informação pessoal numa escala nunca vista na história da civilização. Então, há um potencial maior para violação da privacidade dos indivíduos e grupos. É da responsabilidade dos profissionais manter a privacidade e a integridade dos dados que descrevem indivíduos, incluindo medidas para assegurar a precisão dos dados, assim como sua proteção contra acesso não autorizado ou revelações acidentais para indivíduos não autorizados. Devem, também, ser estabelecidos procedimentos para permitir aos indivíduos revisarem seus registros e corrigir imprecisões. Esse imperativo implica que apenas a quantidade necessária de informações pessoais seja coletada em um sistema, que períodos para a retenção e descarte dessas informações sejam claramente definidos e fiscalizados, e que informações pessoais coletadas para um propósito específico não sejam usadas para outros propósitos sem o consentimento do(s) indivíduo(s). Esses princípios se aplicam à comunicação eletrônica, incluin-

do correio eletrônico, e proíbem procedimentos que captem ou monitorem dados dos usuários, inclusive mensagens, sem a permissão destes ou autorização consciente relativa à operação e manutenção de sistemas. Os dados de usuários observados durante os deveres normais de operação e manutenção do sistema devem ser tratados com a mais estrita confidencialidade, exceto nos casos em que constituam evidência de violação da lei, de regulamentação da organização ou do código.

- **Honrar a confidencialidade:** O princípio da honestidade engloba as questões de confidencialidade da informação sempre que alguém fez uma promessa explícita de honrar a confidencialidade ou, implicitamente, quando informações privadas não diretamente relacionadas ao desempenho de alguém se tornam disponíveis. A preocupação ética deve respeitar todas as obrigações de confidencialidade para com os empregadores, clientes e usuários, a menos que sejam dispensados de tais obrigações por requisição da lei ou outros princípios desse código.

- **Responsabilidades profissionais mais específicas:** O profissional de computação deve esforçar-se para ser competente e ter consciência das consequências negativas sérias que podem resultar da má qualidade de um sistema; a excelência depende de indivíduos que são responsáveis por adquirir e manter competência profissional.

- **Aceitar e fornecer perícia profissional apropriada:** A qualidade do trabalho profissional, especialmente na profissão de computação, depende da perícia e crítica profissionais. Sempre que for apropriado, membros individuais devem procurar e utilizar revisão dos pares, assim como fornecer revisão crítica para o trabalho de outros.

- **Dar avaliação abrangente e profunda dos sistemas de computação e seus impactos, incluindo análise de riscos potenciais:** Os profissionais de computação devem esforçar-se para ser perceptivos, profundos e objetivos ao fazerem avaliações, recomendações e apresentarem descrições e alternativas de sistemas; devem estar em uma posição especial de confiança, e, portanto, têm responsabilidade especial de oferecer avaliações objetivas e confiáveis para os empregadores, clientes, usuários e o público.

- **Honrar contratos, acordos e responsabilidades atribuídas:** Honrar os compromissos é uma questão de integridade e honestidade de qualquer ser humano. Para o profissional de computação isso inclui assegurar que os elementos do sistema tenham o desempenho pretendido. Quando alguém tem um contrato para trabalhar para terceiros, tem a obrigação de manter essa parte adequadamente informada sobre o progresso na execução desse trabalho, bem como assegurar integridade em contratos com aplicativos de outros fornecedores técnicos e/ou de serviços.

- **Melhorar o entendimento público sobre a computação e suas consequências**: Os profissionais de computação têm a responsabilidade de compartilhar o conhecimento técnico com o público, incentivando o entendimento da computação, incluindo os impactos dos sistemas de computação e suas limitações nas áreas de atuação e implementação. Esse imperativo implica obrigação em rebater qualquer falsa visão relacionada à computação.
- **Ter acesso a recursos de computação e comunicação apenas quando for autorizado para tal**: O uso não autorizado de um computador ou sistema de comunicação é tratado por esse imperativo. A invasão inclui o acesso a redes de comunicação e sistemas de computação, ou contas e/ou arquivos associados com esses sistemas, sem autorização explícita para isso. Indivíduos e organizações têm o direito de restringir o acesso aos seus sistemas, desde que eles não violem o princípio de discriminação. Ninguém deve entrar ou usar o sistema de computação, o *software* ou arquivos de dados de outro sem permissão.
- **Articular a responsabilidade social de membros de uma organização e encorajar aceitação completa dessas responsabilidades**: Como organizações de todos os tipos têm impactos os mais variados sobre o público, elas devem aceitar responsabilidades para com a sociedade. Procedimentos organizacionais e atitudes orientadas para a qualidade e bem-estar da sociedade reduzirão os perigos de danos aos membros do público, consequentemente servindo ao interesse público e cumprindo as responsabilidades sociais. Assim, líderes organizacionais devem encorajar a participação ativa na satisfação das responsabilidades sociais, bem como no desempenho com qualidade.
- **Gerir pessoas e recursos para projetar e construir sistemas de informação que melhorem a qualidade de vida no trabalho**: Os líderes organizacionais são responsáveis por assegurar que os sistemas de computação melhorem, sem degradar a qualidade da vida no trabalho. Ao implementar um sistema de computação, as organizações devem considerar o desenvolvimento pessoal e profissional, segurança física e dignidade humana de todos os indivíduos envolvidos; por exemplo, padrões ergonômicos para a interface

homem–máquina devem ser considerados no projeto de sistemas e no local de trabalho.

- **Aceitar e apoiar o uso apropriado e autorizado dos recursos de computação e comunicação de uma organização**: Como os sistemas de computação podem se tornar instrumentos para causar danos, assim como para beneficiar uma organização, a liderança tem a responsabilidade de definir claramente os usos apropriados e não apropriados dos recursos computacionais. Embora o número e o escopo de tais regras devam ser mínimos, eles devem ser completamente cumpridos quando estabelecidos.

- **Assegurar que usuários e todos aqueles que serão afetados por um sistema tenham suas necessidades claramente tratadas durante a avaliação e o projeto de requisitos**: Os usuários de sistemas, usuários em potencial e outras pessoas cujas vidas podem ser afetadas por um sistema, devem ter suas necessidades avaliadas e incorporadas no documento de requisitos do sistema; essas avaliações devem assegurar o cumprimento dos requisitos.

- **Articular e apoiar políticas que protejam a dignidade do usuário e outros afetados pelo sistema de computação**: Projetar ou implementar sistemas que deliberadamente ou inadvertidamente aviltem indivíduos ou grupos é eticamente inaceitável. Os profissionais de computação que estão em posições de tomada de decisão devem zelar para que os sistemas sejam projetados e implementados para proteger a privacidade pessoal mantendo a dignidade pessoal.

- **Criar oportunidades para os membros da organização aprenderem os princípios e as limitações de um sistema de computação**: Aborda a compreensão do público. Oportunidades educacionais são essenciais para facilitar a participação efetiva de todos os membros da organização; as oportunidades devem estar disponíveis para todos os membros para auxiliá-los a melhorar seus conhecimentos e habilidades em computação, incluindo cursos que os familiarizem com as consequências e limitações de tipos particulares de sistemas.

QUESTÕES PARA REVISÃO

1. Defina ética.
2. Qual a principal reflexão que a ética proporciona?
3. Do ponto de vista ético, o que é responsabilidade social?
4. Quais os impactos sociais e éticos que a tecnologia da informação proporcionou? Comente os diversos autores estudados.
5. Disserte sobre problemas éticos na área de tecnologia e sistemas.
6. Por que estudar ética no campo da tecnologia de informação?
7. Que benefícios de ordem prática pode trazer um código de ética em computação?
8. Descreva os principais pontos na evolução do conceito da ética da Antiguidade aos nossos dias.
9. Pode a ética contribuir para a humanização das organizações? Explique.
10. Um problema técnico pode ter sua origem em uma prática antiética?

ERP (*Enterprise Resource Planning*) e os Portais de Informação

capítulo 6

TÓPICOS

6.1. ERP – *Enterprise Resource Planning*
    6.1.1. Definições
    6.1.2. Benefícios de sistemas ERPs
    6.1.3. CRM – *Customer Relationship Management*
    6.1.4. BPM – *Business Performance Management*
6.2. Os Portais na Internet (EIP)
    6.2.1. Portal de Informação
    6.2.2. Considerações sobre a finalidade de uso
6.3. Governança Corporativa e Tecnologia da Informação
    6.3.1. Princípios de TI

SÍNTESE

Este capítulo tem por finalidade habilitar o leitor a compreender as discussões referentes ao ERP – *Enterprise Resource Planning*, suas definições, conceitos e principais utilizações.

Discute-se também o que são os Portais de Informação e suas aplicações no segmento empresarial.

Apresentam-se os principais conceitos envolvidos em Governança Corporativa e sua integração com a área de Tecnologia de Informação.

OBJETIVOS DE APRENDIZAGEM

O estudo deste capítulo torna o leitor capacitado a:

- Entender os conceitos de ERP e suas derivações;
- Conhecer os conceitos dos portais corporativos;
- Entender os fundamentos da Governança Corporativa e sua relação com a TI.

6.1 ERP – *ENTERPRISE RESOURCE PLANNING*

6.1.1 Definições

Os sistemas de informações passaram a ser cada vez mais desenvolvidos, com o propósito de constituir um sistema integrado. Como a tendência natural é a integração dos processos organizacionais, ao longo do tempo desenvolveu-se a ideia de criar sistemas transacionais e sistemas de informações de forma que sejam constituídos em módulos padronizados, customizados (parametrizados e personalizados para a realidade de cada uma das empresas) e integrados entre si, de tal forma que atendam a empresa como um todo.

Tecnicamente, ERP (*Enterprise Resource Planning*) é uma evolução do MRP (*Materials Resource Planning*), um sistema integrado de fábrica. Um sistema ERP é desenvolvido com o objetivo de integrar não apenas sistemas do escritório, mas também a fábrica ao escritório, aplicando o que é chamado de *best practices*, as melhores práticas de administração de negócios existentes.

É bom lembrarmos que um sistema ERP também tem suas restrições, como qualquer *software* e qualquer processo de informatização. A maior delas é o risco de fazer com que a organização fique "engessada", estruturando demais um trabalho e/ou atividade que seja essencialmente de natureza não estruturada (isto é, que tenham melhor desempenho sem que ela esteja informatizada). De fato, o aplicativo ERP funciona melhor em atividades padronizadas e rotineiras, como as de uma fábrica, do que em processos de tomadas de decisões estratégicas e atividades que exigem mais competências humanas.

Além disso, quanto mais atividades e/ou sistemas a serem interligados houver, mais complexa e arriscada será a implantação de um sistema ERP, pois eles podem constituir pontos de estrangulamento entre seus subsistemas.

Apesar de muitos sucessos dos sistemas de ERP, também presenciamos grandes fracassos e até casos de gastos muito acima do previsto.

No início de 1969, Blumenthal propôs um modelo para a arquitetura integrada de sistemas de informação na organização (Kumar, 2000). Todavia, em virtude das práticas comerciais da época e da complexidade técnica associada à implementação do modelo, não foi possível construir uma ferramenta de sistema de informação *integrado* de amplitude organizacional, os chamados sistemas ERP, com operacionalidade aceitável em empresas. De 1980 ao início de 1990, foram realizadas tentativas para desenvolver modelos sistêmicos completos de negócios. No entanto, verificaram-se vários insucessos, atribuídos à descontinuidade ou a falhas de desenvolvimento, em decorrência do baixo nível tecnológico então existente e de longos períodos necessários à implementação desse tipo de *software*, naturalmente complexo pela grande amplitude das atividades das empresas.

Na década de 90, enquanto organizações tentavam criar seus próprios sistemas integrados, surgiu na indústria a primeira geração de sistemas ERP. Inicialmente a SAP e em seguida a Baan, ambas companhias europeias, implementaram os primeiros pacotes ERP que, por sua vez, foram adotados em organizações industriais (Boeing, Mercedes-Benz, BMW, Ford etc.).

O desenvolvimento de sistemas ERP começou com um *software* de padronização e controle de estoques, gestão financeira, planejamento de recursos e necessidades de materiais MRP, MRP II. Depois, houve a expansão e a inclusão de outros processos, tais como vendas e distribuição, marketing, compras, gestão interna, controle de custos, recursos humanos, CRM (*Customer Relationship Management*) e assim por diante (Scheer, 2000).

Atualmente, com a tecnologia disponível, atividades das organizações podem ser distribuídas em departamentos de regiões geográficas distantes. Os níveis de descentralização e autonomia de departamentos são básicos para a integração da informação e dos processos do negócio, portanto, possíveis de serem implementados em *software* ERP. Se os processos de negócio são redesenhados de acordo com o modelo do segmento de mercado, o sistema ERP pode ser configurado e customizado com base nesse modelo conceitual, por meio da integração desses processos. Como as organizações mudam dinamicamente para novas formas e dimensões de negócios, continuamente surgem necessidades de adaptação de pacotes ERP a novas realidades. A principal razão do avanço de sistemas ERP em comparação a sistemas proprietários nas empresas refere-se à dificuldade de manutenção destes. Muitas vezes, os sistemas tradicionais tornam-se obsoletos em relação às novas tecnologias, inflexíveis e aquém do ritmo de crescimento das empresas. Isso tem permitido a internacionalização dos mercados e do processo de manufatura que obrigaram as organizações a adotarem tecnologias e novas estratégias de negócio, que precisam de permanente alinhamento com o dinamismo dos mercados globalizados (Holland et al., 1999).

As principais preocupações, em muitas organizações, se direcionam para a manutenção e estabilidade junto ao mercado em que atuam, no qual são fomentados projetos de ERP e projetos para Internet (como grandes portais, entre outros), entretanto a maioria das empresas ainda não começou a desenvolver e se preocupar com projetos envolvidos na área de gestão do conhecimento.

Para Davenport (1998), ERP é um sistema de *software* que tem como intenção a integração dos processos e informações que fluem na empresa. Esse sistema impõe sua própria lógica a uma vertente estratégia, à cultura organizacional e à própria organização da empresa. A concepção do ERP é uma solução genérica que procura atender a todo e qualquer tipo de empresa e seu projeto reflete uma série de hipóteses sobre como operam as organizações, desenhadas por meio de seus processos de negócio e determinadas especificidades. O sistema é desenvolvido para refletir as melhores práticas de negócio, porém a decisão sobre a melhor prática fica como responsabilidade de cada organização ou, de uma maneira específica, do próprio usuário de *software*.

A solução integrada dos sistemas ERP consiste em um processo que envolve planejamento e gestão geral dos recursos da empresa e a sua utilização. O principal objetivo dos sistemas ERP é integrar todos os departamentos e funções de uma empresa (organização) em um sistema unificado de computação, com capacidade de atender à maioria das necessidades da organização (Turban, 2004).

Os sistemas de informação, incluindo, os sistemas ERP, têm um pressuposto básico: após a sua implementação, com a qual os processos estarão automatizados, facilitando o fluxo de trabalho das pessoas nas organizações, ocorre uma estabilização estrutural interna – porém, o que se espera é que haja maior aprendizado por parte dos indivíduos e, consequentemente, uma introspecção de conhecimento por parte deles.

6.1.2 Benefícios de sistemas ERP

Os benefícios oferecidos por sistemas ERP, tais como integração de funções e dados, aumento de interação com clientes por meio de ferramentas CRM, aumento de vendas e diminuição de custos, qualidade de serviços, têm levado muitas empresas a adotarem sistemas ERP nos últimos anos. Apontamos alguns deles a seguir:

- *Padronização de dados*. Para que o sistema desempenhe bem seu papel nas unidades do negócio, é necessário que todos utilizem o mesmo vocabulário e formato de dados, o que torna os dados mais transparentes, facilita com-

paração de resultados e ressalta a exposição de anomalias da informação, o que facilita a utilização de diferentes indicadores de resultados na empresa;
- **Padronização de processos.** Um sistema ERP requer padronização no que concerne a redução e otimização de processos. Portanto, torna-se necessário promover mudanças em formas de trabalho para novos ordenamentos do negócio;
- **Mudança contínua da organização.** A implementação de um sistema ERP na organização deve seguir uma política de mudanças contínuas e planejadas para permitir aprendizagem organizacional. Pode-se permitir a liderança do negócio em termos de tecnologia e eficiência operacional, o que pode ajudar a posicionar a empresa à frente de concorrentes.

A literatura aponta muitos benefícios de sistemas ERP, os quais podem ser divididos em quatro categorias (Gattiker e Goodhue, 2000):

a) Primeira: geração de informação de apoio à gestão, que inclui:
- aumento de fluxos de informação entre subsistemas (departamentos) da organização;
- padronização, facilidades de integração, melhoria de coordenação;
- consolidação de resultados e resolução de inconsistências de informação entre unidades da organização;
- redução de custo administrativo no compartilhamento da informação;
- disponibilização da informação no tempo adequado.

b) Segunda: padronização e integração de unidades da organização, visando centralizar atividades para permitir vantagens administrativas e econômicas.

c) Terceira: redução de custos de manutenção dos sistemas de informação e aumento de disponibilidade para criação de novas funcionalidades. A padronização dos sistemas de informação em unidades organizacionais gera economia de escala na execução do trabalho programado ou realizado com o apoio do ERP.

d) Quarta: como instrumental de posicionamento da empresa na adoção de melhores práticas de negócio na área em que a empresa está inserida.

Para organizações que possuem sistema ERP, um fator de sucesso está em traduzir a infraestrutura em valor agregado, de forma a posicionar e manter o negócio à frente de competidores. Por exemplo, suponha que determinada empresa adquiriu tecnologia ERP e se posiciona no *nível 1* ao implementar a tecnologia. Neste caso haveria, ganho de *eficiência* em processos do negócio e consequente economia de custos (*vantagens econômicas*). Continuando evolutivamente ao ascender ao *nível* 2 da escala, deverá ocorrer um aperfeiçoamento do produto para diminuir os custos da tecnologia e obtenção de ganho de *eficiência/eficácia*. Ao atingir o *nível* 3, deverão advir novos ganhos de resultados de novas ferramentas, como funções de CRM, e-*commerce*, B2B (*Business to Business*), B2C (*Business to Customer*) e outras. A prática tem mostrado que o aperfeiçoamento contínuo do produto tem acrescentado benefícios progressivos às organizações.

6.1.3 CRM – *Customer Relationship Management*

Em princípio, enquanto o ERP é um sistema integrado mais voltado para atividades internas de uma corporação, o CRM atende às necessidades externas e, especificamente, aos clientes. Em princípio, mesmo um ERP que na sua origem foi desenvolvido para integrar sistemas internos pode ser expandido para atender às necessidades de administrar clientes. O mesmo pode ocorrer com o CRM cuja origem está em um sistema de administração de relacionamento com clientes.

Basicamente, o CRM tem duas finalidades: prospectar novos clientes, e manter e satisfazer cada vez mais os atuais, com o objetivo de aumentar a lucratividade empresarial. Em suma, CRM é um Marketing de Relacionamento com suporte de Tecnologia da Informação.

Uma solução completa de CRM é uma complexa integração de vários sistemas-módulos em rede Internet, de diferentes tecnologias da informação de diferentes fornecedores:

- o próprio ERP, que fornece ao CRM as informações dos atuais clientes;
- *e-commerce* ou Comércio Eletrônico, caso uma empresa venda virtualmente;
- o *site* ou portal da empresa, na Internet;
- *Data Warehouse* (bancos de dados relacionais e multidimensionais), suportando todas as informações dos clientes;
- *Contact Center* – toda uma estrutura de pessoal de atendimento, suportada por Central de PABX, CTI (*Computer Telephony Integration*), URA (Unidade de Resposta Audível), e-mails, *chats* e aplicativos de administração de clientes, entre outros.

Cabe aqui esclarecer que muitos utilizam o termo *Call Center* em vez de *Contact Center*. *Call Center* significa centro de chamadas, subentendo-se atendimento telefônico. Acontece que hoje *Call Center* deixou de ser apenas um centro de atendimento telefônico, desde que a sociedade começou a fazer uso de serviços de

Internet, tais como e-mails. Assim, o termo mais correto para essa nova realidade é *Contact Center*, mais genérico e abrangente que o anterior.

O CRM é muito utilizado pelos setores de marketing de uma organização, podendo contribuir em funções relacionadas com ações de telemarketing nas empresas. O telemarketing assume o seu verdadeiro significado de *Marketing a distância*, não só com telefone, mas também ampliado com todos os recursos que a Internet oferece, utilizando-se assim de tecnologias de informação e comunicação em seus serviços de apoio.

Dessa forma, tanto o CRM quanto o ERP devem estar alinhados ao Planejamento Estratégico da empresa.

6.1.4 BPM – *Business Performance Management*

Podemos dizer que o *Business Performance Management* (BPM), seria o estado da arte na Administração de Negócios, isto é, as melhores práticas da administração, tendo como uma condição básica o uso intensivo e extensivo das tecnologias da informação, também chamado de EPM (*Enterprise Performance Management*) ou CPM (*Corporate Performance Management*).

Esse processo sistêmico consiste na abordagem qualitativa da administração integrada entre níveis estratégico, tático e operacional, constituindo o contexto do planejamento estratégico com melhores práticas de gestão, suportado com as mais avançadas tecnologias da informação.

Com o uso adequado das tecnologias da informação e comunicação, no cenário das organizações atuais, as empresas podem, por meio das pessoas que conduzem as questões de negócios estratégicos, evoluir cada vez mais em busca das melhores práticas de serviços. Podemos dizer que a abordagem contextual quanto ao BPM, como um todo, ainda está em processo de evolução e de maturidade, sendo muito discutida pelos principais segmentos estratégicos nas organizações, não havendo, portanto uma receita padrão a ser seguida.

6.2 Os Portais na Internet (EIP)

Antes de abordarmos a implementação de portais de informação, ultimamente conhecidos como EIP (*Executive Information Portal*) nos Estados Unidos da América, é importante discutirmos um pouco sobre as questões que mais preocupam um *CIO* (*Chief Information Officer*) e basicamente a maioria dos funcionários de determinada organização: as redes de computadores e as ações práticas de segurança dessas redes.

As redes de computadores são uma necessidade desde o surgimento dos computadores, não somente nas organizações: desde o início foram empregados nas áreas científicas e militares. Vemos hoje as organizações se automatizando cada vez mais, com o objetivo de aumentar eficiência interna, buscando cada vez mais atingir índices de qualidade e excelência.

A interligação de uma rede de dados pode ser definida como a criação de uma grande *intranet*, possibilitando assim que os dados sejam transmitidos e/ou acessados de forma direta, rápida e segura por qualquer um dos usuários que tenham suas devidas permissões (alçadas), melhorando o processo de comunicação como um todo nas organizações.

Na efetivação desses serviços, vários produtos podem ser agregados aos processos internos existentes nas empresas: (a) interligações das centrais telefônicas via ramais (canais de voz), reduzindo significativamente os custos de telefonia; (b) melhoria do processo de comunicação entre as pessoas; (c) permitir a utilização de mensagens eletrônicas (e-mails); (d) ensino a distância (EAD); (e) teleconferência; (f) videoconferência; entre outros.

Esse canal de comunicação poderá ser concretizado, em princípio, de duas formas: utilizando-se a estrutura da Internet ou através de redes privativas. A primeira opção não constitui de boa prática nos dias atuais, pois, mesmo que sejam contratados canais de acesso de alta velocidade à Internet não existe uma garantia de que esta velocidade seja mantida durante os vários roteamentos possíveis que os dados irão sofrer até chegar ao seu destino final. A segunda opção é a contratação de um canal ponto-a-ponto, garantindo assim a performance e velocidade necessária em uma mesma malha de rede interna (*Local Area Network*).

Os economistas chamam *network externality* (externalidade de rede) o fenômeno observado em redes nas quais as pessoas estão dispostas a pagar mais pelo acesso a redes, quanto mais usuários estas redes possuam. Isso se deve simplesmente ao fato de que a rede que congrega mais usuários é potencialmente mais útil, pois permite que os mesmos recursos de comunicação e distribuição de informação possam ser mais bem utilizados, pois atingem mais pessoas. No caso de uma *intranet*, o mesmo tipo de fenômeno acontece: quanto mais pessoas ela puder interligar, mais clientes, parceiros e fornecedores poderão estar integrados em um grande sistema de comunicação, acessando bases de dados e aplicações em tempo real, trazendo, portanto, mais benefícios. A *intranet* tende a trazer um retorno mais rápido do investimento realizado pela empresa. Por essa razão, as empresas têm procurado interligar suas *intranets* tanto com as *intranets* de empresas coligadas e filiais como com as *intranets* de parceiros, fornecedores e grandes clientes (Embratel, 2001).

6.2.1 Portal de Informação

Para Tapscott (1999), a Internet muda a forma como bens e serviços são vendidos por duas razões: "ela tornar-se-á um canal de vendas cada vez mais importante e uma poderosíssima ferramenta de promoção e propaganda, a qual ajudará na venda de produtos e serviços comercializados por outros meios". Para o autor, a Internet não pode ser comparada com a televisão, pois esta é basicamente uma forma passiva de entretenimento, pelo menos até agora. A mídia exige uma participação ativa, informada e inteligente do usuário, o que com a televisão não precisa acontecer. Os usuários da Internet precisam no mínimo ser "aculturados" e motivados a ter uma participação ativa.

Para Bruner (1998), algumas empresas têm se associado a outras no mundo da Internet. Tais parcerias são importantes para as empresas que operam no mundo virtual. Entretanto, essas parcerias necessitam ser muito bem definidas, fundamentadas e transparentes. Para muitas organizações que atuam também no varejo tradicional, Silva (1996) expõe que as vendas *on-line* oferecem as seguintes vantagens quando comparadas ao varejo tradicional:

1. comodidade de compra: é possível efetivar a compra em qualquer lugar (casa, trabalho, entre outros). A pesquisa de preços também acaba sendo mais cômoda;

2. maior quantidade de informação sobre o produto: nos anúncios tradicionais, feitos pelos outros meios de propaganda, não se obtêm tantas informações sobre o item a ser comprado quanto na Internet;

3. respostas mais rápidas às condições de mercado: um exemplo disso acontece quando a empresa deseja diminuir o preço de um produto para combater o concorrente, podendo fazê-lo em segundos;

4. redução de custos de impressão e postagem: atualmente as empresas estão mantendo seus clientes informados sobre ofertas e outras coisas através de boletins enviados por e-mail;

5. redução de custos de manutenção: como existe um quadro menor de funcionários e até mesmo a estrutura física da empresa é reduzida, os custos e despesas são menores. Dependendo do produto comercializado pela empresa, o número de funcionários pode ser bem reduzido, bem como a sua estrutura física;

6. menos discussões com os clientes: o cliente, quando realiza uma compra via Internet, está ciente das dificuldades de troca, e normalmente só efetua

a compra quando não tem mais dúvidas sobre o produto que está comprando;
7. desenvolvimento de relações duradouras com o consumidor: quando o cliente realiza a compra pela Internet, recebe o produto conforme o que pediu, no prazo combinado, e não tem o porque não ficar satisfeito ou não voltar a comprar no mesmo *site*.

Os *portais* corporativos se resumem a um determinado ambiente único e integrado, no qual todos os participantes de uma rede de valor possam acessar e compartilhar informações estruturadas ou não, conhecimentos, *expertises*, colaborando entre si para executarem suas funções de trabalho, não importando a fonte nem o formato em que a informação esteja.

No entanto, de uma forma geral, podemos conceituar portal de informação como uma plataforma que integra aplicações internas, como e-mails, gestão de documentos, acesso a sistemas e a banco de dados da empresa, com aplicações externas, como serviços de notícias e *web sites* de fornecedores, entre outros. Ele possui uma interface baseada nos padrões de comunicação de Internet, o que permite ao usuário acessar todas essas aplicações por meio de um navegador (*browser*) utilizando um microcomputador ligado à rede de computadores interna, ou por meio de acesso externo utilizando mecanismos de segurança.

O portal de informação acaba sendo uma das formas tangíveis da gestão do conhecimento da organização, estruturando o ambiente digital e atuando como elemento integrado de acesso a informações e sistemas aplicativos, e integrador, na medida em que aproxima pessoas por intermédio da colaboração em equipes de trabalho.

A criação de um grande *portal* de informação implica na definição do que a organização quer oferecer estrategicamente à sua comunidade, tanto interna quanto externa, contemplando o contexto institucional, como o *B2C, B2E* e *B2B* (*business to commerce, business to employee* e *business to business*), abordando a seguinte estratégia e supostas fases de implementação:

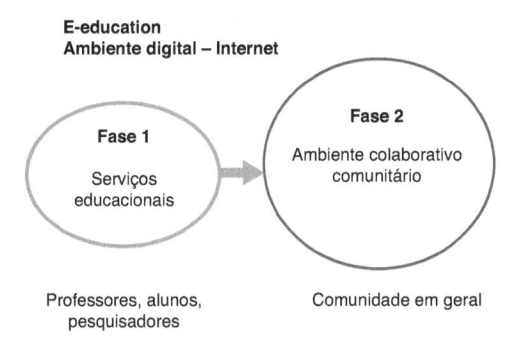

```
           E-education
           Ambiente digital – Internet

                Fase 1           Fase 2
               Serviços       Ambiente colaborativo
             educacionais        comunitário


        Professores, alunos,    Comunidade em geral
           pesquisadores
```

Figura 6.1. Estratégias de implementação do portal de informação.

Pierre Lévy (1999), em sua abordagem da cibercultura como sendo um outro tipo de cultura, discute a dissolução de todos os conceitos de saber ou formas de pensar com os quais estamos acostumados, sendo que essas formas de saber seguem uma linha tradicional-conservadora.

Para o autor, é necessário preferir a imagem de espaços de conhecimentos emergentes, abertos, contínuos, em fluxos, não lineares, que se reorganizam conforme os objetivos ou contextos e nos quais cada um ocupa uma posição singular e evolutiva. No entanto, é importante identificar se o indivíduo tenta resgatar a vontade da busca de conhecimento, podendo assim efetuar novas formas de relacionamento, tanto em comunicação como em efetuar uma compra ou venda pela Internet.

Os portais de informação precisam contemplar uma verdadeira comunidade de serviços tanto para a comunidade em geral quanto para os clientes internos e externos. Para tanto, é necessário uma definição e criação de estrutura com características mínimas, conforme descritas a seguir:

Software:
a) efetuar a avaliação de *softwares* cada vez mais modernos existentes no mercado, na administração de *portais*, facilitando assim a performance das atividades que são realizadas, que permitam atualizações rápidas e seguras, identificando o quê, para quem, como e quando essas informações serão disponibilizadas, bem como a identificação de *logs* de acesso e alçadas de usuários;
b) utilização de *software* de criptografia de acessos (senhas), do tipo https.

Hardware:

a) alta performance em I/O;

b) grande capacidade de disco para armazenamento de texto, imagens e mensagens eletrônicas;

c) processadores de alta capacidade;

d) equipamentos com memória suficiente;

e) separação dos servidores/equipamentos, tanto para banco de dados como para os aplicativos e arquivos;

f) dimensionamento dos enlaces físicos e lógicos das redes de comunicação.

Telecomunicação:

Uso de canal de comunicação específico (*banda/link* isolada e adequada), aumentando-se assim a performance, a usabilidade e a própria eficácia de todo o projeto de implementação do portal. É importante ressaltar que quanto maior a utilização dos serviços disponibilizados na Internet, maior será o *link* de comunicação.

Manutenção das informações (conteúdos):

Formação de equipe de profissionais dedicados que tenham domínio do uso da tecnologia da informação como ferramenta, com a capacidade de identificar, capturar e cultivar novidades publicadas no mundo e equipe técnica na área de desenvolvimento na Web, com o objetivo de disponibilizar as informações no *portal* de maneira rápida, ágil e segura. Talvez a questão do conteúdo, realmente seja a mais crítica na questão dos *portais* de informação, pois, se não for atualizado e correto, de nada vale sua criação, implementação e continuidade. Fomentar a informação íntegra e relevante é o mais importante neste cenário da Internet.

É necessário um forte preparo no que tange à questão da infraestrutura interna de comunicação, seja em equipamentos de qualidade e na distribuição correta da tecnologia de redes de computadores e roteadores existentes, bem como no esquema de segurança (*firewall*) e de contingência, tanto na rede de comunicação em banda larga como nas implementações de *backups* e esquemas de utilização de parque de *hardware* sobressalente. É preciso também contar com o suporte dos grandes fornecedores, no atendimento e reparo tanto de *software* como de *hardware*.

Portanto, a tecnologia não é só o conjunto de máquinas e dispositivos ligados entre si, mas sim um meio, uma maneira de agir. A tecnologia empregada na organização necessita referir-se ao uso de processos sistemáticos para selecionar os métodos e materiais apropriados para resolver um determinado problema na empresa. Essa tecnologia, se utilizada de forma sábia, não se reduz à utilização de meios, mas sim acaba implicando diretamente no resultado final. Essa tecnologia precisa necessariamente ser um instrumento mediador entre o homem e o mundo.

Estamos discutindo uma questão ligada ao *emporwerment* do indivíduo: que realmente funciona e agrega valor ao resultado final é sua ação, não só de maneira individual, mas também coletiva. O que realmente necessita funcionar é: (a) recorrer a pessoas com experiência em processos de mudança, capazes de impulsionar a autoconfiança na realização de suas tarefas; (b) desenvolver sistemas de reconhecimento que inspirem a criatividade, promovendo o otimismo e construindo, assim, a autoconfiança; (c) fomentar o *feedback* capaz de ajudar as pessoas a tomar melhores decisões relacionadas com a visão; e (d) reequipar gerentes incapacitantes, atribuindo-lhes novas tarefas que demonstrem com nitidez a necessidade efetiva da mudança (Kotter, 2002).

Mas o que podemos dizer realmente é que o mais difícil na utilização de um portal de informação na organização refere-se a sua usabilidade, isto é, do uso efetivo por parte das pessoas por meio de uma maneira responsável. O conteúdo das informações merece também uma grande atenção, pois não basta ter uma série de informações – é preciso que elas estejam atualizadas e que as pessoas envolvidas na organização tenham conhecimento delas.

Outro ponto importante a ser destacado aqui é: quanto mais é utilizado um portal de informação, maiores devem ser os indicadores que agreguem à organização – isto é, voltamos a questões que estão relacionadas diretamente à gestão do conhecimento por parte das pessoas e, consequentemente, às organizações.

6.2.2 Considerações sobre a finalidade de uso

Com a emergência do ciberespaço, grande parte do "todo" ficou agora acessível a todos. As páginas distribuídas em *sites* na Internet expressam ideias, desejos, fantasias, saberes, ofertas de toda a sorte de transações, comerciais ou não, entre pessoas e grupos humanos. As redes digitais interativas são fatores potenciais de personalização do próprio conhecimento humano. O ciberespaço, por meio de sua construção diária, provoca um verdadeiro dilúvio de informações, uma massa tão grande de informação que pode sufocar e até mesmo desinformar os indivíduos que não estejam devidamente preparados para entender este emaranhado cibernético.

Tendo em vista esse cenário, percebemos que o verdadeiro papel do indivíduo e da sociedade começa a estruturar-se para a sociedade do conhecimento.

Porém, é importante a conscientização dos indivíduos para esse contexto que evolve a tecnologia. Os indivíduos necessitam ter uma ação não só de maneira individual, mas sim de forma coletiva, agindo com simplicidade, humildade e sabedoria. Talvez seja esse um dos caminhos para a obtenção da maturidade nas organizações e para a própria evolução da espécie humana.

Enfim, nosso texto procurou exemplificar e demonstrar a importância e a necessidade de caminharmos para uma utilização mais eficaz das novas tecnologias da informação emergentes e as boas práticas de infraestrutura a serem implementadas nas organizações, abordando a tecnologia como "meio" e não como "fim", representando assim mais uma ferramenta a serviço da empresa.

6.3 Governança Corporativa e Tecnologia da Informação

Segundo o Instituto Brasileiro de Gestão do Conhecimento – IBGC (2010), Governança Corporativa

> surgiu para superar o "conflito de agência", decorrente da separação entre a propriedade e a gestão empresarial. Nesta situação, o proprietário (acionista) delega a um agente especializado (executivo) o poder de decisão sobre sua propriedade. No entanto, os interesses do gestor nem sempre estarão alinhados com os do proprietário, resultando em um conflito de agência ou conflito agente-principal. A preocupação da Governança Corporativa é criar um conjunto eficiente de mecanismos, tanto de incentivos quanto de monitoramento, a fim de assegurar que o comportamento dos executivos esteja sempre alinhado com o interesse dos acionistas.

Pelo IBGC (2010), temos uma série de normas e procedimentos que em princípio devem ser adotados pelas organizações, dentre os quais podemos destacar:

> Outsider System (acionistas pulverizados e tipicamente fora do comando diário das operações da companhia)
> Sistema de Governança anglo-saxão (Estados Unidos e Reino Unido):
> – Estrutura de propriedade dispersa nas grandes empresas;
> – Papel importante do mercado de ações na economia;
> – Ativismo e grande porte dos investidores institucionais;
> – Foco na maximização do retorno para os acionistas (shareholder oriented).
> Insider System (grandes acionistas tipicamente no comando das operações diárias diretamente ou via pessoas de sua indicação)
> Sistema de Governança da Europa Continental e Japão:
> – Estrutura de propriedade mais concentrada;
> – Presença de conglomerados industriais-financeiros;
> – Baixo ativismo e menor porte dos investidores institucionais;
> – Reconhecimento mais explícito e sistemático de outros stakeholders não financeiros, principalmente funcionários (stakeholder oriented).

A governança corporativa teve origem nos Estados Unidos da América, com o objetivo de proteger as organizações quando da publicação de seus balanços contábeis, a partir da homologação e vigência da Lei Sarbanes-Oxley que trata do novo ambiente regulatório e legislativo. Essa lei foi regulada em Julho de 2002, e suas principais características e eixos se baseiam nas questões da ética e da sustentabilidade empresarial.

6.3.1 Princípios de TI

Os princípios de TI consideram a essência, propriamente dita, de como administrar a área da tecnologia da informação na organização. Como nosso caso envolve questões de governança e suas melhores práticas, temos que pensar no contexto da TI e seu relacionamento com os demais departamentos da organização.

Dessa forma, precisamos entender o que e até onde vai o poder de fogo das ferramentas computacionais e os *softwares* de inteligência que essa área pode empregar efetivamente nos negócios da organização.

Os princípios de TI estabelecem uma postura empresarial que pode ser traduzida em políticas, normas e diretrizes específicas que, segundo Weill e Ross (2006), são:

1. Habitar o negócio: fazer com que o negócio seja possível de ser utilizado pelo uso da área de tecnologia da informação;
2. Assegurar a integridade das informações: os aplicativos utilizados devem garantir esta integridade;
3. Criar uma visão comum dos clientes: tarefa difícil, porém quanto mais os usuários de serviços conhecerem o propósito da área de TI, melhores serão as práticas de governança;
4. Promover uma arquitetura consistente: preparar um ambiente de tecnologia compatível com as necessidades da organização;
5. Utilizar as normas da indústria: estar de acordo com as normas vigentes dos serviços utilizados;
6. Reutilizar antes de comprar, comprar antes de desenvolver;
7. Administrar a TI como investimento: a TI é meio de conseguir agregar valor às necessidades de negócio das organizações.

Na grande questão da governança de tecnologia da informação, vêm à tona as discussões de como a área de TI pode contribuir com a gestão das empresas, para apoiar a gestão corporativa dessas organizações, corroborando assim com a própria governança corporativa empregada nas empresas.

Um fator muito importante no processo de implementação da governança corporativa é que a organização precisa esta preparada para passar pelo processo e alcançar sucesso nesse empreendimento, e que a gestão por processos é muito importante para que a governança de TI encontre um ambiente propício para ser conduzida e atingir os resultados esperados.

Para Monteiro et al. (2008), cabe à área de TI estar integrada aos negócios das organizações, e a tendência é que tal área se torne um parceiro estratégico dotado de uma forte governança aliada e alinhada à governança corporativa. É esperado que as perspectivas de acompanhamento do crescimento da área de TI no processo estratégico e decisório da organização seja real, visando seu amadurecimento. Dentro da estrutura organizacional, surgem possíveis evoluções para a melhoria dos modelos tanto técnicos como de negócios.

Dessa forma, a governança de TI passa a visar a ter o controle dos processos com mais liberdade, incentivando a busca por soluções com mais qualidade e baixo custo e implementando as melhorias de forma mais eficiente.

QUESTÕES PARA REVISÃO

1. O que são sistemas ERP?
2. Quais são os benefícios dos sistemas ERP?
3. Qual a utilidade prática dos sistemas CRM?
4. O que são portais de informação?
5. Mencione alguns aspectos que devem ser observados em relação à qualidade da informação disponibilizada nos portais.
6. Como explicar que as tecnologias de informação representam um "meio" e não um "fim" para as empresas?
7. O que justifica a aplicação dos princípios da Governança Corporativa nas organizações?
8. Como a área de TI pode contribuir na implementação de boas práticas de gestão?

Glossário de Termos Técnicos

Acesso Equivalente: Possibilidade de acessar dados com base em qualquer critério presente nos dados armazenados.

Agregados (SQL): Funções que podem ser adicionadas a comandos de pesquisa em bancos de dados. Exemplo no comando SQL SELECT : SUM, COUNT, MIN, MAX ou AVG.

Agregados: Resumos pré-calculados ou pré-armazenados que são mantidos no *Data Warehouse* para melhorar o desempenho de consulta.

Algoritmo: Processo de cálculo. Conjunto predeterminado e bem definido de regras e processos destinados à solução de um problema, com um número finito de etapas. Processo de cálculo ou de resolução de problemas de um grupo de problemas semelhante, em que se estipulam, com generalidades e sem restrições, regras formais para a obtenção do resultado ou solução do problema.

Alias (SQL): Um pequeno identificador em uma expressão SQL que representa um nome de uma tabela física. É um "apelido" pelo qual a tabela pode ser referenciada.

ANY: Um tipo de expressão lógica em SQL.

Applet: Nome dado aos pequenos programas que são executados pelos *browsers*, de forma transparente ao usuário. Em geral são escritos em Java ou Active X, permitindo aumentar o potencial dos navegadores para tratar das páginas mais rebuscadas.

Aprendizagem de Máquina (*Machine Learning*): Uma das áreas de pesquisa da inteligência artificial que consiste em projetar programas computadorizados capazes de aprender a partir da experiência dos indivíduos.

Área Livre de Disco: A parte do disco que está livre antes do carregamento de dados. É destinada a receber os novos dados para armazenamento.

ARJ: Extensão que indica arquivo compactado através do programa de compressão ARJ, desenvolvido por Robert Jung, de grande uso, ao lado do PKZIP e do WINZIP (que geram arquivos com a extensão ZIP). No momento de um UPLOAD ou DOWNLOAD, reduz o tempo de transmissão.

Armazenamento de Dados Operacionais: Um arquivo com dados operacionais, mantido em seu formato original. Inadequado para consulta direta de *Data Warehouse*, por ser muito volumoso e por não estar no formato que atenda o tipo de pesquisa nesse ambiente.

Arquitetura von Neumann: Arquitetura mais usada para a construção de computadores. Desenvolvida por John von Neumann, permite que os programas sejam estocados na memória do computador, como se fossem dados. Este tipo de arquitetura faz que as instruções sejam executadas sequencialmente no computador, uma a uma. Quase todos os computadores modernos utilizam a arquitetura von Neumann.

ASCII: Acrônimo para *American Standard Code for Information Interchange*, é um sistema de codificação binária dos dados. A cada item é feita uma correspondência com cada letra, número e códigos de controle. A tabela ASCII atual, usando os 8 bits de cada byte, permite representar 256 caracteres.

Atributo: Um campo em uma tabela dimensional.

Autômato: Do grego *automatos* e do latim *automatu*. A melhor definição de autômato foi dada por uma enciclopédia alemã, publicada em 1732: "São instrumentos mecânicos preparados de modo tão sutil e engenhoso, segundo as artes da geometria, que se movem e andam sem a ajuda de força externa", ou "máquina que traz em si o princípio de seu próprio movimento". Quando elas têm aparência humana são também chamadas de "androides".

BACKBONE: Literalmente "espinha dorsal". Termo usado para caracterizar as vias de dados de alta velocidade, responsáveis pela transmissão entre pontos de distribuição geográficos ou entre servidores de uma rede.

Banco de Conhecimentos (*Knowledge Base*): Um componente fundamental dos Sistemas Baseados em Conhecimento. O Conhecimento é relativo a um domínio de um determinado problema.

Banco de Dados Espelhado: Uma organização física de dados em que o banco de dados inteiro é duplicado em unidades de disco separadas. O objetivo principal deste procedimento é garantir segurança física dos dados em caso de ocorrência de alguma falha física no disco onde os dados residem.

Banco de Dados Hierárquico: Estrutura para armazenar dados baseada na dependência existente entre eles. O IMS/DB da IBM foi um dos mais utilizados no mercado nas décadas de 1970 e 1980. Estrutura ultrapassada por não permitir acesso equivalente.

Banco de Dados Pai-Filho: Uma organização de dados hierárquica que envolve normalmente um cabeçalho e um conjunto de linhas de itens. A abordagem *star join* retira todas as informações do cabeçalho (pai) e as mantém como uma dimensão descaracterizada.

Banco de Dados Relacional: Estrutura de armazenamento de dados baseada em tabelas. As várias tabelas possuem "campos" comuns entre elas, o que permite o seu relacionamento. Flexibiliza a construção de banco de dados e permite a utilização de SQL como linguagem de acesso aos dados.

BBS: Acrônimo de *Bulletin Board System* (em tradução livre, Sistema de Quadro de Avisos), é um sistema no qual um ou mais computadores recebem chamadas de outros micros, e após a checagem, permitem que tais usuários coloquem (*upload*) ou retirem (*download*) arquivos de seu disco. A maioria dos BBS é particular. O usuário paga uma certa taxa mensal para usar o sistema, o que permite, além da troca de arquivos, o uso de grupos de discussão e bate-papo *on-line*, entre outros serviços.

Behaviorismo ou Comportamentalismo: Em Psicologia, o behaviorismo metodológico é a visão segundo a qual a tarefa do psicólogo consiste em estabelecer leis relacionando estímulos com respostas. Ainda segundo o behaviorismo metodológico, o psicólogo deve evitar o estudo de estados mentais. Em Filosofia, o behaviorismo lógico é uma forma de reducionismo, segundo o qual o significado da atribuição de estados mentais deve ser feito de acordo com o papel que eles desempenham na produção de comportamentos. Tais atribuições podem, em princípio, ser traduzidas em sentenças que façam referência unicamente a circunstâncias comportamentais e físicas.

BIOS: Acrônimo de *Basic Input/Output System*, é o sistema que guarda as configurações básicas do microcomputador, tais como quantidade e capacidade dos discos (rígidos e flexíveis) etc.

BIT: Contração da expressão *BInary digiT*, que significa dígito binário (0 ou 1). O conjunto de 8 *bits* é denominado *byte*.

BPS: Acrônimo de *bits* por segundo, indica a velocidade de transmissão de dados. Os *modems* atuais mais comuns têm velocidade de 28.800 ou 33.600. Novos modelos que estão chegando ao mercado já estão com velocidade nominal de 56.600 bps (ou 56,6 Kbps).

BROWSER: *Software* cliente originalmente desenhado para ler páginas *HTML* na Internet. Hoje, os *browsers* (do inglês *browse*, folhear) são capazes de interpretar diversos tipos de mídia e executar aplicações Java.

Buffer: Termo usado para designar uma área temporária de armazenamento de dados.

BYTE: Unidade que representa o conjunto de 8 *bits*.

Cálculo de Predicados: Uma linguagem matemática inventada por G. Frege e Ch. S. Peirce (no final do século XIX), na qual é possível representar a forma lógica de sentenças da linguagem natural. Esta linguagem permite estabelecer critérios precisos para a validade das inferências, a verdade das sentenças de diferentes formas e a consistência lógica de conjuntos de sentenças.

Calendário Gregoriano: Representação de calendário que utiliza um formato Dia/Mês/Ano (Português) ou Mês/Dia/Ano (Inglês) para representar uma data.

Calendário Juliano: Uma representação de calendário que utiliza um formato de contagem de dias simples com início em uma determinada época, como 1º de janeiro de 1900. As datas no calendário juliano são na realidade numeradas em milhões e não são comumente usadas para valores de datas literais.

Carga de Dados de Produção: Todo o processo para extrair dados de uma aplicação legada, transformar, carregar e indexar, garantir sua qualidade e disponibilizar tais dados.

CGI: Abreviatura de *Common Gateway Interface*, representa programas, em geral denominados *scripts*, rodados em servidor WEB para execução de diversos tipos de tarefas. Tais *scripts* são escritos em linguagem de alto nível, como a linguagem PERL e, portanto, diminuem o desempenho dos Servidores WEB.

CHAT: Em inglês, quer dizer conversar, bater papo. Programas de *chat* permitem conversas em tempo real por meio do teclado.

Chave Composta: Uma chave de uma tabela de banco de dados composta por vários campos. O mesmo que *chave concatenada*.

Chave Concatenada: Veja chave composta.

Chave Externa (*Foreign Key*): Um campo de um banco de dados relacional cujos valores são obtidos de uma chave primária em outra tabela.

Chave Generalizada: Uma chave primária de tabela de dimensão criada pela generalização de uma chave de produção original, como um número de produto ou de cliente. Chaves generalizadas são necessárias para manipular dimensões de modificação lenta, assim como agregados.

Chave Primária: Um campo em um banco de dados exclusivo a cada registro da tabela. A Chave primária é o identificador de cada registro no banco de dados.

Ciberespaço: Espaço eletrônico que existe no mundo dos computadores.

Cibernética: Do grego *Kybernetiké* — ciência que estuda as comunicações e o sistema de controle de máquinas e organismos vivos. A cibernética teve seu auge nos anos 40 e início dos anos 50. Seus pioneiros foram Norbert Wiener e John von Neumann.

Ciberpédia: Invenção de uma nova forma de gestão da documentação e da memória coletiva.

Ciência Cognitiva: Estudo do funcionamento mental (humano ou não). A Ciência Cognitiva é essencialmente interdisciplinar, reunindo, na tentativa de fazer uma ciência da mente, disciplinas como a Psicologia, a Linguística, a Ciência da Computação, as Ciências do Cérebro e a Filosofia.

Cláusula From (SQL): A cláusula SQL que lista as tabelas exigidas pela consulta, identificando de qual(is) tabela(s) os dados serão extraídos.

Cláusula Order By (SQL): A cláusula SQL que determina a ordem das linhas no conjunto de resposta, representa a forma pela qual os dados serão ordenados antes da exibição.

Cliente–Servidor: Arquitetura computacional baseada na distribuição dos vários componentes de um sistema entre consumidores de recursos (clientes) e fornecedores de recursos (servidores).

Cognição Situada e Ação: Termo para designar a abordagem que surgiu 30 anos após a Análise Ergonômica do Trabalho por psicólogos e antropólogos que estudam os fenômenos mentais que levam a compreender o comportamento humano, a ação do trabalhador dentro da situação de trabalho.

Cognição: Termo empregado para designar todos os processos que implicam na ação de conhecer e aprender. Segundo o dicionário de psicologia, envolvem a inteligência, a memória, o pensamento e a percepção, entre outros.

Compressão: Codificação dos dados de um arquivo, para ocupar menos espaço em disco. São utilizadas diversas técnicas que substituem sequências idênticas de caracteres por códigos, alcançando taxas de compressão que podem ultrapassar os 80%. Na Internet, ou nas transmissões micro-a-micro através de *fax-modems*, os arquivos compactados gastam menos tempo nas transferências.

Comunicação ou Conversação Amigável: Expressão usada por Richard Bolt, Benyon, Murray e outros para designar interfaces com "diálogo" de fácil compreensão e outras facilidades de manuseio e operação pelo usuário.

Condições de verdade: Dada uma proposição, as condições de verdade são aquelas que devem ser satisfeitas para que a proposição seja verdadeira ou falsa.

Conhecimento: Segundo o dicionário de psicologia (Piéron, 1990), um conjunto integrado de fatos e relações que quando aplicado em uma área produz uma atuação competente e resultados satisfatórios. Segundo Werkmeister apud Piéron, o conhecimento é uma crença verdadeira, expressa através de proposições. Para esta proposição transformar-se em conhecimento é necessário que alguém acredite nela ou ateste-a como verdadeira. Para Bertrand Russell, o ser humano constrói o seu conhecimento a partir de duas fontes básicas: a primeira fonte é o conhecimento formal e a segunda o conhecimento empírico; o conhecimento no ser humano é construído a partir de matrizes de fatos surgidos diariamente no contexto social.

Conjunto de Respostas: Conjunto de linhas retornadas ao usuário final como resultado de uma expressão SQL apresentada a um DBMS relacional.

Consulta *Browse*: Uma consulta SELECT DISTINCT em uma única tabela de dimensão para enumerar os valores de um atributo.

Consulta *Join* de Múltiplas Tabelas: Um dos dois tipos característicos de consulta em um ambiente de *Data Warehouse*. Envolve o relacionamento de uma ou mais tabelas de dimensão com uma única tabela de fatos. Contrasta com consultas *browser*.

Consulta: Uma instrução SQL SELECT passada de um aplicativo de *front-end* (que reside normalmente no cliente do usuário) para o DBMS relacional.

Consultas *Join*: Consultas envolvendo a tabela de fatos e uma ou mais tabelas de dimensão, isto é, várias tabelas de dados serão envolvidas na pesquisa desejada.

COOKIE: Arquivo, em geral texto, de um servidor WEB, que se encontra hospedado num *site* na WWW e remete automaticamente para o disco rígido do usuário a ele conectado. Em uma conexão posterior, o servidor poderá requisitar o *cookie* e, dessa forma, obter informações sobre o computador do usuário: quando foi a última vez que ele se conectou a esse site, qual endereço visitou etc.

Copy Book: Descreve os campos do arquivo e seu respectivo formato (BOOK), que pode ser copiado (COPY) para programas de aplicação.

Cost-Based Optimizer: *Software* para o banco de dados relacional que procura determinar como processar a consulta atribuindo "custos" estimados a várias alternativas de pesquisa de tabela. Tem por objetivo auxiliar na construção de *querys* eficientes, principalmente no que se refere ao seu tempo de resposta.

CRACKER: *Hacker* cujo único objetivo é prejudicar alguém, furtando seus dados, guardados em algum computador da rede, ou os números e senhas de seus cartões de crédito.

Criptografia: Processo que "embaralha" os dados de um documento, seguindo um algoritmo matemático baseado numa chave de encriptação, sendo ilegível a terceiros que tentarem ler o conteúdo deste documento. O processo se completa quando, na outra ponta, usando o mesmo *software* e com a mesma chave de encriptação, o processo se reverte — a desencriptação — refazendo o documento original.

CSS: *Cascading Style Sheet* (Folhas de Estilo em Cascata), um padrão de definições recomendadas pelo W3C (http://www.w3c.org) para utilização de folhas de estilo em páginas WEB, e que agregam mais condições de formatação do *layout* desses documentos.

Cubo: Nome dado a um banco de dados dimensional, geralmente referindo-se a um caso simples de produto, mercado e tempo.

***Data Mining*:** Descoberta de dados de conhecimento. Refere-se ao processo de pesquisa em um *Data Warehouse* para obtenção de informações gerenciais novas.

***Data Warehouse* Dimensional:** Um conjunto de banco de dados para suporte à decisão definido como esquema *star join*.

***Data Warehouse*:** Uma cópia dos dados de transações, estruturada especificamente para consultas e análises.

DB2: Sistema de banco de dados relacional, desenvolvido primeiramente no sistema operacional MVS pela IBM.

DBA: Administrador de banco de dados.

DESKTOP: Denominação genérica para posto de trabalho ou literalmente mesa de trabalho. Palavra usada comumente como adjetivo, como em *desktop computer*: computador de mesa, no trabalho ou em casa.

Desmembramento (*Snowflake*): Uma dimensão normalizada em que uma única tabela de dimensão não relacional é decomposta em uma estrutura de árvore com muitos subníveis potenciais.

Desnormalizar: Permitir redundância em uma tabela para que esta possa permanecer *flat*, em vez de desmembrada ou normalizada.

DIAL-UP: Termo que designa um determinado tipo de conexão entre computadores, um chamado cliente e outro servidor da rede. Estabelecida a conexão, que sempre é efetuada através de linha discada, o programa de *Dial-Up* se conecta ao computador servidor.

Dimensão Descaracterizada: Uma chave de dimensão, como um número de fatura, número de etiqueta ou um número de conhecimento de embarque, que não possui atributos e, portanto, não possui uma tabela dimensional.

Dimensão *Dirty*: Uma dimensão de cliente em que a mesma pessoa pode aparecer várias vezes, possivelmente com ligeiras diferenças no nome ou em outros atributos.

Dimensão: Uma entidade independente no modelo de uma organização que sirva como ponto de entrada ou como mecanismo para dividir medições aditivas da organização.

Dimensões Adequadas: Dimensões que possuem exatamente o mesmo conjunto de chaves primárias e de registros. Duas dimensões adequadas podem ser combinadas em uma única dimensão, criando-se a união dos atributos.

Dimensões de Modificação Lenta: A tendência de registros de dimensão, especialmente nas dimensões produto e cliente, de sofrerem alterações graduais ou ocasionais ao longo do tempo. As dimensões de modificação lenta podem ser manipuladas por meio de três técnicas diferentes, que serão descritas no texto.

Discreto (Atributos de Dimensão): Dados, geralmente textuais, que utilizam um conjunto fixo de valores, como o tipo de um produto.

Divisão do Histórico: A correspondência natural entre as entradas de uma tabela de dimensão e os registros de uma tabela de fatos quando uma dimensão de modificação lenta tipo 2 foi implementada.

DNS: Acrônimo de *Domain Name System*, é o sistema que a Internet utiliza para traduzir nomes de domínios em endereços numéricos da Internet.

Domínio: Nome individual, atribuído pela Internet para designar um site ou às vezes um conjunto de sites. O comitê da Internet hierarquizou os nomes de domínio para poderem conter subdomínios, facilitando a estrutura de identificação utilizada.

Download: Ato de descarregar a cópia de um programa de um servidor (que pode ser uma máquina da Internet), para o micro (disco rígido) do usuário.

Drill-Across: Solicitar dados de uma ou mais tabelas de fatos de uma sequência de valores em um único relatório.

Drill-Down: Adicionar ou substituir um cabeçalho de linha em um relatório para aumentar o nível de detalhe das linhas do conjunto de respostas.

Drill-Up: Remover ou substituir um cabeçalho de linha em um relatório para reduzir o nível de detalhes das linhas do conjunto de respostas.

E-mail: Literalmente, Correio Eletrônico (*Eletronic-MAIL*). Como o correio convencional, é usado para enviar mensagens, entre diversas pessoas que se encontram em qualquer lugar do mundo.

Engenharia Cognitiva: Expressão usada por Jeans Rasmussen para designar a área da Engenharia que estuda a introdução da interface homem–máquina e as atividades mentais envolvidas.

Engenharia do Conhecimento: Expressão cunhada no Seminário de Dartmouth. O objeto da engenharia do conhecimento é o desenvolvimento, produção e distribuição de inteligência através de sistemas desenvolvidos pelo homem.

ERP: *Software* integrado que abrange todos os processos da empresa, abandonando o modelo até então em uso, na qual cada processo era um sistema muitas vezes desenvolvido internamente e sem integração com os demais.

Era Industrial: Termo usado por Alvin Toffler para designar a Era da civilização humana em que teve o início com o surgimento da máquina e posteriormente da indústria. A plataforma de conhecimento nessa Era, em diversas áreas do conhecimento humano, estava direcionada para os meios de produção existentes na indústrias nesse período. A Revolução Industrial e a Revolução Francesa foram alguns dos marcos históricos dessa Era.

Era Pós-Industrial: Termo usado por Alvin Toffler para designar a Era da civilização humana em que teve como marco histórico o surgimento dos computadores e logo em seguida dos microcircuitos digitais. A informação, o conhecimento e as novas tecnologias são as bases da economia. Nessa era cresce o número de empresas de serviços.

Ergonomia Cognitiva: Subárea de Ergonomia que investiga os processos cognitivos como, por exemplo, inteligência, memória e os processos sensoriais como a fala, a visão e o tato.

Esparso: Uma tabela de fatos que possui uma pequena quantidade de todas as combinações possíveis de valores-chave.

Esquema *Star Join*: Uma organização específica em um banco de dados em que uma tabela de fatos com uma chave composta é unida a algumas tabelas de dimensão de nível único, cada qual com apenas uma chave primária. Os *Data Warehouses* bem-sucedidos geralmente são baseados em esquemas *star join*.

Estímulo: Evento físico ou alteração na energia física que desencadeia a atividade fisiológica num órgão sensorial. Em contexto psicofísico, o estímulo é sempre um agente externo que entra em relação com o processo sensorial, mas existem também motivações internas (emoções, sentimentos) que estimulam ou afetam o comportamento, sem a intervenção direta de uma energia física estranha ao organismo.

Exists: Um tipo de expressão lógica em SQL.

EXTENSÃO: Apêndice colocado nos nomes de domínio para qualificar o tipo de organização/entidade/empresa que opera tal domínio. Em geral possui três letras, sendo que as mais utilizadas entre as extensões atuais são: .com (empresa comercial), .gov (organização governamental), .edu (educacional).

Extração de Dados de Produção: Um instantâneo dos dados de produção.

Extração de Dados: Processo de cópias de dados de um sistema legado para carregá-los em um *Data Warehouse*.

***Extranet*:** Extensão da *intranet* de uma empresa para abranger fornecedores, clientes, canais de distribuição ou outros parceiros que não pessoal interno da empresa. É um tipo de *intranet* que permite a conexão com outras *intranets*, em geral de grandes filiais ou empresas coligadas, ou mesmo de simples parceiros, tais como grandes fornecedores ou concessionárias.

FAQ: *Frequently Asked Questions*, Perguntas Feitas Frequentemente. São páginas construídas na WEB com o objetivo de agrupar as questões mais comuns feitas pelos leigos sobre determinado assunto. Essas páginas ajudam os novatos (*newbies*) a rapidamente se familiarizarem com o mundo da WEB, diminuindo o tempo gasto pelos *experts* para responder a um mesmo tipo de perguntas repetidas vezes.

Fato Semiaditivo: Um fato numérico que pode ser adicionado ao longo de algumas dimensões em uma tabela de fatos, mas não em outras. Níveis de estoque e balanços não podem ser adicionados ao longo da dimensão tempo, mas podem ser avaliados em relação à dimensão tempo.

Fato: É uma medição, normalmente numérica e aditiva, armazenada em uma tabela de fatos.

Ferramenta de *Back-End*: Uma aplicação que normalmente reside tanto no cliente quanto no servidor e auxilia no processo de extração de dados. Compare com ferramenta de *front-end*.

Ferramenta de Consulta: Qualquer aplicativo-cliente que mantenha uma sessão com DBMS, para enviar pequenas quantidades de SQL e receber conjuntos de respostas relativamente pequenos.

Ferramenta de *Front-End*: Uma ferramenta-cliente que recupera ou manipula dados armazenados em um banco de dados relacional. Compare com ferramenta de *back-end*.

Filtro (Em Registros de Fatos): Um tipo de restrição de aplicação que limita os valores numéricos de um ou mais fatos.

Firewall: Conjunto formado por *hardware* e *software* cuja função é erguer uma "barreira eletrônica" contra intrusos que querem entrar numa rede privativa. O *firewall* faz o reconhecimento dos usuários autorizados, direcionando-os para áreas previamente autorizadas a cada um.

Flat File: Arquivo não relacional geralmente implementado em um ambiente de *mainframe*, como arquivos VSAM IBM.

FTP: Acrônimo de *File Transfer Protocol*, isto é, Protocolo de Transferência de Arquivo; é usado para *upload* e *download* através de sites denominados sites FTP. Se o site FTP for de acesso público, é denominado de FTP Anônimo (não necessitando de identificação).

Funções Mentais: Funções de registros, regulação e elaboração dependentes do córtex central; discriminações perceptíveis, aquisições de lembranças, ajustamento motor, evocações associativas, raciocínio e soluções de problemas.

Garantia de Qualidade dos Dados: Etapa do processo de extração de dados em que se verifica a consistência, totalidade e adequação dos dados que serão publicados para a comunidade de usuários.

Gateway: Conjunto de *hardware* e *software* que realiza a conversão dos protocolos de comunicação entre redes diferentes, interligando-as de forma transparente ao usuário.

GIF: Abreviatura de *Graphics Interface Format*, é um dos formatos mais usados no mundo, e um dos dois únicos formatos aceitos pela HTML (o outro é o JPG). Possui um dos melhores algoritmos de compressão de dados, por isso é muito usado para transmissão de imagens.

Gigabyte: Um bilhão de *bytes*.

Grão: O significado de um único registro em uma tabela de fatos. A definição da granularidade em uma tabela de fatos é a segunda das quatro etapas principais envolvidas no projeto de um esquema *star join*.

Group By (SQL): Cláusula SQL que lista desagregados na listagem SELECT, isto é, tudo que não for SUM, COUNT, MIN, MAX ou AVG.

Grupo de Comportamento: Um grupo de consumidores ou produtos usado numa análise de consumidor final ou relatório, mas que não pode ser definido por restrições em atributos dimensionais e é muito amplo para ser definido como uma cláusula IN SQL; é frequentemente definido a partir da análise original que isola comportamentos de compra ou de crédito interessantes.

GUI: Interface gráfica de usuário, um estilo de interface gráfica caracterizada pelo uso de janelas, ícones, objetos gráficos e de *mouse*.

Hacker: Pessoa com grande conhecimento de informática, que se utiliza desses conhecimentos para "entrar" em servidores de rede (na Internet ou fora dela) sem autorização dos responsáveis. Os *hackers* gostam de ter a sensação de poder e em geral desenvolvem seus próprios programas de invasão de sistemas, não utilizando programas prontos, tipo "receita de bolo".

Hardware: Compreende os componentes físicos da máquina, que são as memórias, a CPU (Unidade Central de Processamento) e os equipamentos periféricos, isto é, os dispositivos mecânicos, elétricos ou eletrônicos.

Heurística: Um método para solução de problema que se utiliza de regras e práticas nascidas da experiência. Os procedimentos heurísticos raramente são expressos de modo formal nos livros didáticos, porém fazem parte do conhecimento que os especialistas empregam na resolução de problema.

Hiperlink: Palavra ou gráfico de um documento que leva diretamente a outro documento. Também chamado *anchor*, ou âncora.

Hipermídia: A mesma ideia aplicada a outros tipos de mídia como imagens, sons ou vídeo.

Hipertexto: Documentos estruturados com ligações diretas (*links*, ou vínculos) a outros documentos.

HOME PAGE: Conjunto de páginas na Internet, com informações em forma de texto, sons e imagens. Página principal de um *site*. Geralmente contém a apresentação e índices com *links* para as outras partes do *site*.

HOST: Computador "hospedeiro". Usado para designar o computador central em um sistema multiusuário ao qual se ligam terminais.

HTML: Em inglês, significa *Hyper Text Mark-up Language*. É uma linguagem para marcação de hipertexto. É a linguagem em que são escritos os documentos da *World Wide Web*.

HTTP: Sigla em inglês para protocolo de transferência de hipertextos, forma como os documentos são identificados e transferidos na rede. O protocolo usado pelos servidores WEB.

Imagem Mental: São imagens abstratas da mente humana construídas a partir da reprodução da percepção e que são armazenadas na memória de longo prazo.

IMS: Banco de dados hierárquico da IBM usado por muitas empresas para sistemas legados. Criticado por não fornecer acesso equivalente para suporte de decisões.

Inconsistência Temporal: A tendência de um banco de dados OLTP alterar os relacionamentos entre dados primários a cada momento, durante o processamento das transações. A inconsistência afeta os usuários finais de duas formas: (1) O banco de dados muda constantemente à medida que eles tentam consultá-lo e (2) históricos antigos não são necessariamente preservados.

Inferência: É um processo que possibilita derivar novos fatos a partir de fatos já conhecidos.

Instantâneo (*Snapshot*): Um tipo de tabela de fatos que representa o *status* das contas ao final de cada período de tempo. Instantâneos diários e mensais são comuns.

Instantâneo Estatístico: É um instantâneo de um momento específico de mudança de dados de transação, que, em seguida, é gravado no *Data Warehouse*.

Integridade Referencial: Uma condição mandatória em um *Data Warehouse* em que todas as chaves das tabelas de fatos são chaves externas legítimas, relativas às tabelas dimensionadas.

Inteligência Artificial: Uma subdivisão da ciência da computação que se ocupa dos conceitos e métodos da inferência simbólica por um computador e da representação simbólica do conhecimento para usar e tirar inferências. Um campo que visa perseguir a possibilidade de fazer um computador comportar-se da maneira que os seres humanos consideram um comportamento "inteligente".

Interação: A interação representa e envolve todos os aspectos relativos ao contato que o usuário mantém com o ambiente nas mais diferentes formas como, por exemplo, o contato com máquinas e equipamentos, manuais, arranjo físico e pessoas. Influência mútua ou recíproca entre dois ou mais sistemas. Na psicologia social, é a relação entre indivíduos, em que o comportamento deles é um estímulo para o comportamento de outros. O termo interação participa em numerosos conceitos psicossociais: (1) análise do processo de interação: método de estudo de grupos sociais pelo qual todas as reações explícitas, pessoa a pessoa ou em pequenos grupos, se registram cuidadosamente, a fim de serem sistematicamente classificadas e analisadas; (2) campo interativo: termo no qual um evento psicológico implica numa interação do organismo e dos objetos estimulados, possuindo, tanto o organismo como estímulos, propriedades formadas em resultado de interações prévias.

Interface: O ponto em que é feita uma conexão entre dois elementos de modo que possam funcionar em conjunto. Dispositivo de *Hardware* ou *Software* que media a interação entre o usuário e a máquina.

Internauta: Diz-se do usuário da Internet que fica navegando pelos seus links.

Internet: Rede mundial de computadores interligados através do protocolo TCP/IP, não importando marca, modelo e tecnologia. Garante que qualquer computador com o *software* adequado possa conversar com qualquer outro da rede. Por definição, essa rede é interligada por meios de comunicação remota, em geral através das redes de telefonia mundiais.

Intranet: Rede de computadores interligados dentro de uma empresa, através de uma rede local, ou mesmo uma WAN, através do uso do protocolo TCP/IP. O uso de servidores WEB e *browsers* permite que os micros de uma empresa consultem páginas HTML em servidores internos, sem a necessidade de se utilizar a Internet, e com uma velocidade de transmissão de dados que pode alcançar mais de 550 kbps. Para todos os efeitos práticos, uma *intranet* seria uma Internet particular dentro da empresa.

IP – Protocolo de Internet: Conhecido pela sigla IP ou ainda como "protocolo IP". É o mais importante dos protocolos, sobre o qual está baseada a Internet. Permite que um pacote seja transmitido por múltiplas redes.

ISO: *International Organization for Standard* — organismo internacional dedicado à padronização em diversas áreas. Definiu um conjunto de protocolos de rede chamado ISO/OSI.

ISP: Abreviatura de *Internet Service Provider* (Provedor de Serviços à Internet) é uma empresa que possibilita um usuário o acesso à Internet. O acesso é feito em geral por linha discada (linha telefônica convencional de voz) ou por linha privativa (LP — linha de dados apenas), também chamada de linha dedicada (por estar sempre conectada com a central da Companhia telefônica).

JAVA: Linguagem orientada a objetos, independente da plataforma de *hardware*, criada pela Sun Microsystems para desenvolvimento de aplicações residentes em redes.

KBITS/S: Abreviação para quilobits por segundo, unidade de velocidade de transmissão de dados em canais de comunicação. Também há bps (bits por segundo), Mbits/s e Gbits/s.

KBPS: Unidade de medida de velocidade de transmissão de dados: *kilobits per second*. Representa milhares de bits por segundo; uma unidade de medida representa um milhar de bits por segundo (na verdade 1.024 bits por segundo).

KBYTE: Unidade de tamanho de dados que corresponde a 1.024 bytes ($1.024 = 2^{10}$).

LAN: *Local Area Network* (rede de área local) é uma rede de equipamentos conectados dentro de uma pequena área de extensão. Uma LAN é criada basicamente para compartilhar recursos de disco e de periféricos, e garantir a unidade dos dados críticos de uma empresa.

LAPTOPS: São computadores que pesam em média de 3 a 7 quilos e ocupam um volume similar ao de uma maleta de executivo tipo 007.

Legacy system: Sistema existente em uma empresa, "herdado" de investimentos anteriores. Normalmente significa um sistema antigo que deverá conviver com aplicações mais recentes.

Linguagem de Máquina: Uma linguagem com instruções primitivas de baixo nível de execução da máquina. A linguagem Assembler é uma linguagem com instruções primitivas, de baixo nível que está próxima da máquina. A linguagem de alto nível é uma linguagem que está próxima do usuário.

Linguagem Humana: Para Piaget, a linguagem é um sistema de fala e escrita, representada através de sinais e palavras usadas como significados da interpretação das experiências e/ou de realização da comunicação.

Linguagem Natural: Segundo Harmon e King, é uma área da Inteligência Artificial que investiga as técnicas que possibilitam que os sistemas de computadores aceitem entradas e produzam saídas numa língua convencional como, por exemplo, o inglês ou português.

LINK: Ligação colocada num determinado documento que vai diretamente a uma outra parte do documento, ou da outro documento, com o simples pressionar do *mouse* sobre esse *link*. É a base da WEB, e é implementada por todos os *browsers*, estando presente em todas as páginas HTML. Numa página o *link* (o tipo mais comum, composto apenas por texto) se parece com: http://members.tripod.com/~FPanizo.

Lista *Pull Down*: Um efeito na interface de usuário de um aplicativo de *front-end* que exibe uma lista de opções. As listas *pull down* mais interessantes em um *Data Warehouse* resultam de consultas de pesquisa sobre um atributo de dimensão.

LOG IN: Início do estabelecimento da conexão de um equipamento numa rede local ou não.

LOG OFF: Término da conexão de um equipamento numa rede local ou não.

LOG: Arquivo, em geral no formato texto, no qual são registrados eventos ocorridos num computador durante determinado período. Em geral os LOGs registram um subconjunto do que ocorre no equipamento, que interessa ao *software* para registro sobre suas próprias ações.

Logic Theorist: Foi o primeiro experimento desenvolvido por Newell, Shaw e Simon que demonstrou que o jogo de xadrez é um problema à prova de teoremas na lógica simbólica. O sistema processou símbolos não numéricos em vez de números e foi capaz de provar vários teoremas no Princípa Mathematica de Alfred North Whitehead e Bertrand Russell.

MAC: Designação abreviada do Apple Macintosh, desenvolvido pela Apple Computer.

Mainframe: Computador de grande porte utilizado para tarefas em lote ou em tempo compartilhado, para suporte a grandes quantidades de dados e usuários. Tradicionalmente usado nos Centros de Processamento de Dados de grandes empresas.

Máquina de Inferência: Uma parte do sistema especialista que contém as estratégias de raciocínio e controle que serão executadas a partir do banco de conhecimento.

MBPS: Unidade de medida que representa um milhão de *bits* por segundo; na verdade, 1.048.576 (1.024 x 1.024) bits por segundo.

Mente: Segundo o dicionário técnico de psicologia, é o sistema total dos processos mentais ou atividades psíquicas do indivíduo. No contexto psicológico, mente é a soma total das estruturas permanentes e hipotéticas às quais foram atribuídas determinadas propriedades que explicam os fenômenos e processos observados através do comportamento do indivíduo, que considera tais processos relacionados ou não.

Metaconhecimento: Significa o conhecimento sobre o conhecimento no seu mais alto nível de abstração. O metaconhecimento manuseia conhecimentos sobre a representação de objetos, funções de representação, estratégias de raciocínio e regras de inferências.

Metadado: Qualquer dado mantido para suportar as operações ou uso de um *Data Warehouse*. Praticamente todas as ferramentas de *back-end* e *front-end* exigem algum metadado próprio na forma de especificações ou *status*. O metadado é frequentemente externo ao banco de dados relacional. Não existem padrões coerentes para o mercado.

MIDI: Acrônimo de *Musical Instrument Digital Interface;* é o conjunto de padrões utilizados para a comunicação entre um computador e os instrumentos eletrônicos de música.

Migrar Dados: Movimentar dados de um computador para outro.

Minicomputador: Computador de médio porte utilizado para configurações multiusuário. Usado em departamentos de empresas grandes ou como computador central de empresas de médio porte.

Mis Join: A correspondência entre uma tabela e uma tabela dimensional em um *Data Warehouse.* Reflete a necessidade de administração cuidadosa dos relacionamentos primários entre tabelas dimensionais, como cliente, e tabelas de fatos, como vendas de produtos.

Modelo de Dependência de Dados: Metodologia de projeto de dados *bottom-up* que lista cada relacionamento lógico entre todos os elementos de dados possíveis.

Modelo Descritivo: Um modelo de organização baseado o máximo possível no que realmente ocorre, em vez de no que deveria ocorrer. Compare com *modelo normativo.*

Modelo Dimensional: Metodologia de projeto *top-down* que lista dimensões e fatos relevantes a cada processo de negócio.

Modelo Entidade/Relacionamento: Um modelo para os dados de uma organização que tem como objetivo remover todos os valores repetidos por meio da criação de tabelas adicionais.

Modelo Normativo: Modelo que descreve como uma determinada organização deve funcionar. Compare com *modelo descritivo.*

Modelos Mentais: São as redes simbólicas e suas relações que possibilitam representar o conhecimento humano. Geralmente usados para representar um problema específico. Os modelos mentais na maioria das vezes se transformam em metáforas simplificadas da realidade, de forma a facilitar a analogia com o mundo real.

Modelos: É uma abstração de alguma coisa existente no mundo real, cujo propósito é permitir que se conheça essa coisa antes de construí-la.

MODEM: Contração da expressão MOdulador-DEModulador, é um dispositivo que, acoplado a um computador, permite a conexão de um micro a outro ou a uma rede remotamente, através da linha telefônica. Converte os sinais digitais em sinais analógicos e vice-versa, reconhecidos pelo sistema de telefonia. Sempre trabalham aos pares, um em cada ponta da conexão.

MOUSE: Dispositivo apontador utilizado para que o usuário, através de interfaces gráficas, possa apontar objetos na tela, executando diversas ações programadas para cada *software.*

MPEG: Acrônimo de *Moving Pictures Expert Group;* é um padrão de compressão de dados utilizado em vídeos digitais.

MPP: Processamento maciçamente paralelo. Uma arquitetura de *hardware* (com várias CPUs) em paralelo que não requer compartilhamento de recursos de memória.

MRP (*Material Requirement Planning*): Planejamento das necessidades de materiais, sistema criado no início dos anos 60 nos EUA para calcular as necessidades de materiais das indústrias de manufatura.

MRP II (*Manufacturing Resources Planning*): Planejamento dos recursos para manufatura. É uma evolução do MRP que engloba todas as áreas da empresa, seus módulos atuam desde a entrada de materiais até a área financeira e contábil.

Não Adicionável (Fatos): Um fato que não pode ser adicionado de forma lógica entre registros. Provavelmente será numérico e portanto deve ser combinado com outros fatos por meio de um cálculo, antes de ser adicionado aos registros. Caso não seja numérico, só poderá ser usado em restrições, contagens ou agrupamentos.

Navegação: O ato de visitar diversas páginas da Internet, não necessitando ser uma tarefa que siga o "mapa" da "viagem". A navegação pela WEB é sempre feita através de um *browser*, e se dá pelo clicar de palavras ou frases especialmente marcadas (são os *links*).

NC (*NETWORK COMPUTER*): Literalmente, computador da rede. Significa um computador barato (foi lançado como sendo uma máquina com o preço médio de US$ 500), uma máquina que não precisa de grande capacidade de disco rígido, já que todos os programas que necessita são carregados, em tempo real, de um servidor Internet, o que barateia ainda mais o custo global do equipamento.

Normalizar: Processo usado para eliminar a redundância de dados separando-os em várias tabelas.

Notebook: São computadores que pesam de 1 a 3 quilos e são equivalentes a um micro normal.

NSF: *National Science Foundation* (Fundação Nacional da Ciência) dos EUA. Criadora da NSFNET, rede pioneira e hoje uma das diversas redes integrantes da Internet.

OFF-LINE: Termo que designa o estado de um computador quando este não está ligado a outro computador, mas está executando tarefas semelhantes como se estivesse conectado. Só não se pode fazer consultas (*queries*) e atualizações.

OLAP: Processamento analítico *on-line*. Um termo que contrasta com OLTP. Um conjunto de princípios com definição imprecisa que fornece uma estrutura para suporte à decisão. O termo OLAP também é utilizado para referir ao grupo de fornecedores que oferecem produtos proprietários, não relacionais, destinados ao suporte a decisão.

OLR: Abreviatura de *Off-Line Reader* (Leitor *Off-Line*). Programa que permite ao usuário fazer uma rápida conexão com um site que fornece *home pages*, notícias etc., gravando-as em disco para que se possa lê-las mais tarde, já desconectado do outro computador e, portanto, economizando em ligações telefônicas.

OLTP: Processamento de transações *on-line*. A descrição original de todas as atividades e sistemas associados à inserção de dados de forma confiável em um banco de dados. Embora utilizado frequentemente com referência a banco de dados, OLTP pode ser usado genericamente para descrever um ambiente de processamento de transações.

ON-LINE: Termo que designa o estado de um computador quando este está ligado a outro computador, pertencente ou não a uma rede, seja via placa de rede, seja — como é o mais comum — através de *modem*.

ORG: Extensão de nome de domínio na Internet que indica que o servidor WEB pertence a uma organização do governo: ministérios, secretarias de Estado, Forças Armadas etc.

Outer Join: A mesclagem de dois conjuntos de respostas em que os cabeçalhos de linha representam a união de todos os valores dos dois conjuntos de dados.

Outrigger Table: Uma tabela de dimensão secundária anexada a uma tabela de dimensão. Uma tabela outrigger é a representação do projeto físico de uma única tabela lógica de dimensão. Ocorre quando uma tabela de dimensão é desmembrada.

Página WEB: Documento escrito na linguagem HTML, que forma uma unidade completa e autônoma para a WEB; contém todos os comandos para que um *browser* possa mostrar adequadamente os dados lá existentes (texto, figuras, tabelas, *links* etc.).

PALMTOP: São máquinas que podem ser acionadas na palma da mão. Apesar de pequenas, têm tecnologia bastante avançada e podem executar todas as operações de um computador de mesa.

PC (PERSONAL COMPUTER): Sigla pela qual os computadores pessoais são conhecidos mundialmente. O IBM PC foi o primeiro baseado em processadores Intel com especificações técnicas abertas ao público.

PLUG & PLAY: Característica implementada pela Microsoft, para o seu Sistema Operacional Windows 95, para que o próprio sistema encontre — automaticamente — cada novo periférico ou placa instalada no micro, dispensando o usuário da maior, se não toda, parte da configuração técnica dos dispositivos que colocamos em nossos micros.

PLUG-IN: *Software* que é acoplado ao *browser* e serve para ampliar a capacidade funcional desse *browser*. Em geral executam tarefas específicas, tais como apresentação de vídeos, execução de músicas ou utilização de desenhos tridimensionais.

POP: Acrônimo de *Post Office Protocol* (protocolo de agência de correio), é o protocolo de *e-mail* utilizado para armazenar a correspondência de um usuário até que ele vá retirá-la e trazê-la para seu computador.

Processamento Paralelo: Uma arquitetura de computador com mais de uma Unidade Central de Processamento, que possibilita executar vários programas ao mesmo tempo.

Processos Sensoriais: Para Cabral e Nick, é o processo que envolve, a partir de um estímulo originado pelo meio externo, os órgãos sensoriais.

Processos: Os principais procedimentos operacionais em uma organização. A identificação de um processo de negócio potencial é o primeiro passo do projeto de um *Data Warehouse*. Para que possa ser incluído em um *Data Warehouse*, um procedimento de negócio deve ter suporte de uma ou mais fontes de dados de produção.

Projeto Físico: Etapa que identifica a tabela de banco de dados e as estruturas de índice usadas para implementar o projeto lógico. Ocorre após o desenvolvimento da etapa do projeto lógico.

Projeto Lógico: A etapa do projeto de um banco de dados que se concentra na identificação dos relacionamentos entre os elementos de dados.

Propriedades ACID: Atomicidade, Consistência, Isolamento e Durabilidade. Requisitos para um sistema OLTP sério, definido pelo *Transaction Processing Performance Council*.

Protocolo: É um programa que serve para que os computadores se identifiquem e estabeleçam comunicação entre si. É a versão informatizada do aperto de mãos.

Provedor: Ponto de acesso à Internet que pode oferecer diversos serviços de conexão, como acesso individual, contas corporativas de correio eletrônico, conexões de alta velocidade para empresas e outros.

Proxy: Servidor para Intranet, ou rede local, que disponibiliza em *cache* as páginas Web já utilizadas por qualquer usuário da rede.

Pseudotransação: Um passo necessário em alguns sistemas de extração de dados, em que um sistema legado não transacional é analisado para se determinarem as alterações ocorridas em relação à extração anterior. Depois, essas alterações são transformadas em (pseudo) transações artificiais para serem carregadas no *Data Warehouse*.

Psicologia Cognitiva: Segundo Pinheiro, surgiu como superação do behaviorismo e em decorrência do reconhecimento de que ciência é uma atividade consideravelmente mais complexa do que simples questão de se focalizar no que é observável (estímulo-resposta). A psicologia cognitiva leva em consideração os processos de pensamento e as estratégias envolvidas na solução de problemas. Segundo Eysenck, a psicologia cognitiva envolve o estudo de percepção, memória, linguagem, formação de conhecimento e resolução de problemas ou pensamentos.

Publicar Dados Usados: A forma mais sucinta para descrever a função geral do *Data Warehouse*. Os dados são usados porque quase sempre são copiados de um sistema legado.

Query: Procedimento de consulta a uma informação em um banco de dados relacional.

Quoting: Citação de parte do texto original. Usado em *e-mail* para explicitar a que determinado ponto do *e-mail* original o usuário está se referindo no *e-mail* de resposta. É uma regra de ouro da *Netiquette* (Etiqueta da Rede) que um usuário não deve obrigar o outro a procurar em seus *e-mails* aquele ao qual está se referindo; assim é de bom tom que você cite o pedaço do *e-mail* recebido do outro, para que se saiba automaticamente o assunto em pauta.

RAID: Acrônimo de *Redundant Array of Independent Disks* (ou *Redundant Array of Inexpensive Disks*); representa um sistema de vários discos rígidos que trabalham sob o mesmo sistema gerenciador, em que porções de dados são distribuídas por outros discos, permitindo a manutenção de uma base de dados íntegra e operacional, mesmo quando um dos discos falhar.

RAM: Acrônimo de *Random Access Memory* (memória de acesso aleatório), representa o tipo de memória que um computador usa para operar as instruções de um *software* básico ou aplicativo, arquivar temporariamente os resultados das operações matemáticas e de busca de dados. O conteúdo da memória RAM é apagado quando se desliga a força do computador.

RAMDAC: Acrônimo de *Random Access Memory Digital-to-Analog Converter* (Conversor Digital para Analógico de Memória de Acesso Aleatório), designa um *chip* contido em alguns adaptadores de vídeo VGA e SVGA que converte a representação digital de um *pixel* nas informações analógicas exigidas pelo monitor para apresentá-las. A presença de um *chip* RAMDAC costuma melhorar o desempenho geral de vídeo do sistema.

REAL AUDIO: Programa que habilita a audição de estações de rádio através de uma conexão à Internet.

Rede Local (LAN): Rede de computadores (*Local Area Network*) interligando máquinas localmente (e não remotamente) em grupos de trabalho, como escolas ou departamentos de empresas, para compartilhar arquivos e impressoras.

Redes Semânticas: Um método de representação do conhecimento que possui objetos e valores com nós. Os nós são conectados entre si através de ligações que indicam as relações entre vários nós.

Reengenharia: Uma reestruturação organizacional baseada na reavaliação fundamental do motivo da existência da empresa.

Relacionamento Muitos-Para-Muitos: Um relacionamento de dados lógico em que o valor de um elemento de dados pode combinar com vários valores de outro elemento e vice-versa.

Repositório: Banco de dados de um *Data Warehouse*.

Restrição de Aplicação (SQL): Uma parte da cláusula SQL WHERE que define uma restrição de valores, geralmente em uma tabela de dimensão para ser comparada com uma restrição *join*.

Restrição: Uma frase da cláusula SQL WHERE. Uma restrição pode ser de junção ou aplicação.

Resumo: Um total obtido em um sistema, como de pedidos ou expedições, geralmente com base diária, que pode ser utilizado para verificar a integridade da carga de dados atual no *Data Warehouse*.

RISC: Acrônimo de *Reduced Instruction Set Computer* (Computador de Conjunto Reduzido de Instruções), é um dos dois tipos de arquitetura de computação (o outro é o CISC). O RISC, por ter instruções mais simples, é mais rápido que o computador baseado em instruções CISC.

ROM: Acrônimo de *Read Only Memory* (memória somente de leitura), representa uma memória utilizada pelos computadores para guardar as instruções básicas de inicialização, pois, ao contrário do que ocorre na RAM, seu conteúdo não é apagado quando o computador é desligado.

Rotação (Pivoting): Alterações na organização das linhas e colunas de um relatório tabular, em que frequentemente os títulos das linhas e colunas derivaram de valores distintos dos dados propriamente ditos.

Roteadores: Computadores/equipamentos que controlam e direcionam o tráfego na Internet/Rede, lidando simultaneamente com milhares de impulsos.

Select Distinct (SQL): Uma instrução SQL que elimina linhas duplicadas no conjunto de respostas.

Select List (SQL): Lista de especificações de colunas que segue SELECT e antecede de FROM em uma consulta SQL. Cada item de select list gera uma coluna no conjunto de respostas.

Semiologia: Ciência que estuda as significações tomadas da cultura, bem como todos os fenômenos culturais, como se fossem signos.

Sentidos: Conjunto de órgãos cuja estimulação dá início ao processo interno da percepção sensorial. Consiste nos terminais dos nervos aferentes (condutores) e nos agrupamentos de células associadas a esses terminais, que se especializam na recepção de uma forma específica de energia estimulante. As várias especializações constituem as modalidades sensoriais divididas em três grupos: I. Sentidos de distância: (a) Visão, (b) Audição. II. Sentidos da Pele: (c) Tato, (d) Temperatura e (e) os sentidos químicos do paladar e olfato. III. Sentidos de profundidade: (f) Cinestesia (posição e movimento dos músculos e articulações), (g) Equilíbrio (sentido vestibular) e (h) Estabilidade Interna (equilíbrio sensação dos órgãos internos).

Servidor: Computador, em geral de médio ou grande porte, que centraliza o serviço de navegação dos *sites* que nele se localizam e que está conectado às demais máquinas da Internet.

Signo Linguístico: É uma entidade constituída pela combinação de significante e significado usado através da linguagem falada e escrita.

Signo: Segundo Pierce (1978), o signo é uma entidade constituída pela combinação de um conceito, denominado significado, e uma imagem acústica, denominada significante. O significado representa o conceito, ou uma mensagem que o signo traduz. A única diferença entre o significado e o significante é que este é um mediador, isto é, a matéria que contém o significado. Segundo o dicionário de semiótica, os signos possuem três propriedades fundamentais: o ícone, o índice e o símbolo.

Signos Semiológicos: Todo objeto, forma ou fenômeno que representa algo distinto de si mesmo, por exemplo, a cruz significando o cristianismo, a cor vermelha significando "pare".

Sistema Especialista: *Software* concebido com base no processo cognitivo do especialista humano. Geralmente o SE possui uma máquina de inferência, banco de conhecimento e uma interface homem–máquina. Segundo Harmon, originalmente esta expressão significava um sistema de computador que podia desempenhar quase ao nível de um especialista humano. Hoje, a expressão refere-se a qualquer sistema de computador que tenha sido desenvolvido por meio de técnicas e métodos na área de inteligência artificial.

Sistema Legado: Um sistema operacional para inserir dados sobre as atividades da empresa. Não é obrigatoriamente um sistema de transação ou relacional. Geralmente reside em um *mainframe*.

Site: Grupo de páginas (documentos) escritas na linguagem HTML que constituem uma unidade de informação completa e autônoma para a WEB; agrupa páginas sobre um mesmo assunto, de um mesmo autor, e que fica localizada num Servidor WEB. À página principal de um *site* é dado o nome de Home Page, e em geral leva o nome INDEX.HTM ou INDEX.HTML.

Site-Internet: Um "local"' na Internet mantido por uma empresa, organização ou indivíduo. O termo refere-se normalmente a um *Web site* formado por páginas HTML e *links* para diversos documentos. Há também sites para outros serviços como *chat* (salas de discussões) ou *FTP* (para transferência de arquivos).

Slice And Dice (Fatiar): A descrição padrão da habilidade de acessar um *Data Warehouse* por meio de qualquer uma de suas dimensões de forma igual.

SMP: Multiprocessador simétrico. Uma arquitetura de processamento paralelo que exige o compartilhamento de recursos de memória.

SMTP: Acrônimo de *Simple Mail Transfer Protocol*; é o protocolo utilizado para envio dos *e-mails* do computador do usuário para o servidor de mensagens da Internet. Faz parte do conjunto de protocolos TCP/IP.

Software: É o conjunto de instruções arranjadas logicamente. Os *softwares* básicos coordenam detalhes internos e gerenciam a utilização do sistema permitindo ao usuário o controle e uso do *hardware*.

SQL: A linguagem padrão para acessar bancos de dados relacionais.

Stand-alone: É um microcomputador que não está conectado a uma LAN ou WAN.

Suporte à Decisão: Utilização de dados na tomada de decisão em uma organização.

Synonym (SQL): Uma instrução SQL que cria cópias lógicas de uma tabela que podem ser usadas separadamente em uma instrução *select*.

Tabela Central: Uma tabela de fatos ou de dimensão em uma situação de produtos heterogêneos, que deve abranger todos os produtos.

Tabela de Dimensão: Uma tabela em um esquema *star join* com uma única chave primária.

Tabela de Fatos Sem Fatos: Uma tabela de fatos que não possui fatos.

Tabela de Fatos: A tabela central de um esquema *star join*, caracterizada por uma chave composta, em que cada elemento é uma chave externa de uma tabela de dimensão.

Tabela de Rastreamento de Eventos: Uma tabela de fatos, frequentemente vazia, em que as dimensões da tabela definem a descrição de um evento.

Tabela Específica: Uma tabela de fatos ou de dimensões em uma situação de produtos heterogêneos que contém fatos ou atributos específicos a um conjunto de produtos, em que tais fatos ou atributos são incompatíveis com os outros conjuntos de produtos. Veja *tabela central*.

TCP/IP: Protocolo de comunicação (*Transmission Control Protocol — Internet Protocol*) utilizado pelas máquinas da Internet, tanto pelos servidores quanto pelas estações dos usuários, que capacitam qualquer tipo e modelo de máquina a se comunicar com as demais. A parte TCP desse protocolo define como é feita a divisão dos dados em pacotes para serem transmitidos à rede, e como esses pacotes devem ser remontados no seu destino. A parte IP deste protocolo é responsável pela manipulação do endereçamento de cada pacote, garantindo que eles cheguem ao destino correto.

TELNET: Um protocolo de comunicação para conexão a outros computadores, seja localmente ou através da Internet.

Terceira Onda: Expressão utilizada por Alvin Toffler para classificar a Era Pós-Industrial que estamos vivenciando. Toffler chama de primeira Onda a Era Agrícola, e de segunda Onda a Era Industrial.

Textual/Texto (Atributos De Dimensão): Atributos de dimensão que são textos ou se comportam como tal.

TOKEN: Parte de um esquema de segurança de rede no qual um pequeno cartão eletrônico — o *token* — deve ser inserido num *slot* de um computador antes que esse computador possa acessar a rede. Alguns *tokens* contêm senhas estáticas, enquanto outros geram uma nova senha cada vez que são inseridos no computador.

Transação: Uma unidade indivisível de trabalho. Um sistema de processamento de transação pode executar somente a transação completa, e não apenas parte dela.

Twinkling Database: A tendência de um banco de dados de processamento de transação de modificar constantemente os dados que o usuário deseja consultar.

UNIX: Sistema operacional aberto, escalável e portável, multitarefa e multiusuário implementado em praticamente todas as arquiteturas de *hardware*. Criado há mais de 30 anos, está ligado à origem da Internet e é mundialmente o sistema servidor mais usado em corporações.

Upload: Ato de carregar uma cópia de um programa de uma página WEB, ou de todo um *site*, para um servidor (que pode ser uma máquina da Internet) desde o micro (disco rígido) do usuário.

URL: Contração de *Unified Resource Locator* (Localizador de Recursos Unificado), é o "endereço" disponibilizado na Internet. Usa a estrutura [protocolo://tipo.dominio.organizacao], como http://www.tripod.com. Alguns países estão adicionando duas letras à parte da organização na URL; no Brasil a maioria dos servidores possui a extensão .br ao final do código da organização, como no exemplo http://www.quark.com.br.

Valorização Contínua (Fatos): Uma empresa baseada no resumo de uma empresa e de sua missão, subdividindo tal perspectiva até atingir os objetivos da análise. A visão *top-down* raramente alcança níveis de detalhes muito profundos da empresa.

Vírus: Em computação, designa um programa contendo em seu código rotinas cuja finalidade básica é de disseminar, como seu homônimo biológico. Um bom *site* para descobrir mais sobre vírus de computador em português está na URL http://www.geocities.com/Eureka/5301/.

WAN: Acrônimo de *Wide Area Network* (Rede de Área Extensa), é uma rede de computadores que interliga diversas redes locais entre si. A área de abrangência de uma WAN pode ser maior que uma cidade; na verdade, pode representar uma rede mundialmente disseminada.

WEB: É a parte gráfica da Internet responsável pela explosão da Internet, antes restrita apenas a usuários localizados em Universidades e nos meios militares americanos. Baseada na linguagem HTML para conseguir criar interface gráfica.

Webmaster: Pessoa responsável pela operação de um *site* ou um grupo de *sites*. Também é utilizado para designar o responsável pela operação de um Servidor Web.

WWW: Abreviação em inglês de *World Wide Web*, uma espécie de superteia de alcance mundial, também denominada *Web*.

ZIP: Extensão que indica um arquivo compactado através de um programa do tipo PKZIP ou WINZIP. Trata-se do padrão mais utilizado no mundo da informática para diminuição do tamanho de arquivos. É seguido de perto pelo padrão ARJ.

RELAÇÃO DE TABELAS

Tabela 1.1: Conceitos básicos em sistemas de informação (Laudon e Laudon, 1996) 4
Tabela 1.2: Ciclo de vida dos sistemas de informação (Laudon e Laudon, 1996) .. 4
Tabela 1.3: Subsistemas de informação (Laudon e Laudon, 1996) 6
Tabela 1.4: A informação (Laudon e Laudon, 1996) 7
Tabela 1.5: Conceitos relacionados à informação (Laudon e Laudon, 1996) 13
Tabela 1.6: Características do sistema de informação transacional......................... 16
Tabela 1.7: Características do sistema de informação especialista (Laudon e Laudon, 1996) 16
Tabela 1.8: Características dos sistemas de informações gerenciais (Laudon e Laudon, 1996) 18
Tabela 1.9: Itens relacionados à construção de um *Data Warehouse* 46
Tabela 1.10: Características dos *softwares* básicos (adaptado de Laudon e Laudon, 1996) 54
Tabela 1.11: Características das ferramentas computacionais (Laudon e Laudon, 1996) 54
Tabela 1.12: Exemplos de *softwares* aplicativos... 55
Tabela 1.13: Relação entre *hardware* e *software* (Laudon e Laudon, 1996)................ 55
Tabela 3.1: Tipos de planejamento e objetivos que pretendem atingir 85
Tabela 3.2: Principais categorias de decisões em uma empresa 86
Tabela 3.3: Os papéis fundamentais de uma equipe (Heller, 1998)........................ 93
Tabela 3.4: Paradigma mecanicista *versus* paradigma holístico (Boog, 1995) 100
Tabela 4.1: Relação entre a extensão, o foco e a complexidade da mudança (Gulman, 1999) 113
Tabela 4.2: Tipos de ritos e exemplos de sua execução (Beyer e Trice, 1986)........ 116
Tabela 4.3: Desvendando a cultura de uma organização 117
Tabela 4.4: Resumo do ciclo de vida da empresa (Miller, 1989) 123
Tabela 4.5: Modelo contingencial de liderança em grupos ao apoio do processo de inovação 130
Tabela 4.6: A dupla potencialidade da tecnologia da informação sobre a organização 132
Tabela 4.7: A transferência de conhecimento ocorre pela informação e pela tradição... 142
Tabela 4.8: Os dois focos estratégicos: a informação e o conhecimento................ 142
Tabela 5.1: Resumo das variáveis de usuários de um gerenciamento em sistemas de informação (Ein-Dor e Segev, 1985) 152

RELAÇÃO DE FIGURAS

Figura 1.1: Esquema teórico de qualquer sistema 3
Figura 1.2: Ciclo de vida dos sistemas de informação (Laudon e Laudon, 1996) 5
Figura 1.3: Os sistemas de informações, (Laudon e Laudon, 1996) 14
Figura 1.4: Diferenças entre os sistemas de informação transacional e gerencial adaptado de Laudon e Laudon (1996), onde MIS = *Management information system* 21
Figura 1.5: Avaliação dos sistemas de informação (Laudon e Laudon, 1996) 25
Figura 1.6: Componentes do subsistema de modelos adaptado de Laudon e Laudon (1996) 28
Figura 1.7: Esquema das atividades necessárias para a construção de um sistema especialista 31
Figura 1.8: Base de conhecimento de um sistema especialista e sua interação com o usuário 32
Figura 1.9: Características do corpo de conhecimento de um sistema especialista 33
Figura 1.10: Arquitetura simplificada de um *Data Warehouse* 36
Figura 1.11: Estrutura interna tecnológica em rede de computadores 52
Figura 2.1: Diagrama dos estágios na tomada de decisão 64
Figura 2.2: O novo perfil do administrador 71
Figura 3.1: Etapas do planejamento estratégico 85
Figura 3.2: Plano diretor em tecnologia e sistemas de informação 90
Figura 4.1: Relação entre curvas de cultura e ativos 118
Figura 4.2: Processo de mudança nas empresas 119
Figura 4.3: Ciclo de vida da empresa (Miller, 1989) 122
Figura 4.4: Clima organizacional. Um estudo de instituições de pesquisa (Santos, 1983) 125
Figura 4.5: Fluxo do conhecimento e da sabedoria 127
Figura 4.6: O ciclo do conhecimento 137
Figura 6.1: Estratégias d implementação do *portal* de informação 175

Referências bibliográficas

ABELL, D. F. *Administrando com dupla estratégia*: dominando o presente, conquistando o futuro. São Paulo: Pioneira, 1995.

ABREU, F. de S. Reengenharia: em busca de uma teoria. São Paulo, *RAE*, v. 34, n. 5, p. 49–61, 1995.

ACM. *Ethics*. Disponível na Internet: http://www.acm.org. Acessado em: 18 mar. 2001.

ANTHONY, R. N. *Planning and control systems*: A Framework for Analysis. Division of Research, Graduate School of Business Administration. Boston: Harvard University, 1965.

BEYER, J.; TRICE, H. *How an Organization's Rites Reveal Its Culture*. Organizational Dynamics, 1986.

BIO, S. R. *Sistemas de Informação*: um enfoque gerencial. São Paulo: Atlas, 1996.

BOOG, G. G. *Os novos paradigmas do mundo dos negócios*: manual de treinamento e desenvolvimento — ABTD. 2.ed. São Paulo: Makron Books, 1995.

BOWDITCH, J. L.; BUONO, A. F. *Elementos de comportamento organizacional*. Biblioteca de Administração e Negócios. São Paulo: Pioneira, 1990.

BRAUSTEIN, A. B. *The ASIS Annual Meeting: Library Bulletin*. 64:6, fev. 1990.

BROWNE, L. E. Visões conflitantes do progresso tecnológico. Rio de Janeiro, *Economic Impact*, v. 49, p. 8–14, jan. 1985.

BRUNER, R. E.; USWEB. *NET Results*: O Marketing eficaz na Web. São Paulo: Quark Books, 1998;

CERVO, A. L.; BERVIAN, P. A. *Metodologia científica*. 3.ed. São Paulo: McGraw-Hill, 1983.

CHANLAT, J.-F. *O indivíduo na organização*: dimensões esquecidas — Por uma antropologia da condição humana nas organizações. São Paulo: Atlas, CETAI, v. I, 1991.

DAVENPORT, T. H. Putting the Enterprise into the Enterprise System. *Harvard Business Review*, p. 121-131, July/Aug., 1998.

_____. *Reengenharia de processos*: como inovar na empresa através da tecnologia da informação. Ernst & Young, Harvard Business School Press. Rio de Janeiro: Campus, 1994.

_____.; PRUSAK, L. *Conhecimento empresarial. Como as organizações gerenciam o seu capital*. Rio de Janeiro: Campus, 1998.

DRUCKER, P. *Fator humano e desempenho*. 2.ed. São Paulo: Pioneira, 1991.

EIN-DOR, P.; SEGEV, E. *Administração de sistemas de informação*. 2.ed. Rio de Janeiro: Campus, 1985.

EMBRATEL. *Por que interligar duas intranets*. Disponível na Internet: http://www.embratel.com.br/internet/tecnologia/aplicacoes/intranet_conect.html Acessado em: 26 fev. 2001.

FLEURY, A. C. C. Capacitação tecnológica e processo de trabalho: comparação entre o modelo japonês e o brasileiro. São Paulo, *RAE*, v. 30, n. 4, p. 23-30, out./dez. 1990.

FLEURY, M. T. L. *Cultura e poder nas organizações*. São Paulo: Atlas, 1992.

FOGUEL, S.; SOUZA, C. C. *Desenvolvimento organizacional*. 2.ed. São Paulo: Atlas, 1986.

GATTIKER, T. F.; GOODHUE, D. L. Understanding the Plant Level Costs and Benefits of ERP: Will the Ugly Duckling Always turn Into a Swan? *Proceeding of the 33rd Hawaii International Conference on Systems Sciences*, 1-10, 2000.

GONÇALVES, J. E. L. As empresas são grandes coleções de processos. São Paulo, *RAE*, v. 40, n. 1, p. 6-19, jan./mar. 2000.

_____. Os impactos das novas tecnologias nas empresas prestadoras de serviços. São Paulo, *RAE*, v. 34, n. 1, p. 663-681, jan./fev. 1994.

_____. Reengenharia: Um guia de referência para o executivo. São Paulo, *RAE*, v. 34, n. 4, p. 23-30, jul./ago. 1994.

_____.; GOMES, C. de A. A tecnologia e a realização do trabalho. São Paulo, *RAE*, v. 33, n. 1, p. 106-121, jan./mar. 1993.

GOODMAN, P. S. et al. Social choice in the development of advanced information tecnology. *Tecnology in Society*, n. 4, p. 41-49, 1982.

_____. *Tecnology and organizations*. San Francisco: Jossey Bass, 1990.

GUBMAN, E. *Talento*: desenvolvendo pessoas e estratégias para obter resultados extraordinários. Rio de Janeiro: Campus, 1999.

GUERRA, C. G. M. *Ampliando a construção da mente*. Disponível na Internet: http://www.eps.ufsc.br/~cgustavo/transdisciplinar/mente.html#informacao. Acessado em: 17 fev. 200

GUEVARA, A. J. de H. et al. *Conhecimento, cidadania e meio ambiente*. São Paulo: Peirópolis, 1998. (Série temas transversais; v. 2).

GUIMARÃES, H. Brasil. Um guia para a terceirização. São Paulo, *RAE*, v. 33, n. 2, p. 6–11, 1993.

HABERKORN, E. *Teoria do ERP*. São Paulo: Makron Books, 1998, p. 3-4.

HACKMAN, J. R.; OLDHAM, G. R. Motivation through the design of work: test of a theory. *Organization Behavior and Human Performance*, n. 16, p. 250–279, 1976.

HAMMER, M.; CHAMPY, J. *Reengenharia*. Rio de Janeiro: Campus, 1993.

HARMAN, W.; HORMANN, J. *O trabalho criativo*: o papel construtivo dos negócios numa sociedade em transformação. 2.ed. São Paulo: Cultrix, 1993.

HELLER, R. *Managing Teams*. Londres: Editor Dorling Kindersley Limited, 1998.

HOLLAND, C. P.; LIGHT, B.; KAWALEK, P. Beyond Enterprise Resource Planning Projects: Innovative Strategies for Competitive Advantage. Copenhagen–Denmark. *Proceedings of 7th Conference on Information Systems*, v. 1, p. 288–301, 1999.

IBGC. INSTITUTO BRASILEIRO DE GOVERNANÇA CORPORATIVA. Disponível em: http://www.ibgc.org.br/. Acesso em: 16 dez. 2010.

IMPRENSA NACIONAL. *Leis e Decretos*. Disponível na Internet: http:/www.in.gov.br. Acessado em: 18 mar. 2001.

INMON, W. H. *Building the Data Warehouse*. Nova York: John Wiley & Sons Inc. 1996.

KANAANE, R. *Comportamento humano nas organizações*. São Paulo: Atlas, 1995.

KIMBALL, R. *Data Warehouse Toolkit*: Técnicas para Construção de Data Warehouses Dimensionais. São Paulo: Makron Books, 1998.

KING, N., ANDERSON, N. *Innovation and Change in Organizations*. Nova York: Routledge, 1995.

KOCHE, J. C. *Fundamentos de Metodologia Científica*. São Paulo: Vozes, 1997.

KOTTER, J. P. *O coração da mudança*. Transformando empresas com a força das emoções. São Paulo, Campus, 2002.

KRAUSE, W. M. *Chefias, Conceitos e Técnicas*. São Paulo: Atlas, 1981.

KUMAR, K.; VAN HILLEGERSBERG, J. ERP Experiences and Evolution. *Communications of the ACM*, April, v. 43, No. 4, p. 23–26, 2000.

LAND, G. *Ponto de Ruptura e Transformação*. São Paulo: Cultrix, 1990.

LAUDON, K. C.; LAUDON, J. P. *Management Information Systems*: Organization and Technology. 4.ed. São Paulo: Prentice-Hall, Inc., 1996.

LEVINE, R. I. et al. *Inteligência Artificial e Sistemas Especialistas*. São Paulo: McGraw-Hill, 1988.

LÉVY, P. *Cibercultura*, São Paulo: Ed. 34, 1999.

MAXIMINIANO, A. C. A. *Administração de projetos*: Transformando ideias em resultados. São Paulo: Atlas, 1997.

MCGOWAN, W. G. *Revolução em Tempo Real*: Gerenciando a Tecnologia da Informação. Rio de Janeiro: Campus, 1997.

MCLUHAN, M. *Os meios de comunicação como extensões do homem*. 11.ed. São Paulo: Cultrix. São Paulo, 1999.

MILLER, L. M. *De bárbaro a burocrata*: estratégias para o desenvolvimento das empresas. Rio de Janeiro: Record, 1989.

MONTEIRO, D. W. et al. *Estudo de caso da implantação da governança de ti em uma organização de telecomunicação móvel*. 6º CONTECSI – International Conference on Information Systems and Technology Management, Junho, Nº 6.238–251, 2008.

MORAES, M. C. *O paradigma educacional emergente*. Campinas: Papirus, 1997.

MORGAN, G. *Imagens da Organização*. 2.ed. (tradução Cecília Witacker Bergamini, Roberto Coda). São Paulo: Atlas, 1996.

MORRIS, T. *A nova alma do negócio*. Como a filosofia pode melhorar a produtividade de sua empresa. Rio de Janeiro: Campus, 1998.

NOLAN, R. *Managing the crisis in data preocessing*. Harvard Business Preview 57(2): 15-128.

_____. (1973). *Managing the computer resource*. A stage hypothesis communication of the ACM 16(4): 399-405, 1973.

NONAKA, I.; TAKEUCHI, H. *Criação de conhecimento na empresa*: como as empresas japonesas geram a dinâmica da inovação. Rio de Janeiro: Campus, 1997.

OAB SP. *Leis e Decretos*. Disponível na Internet: http://www.oabsp.org.br. Acessado em: 18 mar. 2001.

PALMISANO, A. *Data Warehouse como ferramenta de gestão empresarial*. Dissertação (Mestrado) – PUC–SP, São Paulo, 1999.

PEIRCE, C. S. *Écrits sur le signe*. Paris: Seuil, 1978.

PIÉRON, H. *Vocabulário de Psicologia*. 6. ed. Madri: Akal Ediciones, 1990.

QUINTAS, P. *Technology and knowledge management*. Disponível na Internet: http://www mdic.gov.br/indcom/ sti/pag/openuniver.html. Acessado em: 15 jan. 2001.

RODRIGUES, I. P. da F.; ORNELLAS, E. Influência da tecnologia na estrutura organizacional e eficácia das empresas. São Paulo, *RAE*, v. 22, n. 2, p. 25–29, abr./jun. 1987.

ROSINI, A. M. Tecnologia. *O impacto na mudança comportamental do indivíduo na área administrativa*. Dissertação (Mestrado) – PUC–SP, São Paulo, 1997.

SANCHEZ, A. M. *Estudo da evolução da organização do trabalho e do impacto da evolução tecnológica nos processos produtivos*. Dissertação (Mestrado) – PUC–SP, São Paulo, 1994.

SANTOS, N. M. B. F. *Clima organizacional. Um estudo em instituições de pesquisa*. Dissertação (Mestrado) –USP, São Paulo, 1983.

SBC. *Nova Lei de Informática*. Disponível na Internet: http://www.sbc.org.br. Acessado em: 18 mar. 2001.

SCHEER, A.-W.; HABERMANN, F. Making ERP a Success. *Communications of the ACM*, April, v. 43, No. 4, p. 57–61, 2000.

SCHEIN, E. *Organizational Culture and Leadership*. San Francisco: Jossey Bass, 1986.

SENGE, P. M. *A quinta disciplina*: arte e prática da organização que aprende. São Paulo: Best Seller, 1999.

_____. O novo trabalho do líder: construindo organizações que aprendem. In: STARKEY, K. (ed.). *Como as organizações aprendem*: relatos do sucesso das grandes empresas. São Paulo. Futura, 1997.

SILVA, J. A. R.; LEPSCH, S. L.; COSTA, D. R. *Varejo competitivo*. São Paulo: Atlas, 1996.

SILVA, L. N. E. *A quarta onda*: novos rumos da sociedade da informação. 2. ed. Rio de Janeiro: Record, 1989. 208p.

SILVA, S. M. da; FLEURY, M. T. L. Aspectos culturais do uso de tecnologias de informação em pesquisa acadêmica. *RAUSP. Revista de Administração*, v. 35, n. 2, São Paulo, abr./jun. 2000.

SIMONETTI, P. S. *A Ética e as novas Tecnologias da Comunicação*. Dissertação (Mestrado) – ECA-USP, São Paulo, 1996.

SOUZA, H. *Ética e Cidadania*. São Paulo: Moderna, 1997.

SPRAGUE, R. H. *Sistema de apoio a decisão colocando a teoria em prática*. 2.ed. Americana; Rio de Janeiro: Campus, 1991.

SROUR, R. H. *Poder, cultura e ética nas organizações*. Rio de Janeiro: Campus, 1998.

STEINBERG, H. *Dimensão humana da governança corporativa*: as pessoas criam as melhores e as piores práticas. São Paulo: Ed. Gente, 2003.

STONER, J. A. *Administração*. Rio de Janeiro: Prentice-Hall, 1985.

SVEIBY, K. E. *A nova riqueza das organizações*: gerenciando e avaliando patrimônios de conhecimento. Rio de Janeiro: Campus, 1998.

TAPSCOTT, D. Cresciendo en un entorno digital. Espanha: MacGraw-Hill, 1999b.

_____. *Geração digital*. A crescente e irreversível ascensão da geração NET. Makron Books, São Paulo, 1999a.

_____.; CASTON, A. *Mudança de paradigma*. (tradução Pedro Catunda). São Paulo: Makron Books, 1995.

TEIXEIRA, J. de F. *Mentes e máquinas*: uma introdução à ciência cognitiva. Porto Alegre: Artes Médicas, 1998.

TOFFLER, A. *O choque do futuro*. São Paulo: Artenova, 1974.

TOMASKO, R. M. *Downsizing*: reformulando sua empresa para o futuro. São Paulo: Makron Books, 1994.

TORRES, N. A. *Competitividade empresarial com a tecnologia da informação*. São Paulo: Makron Books, 1995.

TURBAN, E. et al. *Tecnologia da Informação para Gestão*. Porto Alegre: Bookman, 2004.

VASQUEZ, A. S. *Ética*. 10.ed. Rio de Janeiro: Civilização Brasileira, 1987.

VICO, M. A. *Gestão de tecnologia e inovação*. São Paulo: Érica, 1994.

WAISTELL, J. *Intellectual capital audits*. Disponível na Internet: http://www.mdic.gov.br/indcom/sti/pag/openuniver.html. Acessado em: 15 jan. 2001.

WALTON, R. E. *O uso de TI pelas empresas que obtêm vantagem competitiva*. São Paulo: Atlas, 1994.

WEILL, P.; ROSS, J. *Governança de TI – Tecnologia da Informação*. São Paulo: Makron Books, 2005.

WEITZEN, H. Skip. *O poder da informação*. São Paulo: Makron Books, 1991.

WELDON, J. L. Choosing Tools for Multidimensional Data. *Database Programming and Design*, v. 9, n. 2, fev. 1996.

_____. Data Mining and Visualization. *Database Programming and Design*, v. 9, n. 5, maio 1996.

_____. Managing Multidimensional Data: Harnessing the Power. *Database Programming and Design*, v. 8, n. 8, ago. 1995.

_____. Multidimensional Data Managers. *Database Programming and Design*, v. 9, n. 10, ago. 1996;

_____. *Warehouse Cornerstones*. Byte, v. 22, n. 1, jan. 1997.